全国机动车检测维修专业技术人员职业水平考试用书

QUANGUO JIDONGCHE JIANCE WEIXIU ZHUANYE JISHU RENYUAN
ZHIYE SHUIPING KAOSHI YONGSHU

# 机动车检测评估与运用技术
## 考试用书

JIDONGCHE JIANCE PINGGU YU YUNYONG JISHU
KAOSHI YONGSHU

交通运输部职业资格中心　组织编写

人民交通出版社股份有限公司

北京

## 内 容 提 要

本书包括基础知识篇、专业技术篇、实务篇、案例分析篇及考试模拟题,主要介绍了机动车检测评估与运用技术专业的相关知识。

本书可供报名参加机动车检测维修专业技术人员职业水平考试的机动车检测评估与运用技术专业检测维修工程师和检测维修士两个级别考生使用。

**图书在版编目(CIP)数据**

机动车检测评估与运用技术考试用书/交通运输部职业资格中心组织编写. —北京:人民交通出版社股份有限公司,2021.7

全国机动车检测维修专业技术人员职业水平考试用书

ISBN 978-7-114-17103-1

Ⅰ.①机… Ⅱ.①交… Ⅲ.①机动车—检测—水平考试—自学参考资料②机动车—技术评估—水平考试—自学参考资料 Ⅳ.①U472.9②U469

中国版本图书馆 CIP 数据核字(2021)第 133878 号

Jidongche Jiance Pinggu yu Yunyong Jishu Kaoshi Yongshu

| | |
|---|---|
| 书　　名: | 机动车检测评估与运用技术考试用书 |
| 著 作 者: | 交通运输部职业资格中心 |
| 责任编辑: | 刘　博 |
| 责任校对: | 赵媛媛 |
| 责任印制: | 刘高彤 |
| 出版发行: | 人民交通出版社股份有限公司 |
| 地　　址: | (100011)北京市朝阳区安定门外外馆斜街3号 |
| 网　　址: | http://www.ccpcl.com.cn |
| 销售电话: | (010)59757973 |
| 总 经 销: | 人民交通出版社股份有限公司发行部 |
| 经　　销: | 各地新华书店 |
| 印　　刷: | 北京印匠彩色印刷有限公司 |
| 开　　本: | 787×1092　1/16 |
| 印　　张: | 15 |
| 字　　数: | 342 千 |
| 版　　次: | 2021年7月　第1版 |
| 印　　次: | 2024年5月　第4次印刷 |
| 书　　号: | ISBN 978-7-114-17103-1 |
| 定　　价: | 80.00元 |

(有印刷、装订质量问题的图书,由本公司负责调换)

# 前 言

2006年6月，原人事部、原交通部联合印发了《机动车检测维修专业技术人员职业水平评价暂行规定》和《机动车检测维修专业技术人员职业水平考试实施办法》，建立了机动车维修领域唯一的国家职业资格制度。机动车检测维修专业技术人员身处行业一线，是维修服务的承担者和安全隐患的排查者，是保障维修质量和安全最核心、最关键因素。实施好机动车检测维修职业资格制度，必将有效提升从业人员职业能力，强化从业人员职业操守，为加快建设交通强国提供人才支撑。

为方便从业人员复习备考，我中心组织编写了新版"全国机动车检测维修专业技术人员职业水平考试用书"，按专业成书共计3册，分别为《机动车机电维修技术考试用书》《机动车检测评估与运用技术考试用书》《机动车整形技术考试用书》。本丛书吸收了机动车检测维修领域新标准、新工艺、新技术、新装备、新材料的发展成果，既可作为广大考生复习备考的参考用书，也可作为机动车检测维修从业人员、交通院校相关专业师生在实际工作和教学中的参考书。

本丛书由张立新、高元伟、郭大民、李培军、宋孟辉、黄宜坤编写，由付华章、王征、罗霄、繳庆伟、侯红宾、张荫志、李新起、程玉光、王赛、苏霆、薛伟审定。

本丛书在编写过程中得到了交通运输部运输服务司的悉心指导，以及天津市交通运输委员会、天津市汽车维修检测行业协会、北京交通运输职业学院、山东交通学院、山东省汽车综合性能检测中心站、北京祥龙博瑞汽车服务(集团)有限公司、庞贝捷漆油贸易(上海)有限公司、迪迪艾咨询(北京)有限公司和人民交通出版社股份有限公司等单位的大力支持，在此一并感谢！

由于水平有限，疏漏和纰误在所难免，敬请批评指正。

交通运输部职业资格中心<br>
2021年7月

# 目 录

## 第一篇 基础知识篇

**第一章 机动车检测维修专业技术人员职业道德规范** ... 3
  第一节 职业道德概述 ... 3
  第二节 机动车检测维修专业技术人员职业道德 ... 3
  考试模拟题 ... 4

**第二章 法律、法规、规章和标准规范** ... 6
  第一节 法律、法规、规章 ... 6
  第二节 标准规范 ... 14
  考试模拟题 ... 25

**第三章 汽车构造** ... 31
  第一节 汽车概述 ... 31
  第二节 汽车发动机基本构造 ... 32
  第三节 汽车底盘基本构造 ... 36
  第四节 汽车电气设备基本构造 ... 40
  考试模拟题 ... 42

**第四章 常用机动车材料性能及应用** ... 45
  第一节 车用燃料 ... 45
  第二节 车用润滑料 ... 46
  第三节 其他车用材料 ... 47
  考试模拟题 ... 49

**第五章 常用测量器具** ... 51
  第一节 计量基础知识 ... 51
  第二节 汽车维修常用测量器具的使用 ... 51
  考试模拟题 ... 53

**第六章 汽车检测维修安全常识** ... 54
  第一节 汽车维修个人安全防护 ... 54
  第二节 汽车维修工具、维修设备的使用安全 ... 54

| 第三节　汽车维修环境安全 | 56 |
| 第四节　汽车维修专业技术人员操作规程 | 57 |
| 考试模拟题 | 60 |

## 第七章　新能源汽车　61
考试模拟题　63

## 第八章　机动车专业英语　64
第一节　专业英语的翻译方法概述　64
第二节　机动车检测维修常用英文术语　64

# 第二篇　专业技术篇

## 第一章　发动机性能指标及特性　69
考试模拟题　70

## 第二章　机动车使用性能及评价指标　72
第一节　机动车使用性能概述　72
第二节　机动车动力性指标及其评价指标　73
第三节　燃料经济性及其评价指标　74
第四节　机动车制动性能及其评价指标　74
第五节　操纵稳定性及评价指标　74
第六节　机动车环保性及其评价指标　75
第七节　平顺性和通过性及其评价指标　76
考试模拟题　76

## 第三章　机动车检测技术基础　78
第一节　概述　78
第二节　机动车检测站　79
第三节　机动车检测站的组成及工位布置　80
第四节　机动车检测站的计算机控制系统　80
第五节　检测站的管理　81
考试模拟题　83

## 第四章　机动车检测基础　84
第一节　检测参数及标准　84
第二节　传感器知识　84
考试模拟题　85

## 第五章　汽车动力性检测　87
第一节　概述　87
第二节　底盘测功机　87
第三节　检测结果分析　90

考试模拟题 ……………………………………………………………………… 91
第六章　制动性能检测 ………………………………………………………………… 93
　第一节　概述 …………………………………………………………………………… 93
　第二节　制动装置的基本要求 ………………………………………………………… 95
　第三节　路试检测汽车制动性的规定 ………………………………………………… 96
　第四节　路试检测制动性能仪器 ……………………………………………………… 97
　第五节　行车制动性能检测仪使用 …………………………………………………… 97
　第六节　汽车制动性检测结果的分析 ………………………………………………… 98
　　考试模拟题 ……………………………………………………………………… 99
第七章　汽车燃料经济性检测 ……………………………………………………… 101
　第一节　汽车燃料经济性及其评价指标 …………………………………………… 101
　第二节　汽车燃油消耗量测量方法及仪器设备 …………………………………… 101
　第三节　车用油耗仪使用 …………………………………………………………… 102
　　考试模拟题 ……………………………………………………………………… 102
第八章　机动车环保性检测 ………………………………………………………… 104
　第一节　汽油车尾气排放污染物检测 ……………………………………………… 104
　第二节　柴油车尾气排放污染物检测 ……………………………………………… 106
　第三节　汽车排放污染物检测结果的分析 ………………………………………… 111
　第四节　汽车噪声检测 ……………………………………………………………… 112
　　考试模拟题 ……………………………………………………………………… 113
第九章　机动车前照灯检测 ………………………………………………………… 115
　第一节　前照灯的评价指标 ………………………………………………………… 115
　第二节　前照灯检测仪检测原理 …………………………………………………… 115
　第三节　前照灯检测仪的结构与工作原理 ………………………………………… 115
　第四节　汽车前照灯检测仪使用 …………………………………………………… 116
　　考试模拟题 ……………………………………………………………………… 116
第十章　车轮定位与轮胎平衡检测 ………………………………………………… 118
　第一节　车轮定位检测 ……………………………………………………………… 118
　第二节　车轮平衡检测 ……………………………………………………………… 119
　　考试模拟题 ……………………………………………………………………… 120
第十一章　转向操纵稳定性检测 …………………………………………………… 121
　第一节　汽车侧滑量检测 …………………………………………………………… 121
　第二节　转向盘最大自由转动量与转向操纵力检测 ……………………………… 121
　第三节　转向轮最大转向角与转向操纵力检测 …………………………………… 122
　第四节　悬架装置特性检测 ………………………………………………………… 122
　第五节　滑板式侧滑检测台 ………………………………………………………… 123
　　考试模拟题 ……………………………………………………………………… 124
第十二章　车速表示值检测 ………………………………………………………… 126

第一节　车速表指示误差的检测原理 ········· 126
　　第二节　车速表检测台结构与工作原理 ······· 126
　　第三节　车速表试验台测试 ····················· 126
　　考试模拟题 ········································· 127

第十三章　车辆外检和底盘检查 ······················ 129
　　第一节　车辆外检 ································ 129
　　第二节　汽车底盘检查 ·························· 130
　　考试模拟题 ········································· 130

第十四章　机动车检测与诊断 ························· 132
　　考试模拟题 ········································· 133

第十五章　机动车维护 ··································· 135
　　考试模拟题 ········································· 136

第十六章　机动车技术评估内容和技术要求 ······ 138
　　第一节　营运车辆技术等级评定 ·············· 139
　　第二节　机动车维修质量评估 ················· 139
　　第三节　事故车鉴定评估 ······················· 140
　　考试模拟题 ········································· 140

第十七章　机动车质量检验与评估 ·················· 142
　　考试模拟题 ········································· 143

第十八章　机动车节能技术 ···························· 145
　　考试模拟题 ········································· 147

第十九章　机动车污染防治技术 ····················· 149
　　考试模拟题 ········································· 150

第二十章　机动车辆技术管理 ························· 152
　　第一节　机动车技术管理的任务和原则 ····· 152
　　第二节　车辆技术档案的建立和管理 ········ 152
　　第三节　汽车技术状况变化的原因、规律及影响因素 ··· 153
　　第四节　汽车折旧、更新与报废的有关规定 ··· 153
　　考试模拟题 ········································· 153

第二十一章　机动车辆检测维修设备管理 ········ 155
　　第一节　汽车维修设备的分类 ················· 155
　　第二节　检测维修设备技术档案的建立和管理 ··· 155
　　考试模拟题 ········································· 156

第二十二章　机动车电气故障检测与诊断工具 ··· 158
　　考试模拟题 ········································· 159

第二十三章　机动车电子控制技术 ·················· 161
　　第一节　发动机电子控制技术 ················· 161
　　第二节　底盘电子控制技术 ···················· 162

第三节　车身电气电子技术 ………………………………………………… 163
　　考试模拟题 ………………………………………………………………… 164
第二十四章　机动车电子控制系统故障诊断 ………………………………… 166
　　考试模拟题 ………………………………………………………………… 167

# 第三篇　实　务　篇

第一章　实操考试系统介绍 …………………………………………………… 171
第二章　实操考试系统操作 …………………………………………………… 173
　　第一节　零部件检测 ……………………………………………………… 173
　　第二节　综合试卷实操考试 ……………………………………………… 176

# 第四篇　案例分析篇

# 附　　录

附录一　全国机动车检测维修专业技术人员职业水平考试《机动车检测维修法
　　　　规与技术》模拟试卷(级别:机动车检测维修工程师,专业:机动车检测
　　　　评估与运用技术) ……………………………………………………… 197
附录二　全国机动车检测维修专业技术人员职业水平考试《机动车检测维修法
　　　　规与技术》模拟试卷(级别:机动车检测维修士,专业:机动车检测评估
　　　　与运用技术) …………………………………………………………… 207
附录三　全国机动车检测维修专业技术人员职业水平考试《机动车检测维修案
　　　　例分析》模拟试卷(级别:机动车检测维修工程师,专业:机动车检测评
　　　　估与运用技术) ………………………………………………………… 215
附录四　全国机动车检测维修专业技术人员职业水平考试《机动车检测维修法
　　　　规与技术》模拟试卷(级别:机动车检测维修工程师,专业:机动车检测
　　　　评估与运用技术)答案表 ……………………………………………… 224
附录五　全国机动车检测维修专业技术人员职业水平考试《机动车检测维修法
　　　　规与技术》模拟试卷(级别:机动车检测维修士,专业:机动车检测评估
　　　　与运用技术)答案表 …………………………………………………… 226
附录六　全国机动车检测维修专业技术人员职业水平考试《机动车检测维修案
　　　　例分析》模拟试卷(级别:机动车检测维修工程师,专业:机动车检测评
　　　　估与运用技术)答案表 ………………………………………………… 228

# 第一篇　基础知识篇

# 第一章 机动车检测维修专业技术人员职业道德规范

## 第一节 职业道德概述

1. 道德是社会意识形态之一,是人们共同生活及其行为的准则和规范。
2. 法律是国家制定或者认可的,具有强制性和普遍约束力的行为规则。
3. 道德和法律一样,都是社会的上层建筑组成部分,都是由物质生活条件决定的。
4. 法律是他律,道德是自律,两者相互作用,相互补充,其中自律比他律的范围和效果要大得多。
5. 职业道德的特点包括以下方面。
   (1)适用主体有:主要是该职业的从业人员。
   (2)涵盖的社会关系有:从业人员与服务对象、职业与职工、职业与职业之间的关系。
   (3)主要内容有:社会对从业人员职业观念、职业态度、职业技能、职业纪律和职业作风的要求。

## 第二节 机动车检测维修专业技术人员职业道德

1. 机动车检测维修是指以维持或者恢复机动车技术状况和正常功能,延长机动车使用寿命为作业任务所进行的维护、修理以及维修救援、诊断等相关活动。
2. 机动车检测维修专业技术人员是指从事机动车检测维修且考取了国家执行资格并具有专业技术执业证书的人员。
3. 机动车检测维修专业技术人员职业道德包括以下方面。
   (1)爱岗敬业:热爱检测维修事业、乐于奉献、钻研业务、艰苦奋斗四个方面。
   (2)诚实守信:诚实对待客户、信守检测维修合同、坚持公平竞争三个方面。

(3) 办事公道：公开制度并自觉接受监督、公平确定权利与义务、公正收取费用三个方面。

(4) 服务群众：尊重客户和寓检测维修于服务之中。

(5) 奉献社会：为职业添彩，为社会增添正气。

4. 《交通强国建设纲要》要求，从 2021 年到 21 世纪中叶，分两个阶段推进我国交通强国建设：到 2035 年，基本建成交通强国；到 21 世纪中叶，全面建成人民满意、保障有力、世界前列的交通强国。

5. "基本建成交通强国"的目标包括：

(1) 现代化综合交通体系基本形成，人民满意度明显提高，支撑国家现代化建设能力显著增强。

(2) 拥有发达的快速网、完善的干线网、广泛的基础网，城乡区域交通协调发展达到新高度。

(3) 基本形成"全国 123 出行交通圈"（都市区 1h 通勤、城市群 2h 通达、全国主要城市 3h 覆盖）和"全球 123 快货物流圈"（国内 1 天送达、周边国家 2 天送达、全球主要城市 3 天送达），旅客联程运输便捷顺畅，货物多式联运高效经济。

(4) 智能、平安、绿色、共享交通发展水平明显提高，城市交通拥堵基本缓解，无障碍出行服务体系基本完善。

(5) 交通科技创新体系基本建成，交通关键装备先进安全，人才队伍精良，市场环境优良。

(6) 基本实现交通治理体系和治理能力现代化。

(7) 交通国际竞争力和影响力显著提升。

6. 《交通运输部关于全面深入推进绿色交通发展的意见》以习近平新时代中国特色社会主义思想为指导，紧紧围绕统筹推进"五位一体"总体布局和协调推进"四个全面"战略布局，坚持人与自然和谐共生的基本方略，牢固树立社会主义生态文明观，践行"绿水青山就是金山银山"的理念。

7. 绿色交通发展以交通强国战略为统领，以深化供给侧结构性改革为主线，着力实施交通运输结构优化、组织创新、绿色出行、资源集约、装备升级、污染防治、生态保护等七大工程，加快构建绿色发展制度标准、科技创新和监督管理等三大体系。

8. 绿色交通将实现由被动适应向先行引领、由试点带动向全面推进、由政府推动向全民共治的转变，推动形成绿色发展方式和生活方式，为建设美丽中国、增进民生福祉、满足人民对美好生活的向往提供坚实支撑和有力保障。

9. 全面深入推进绿色交通发展应坚持生态优先，绿色发展；深化改革，创新驱动；重点突破，系统推进；多方参与，协同治理四项基本原则。

# 考试模拟题

## 一、是非判断题

1. 道德和法律一样，都是社会的上层建筑组成部分，都是由人的精神道德水平决定的。（×）

2. 法律是他律,道德是自律,两者相互作用,相互补充。 (√)
3. 绿色交通发展以交通强国战略为统领,以深化供给侧结构性改革为主线,着力实施交通运输结构优化等三大工程建设。 (×)
4. "全国123出行交通圈"是指都市区1h通勤、城市群2h通达、全国主要城市3h覆盖。 (√)

## 二、单项选择题

1. 机动车检测维修专业技术人员要以善良真诚的态度对待客户,信守检测维修合同,坚持公平竞争是(B)对于业人员的具体要求。
   A. 爱岗敬业　　　B. 诚实守信　　　C. 奉献社会　　　D. 服务群众
2. "服务群众"是衡量机动车维修从业人员(A)水平的重要标志。
   A. 职业道德　　　B. 服务意识　　　C. 奉献精神　　　D. 个人素质
3. 根据《交通强国建设纲要》要求,到(B)年我国基本建成交通强国。
   A. 2030　　　　　B. 2035　　　　　C. 2040　　　　　D. 2049

## 三、多项选择题

1. 机动车检测维修专业技术人员职业道德除爱岗敬业外,还包括(ABCD)。
   A. 办事公道　　　B. 诚实守信　　　C. 奉献社会　　　D. 服务群众
2. 职业道德涵盖的社会关系包括(ABC)之间的关系。
   A. 从业人员与服务对象　　　　B. 职业与职工
   C. 职业与职业　　　　　　　　D. 职工与职工
3. 全面深入推进绿色交通发展的基本原则是(ABCD)。
   A. 深化改革,创新驱动　　　　B. 重点突破,系统推进
   C. 多方参与,协同治理　　　　D. 生态优先,绿色发展

# 第二章

# 法律、法规、规章和标准规范

## 第一节 法律、法规、规章

1. 道路交通法有自己的体系,从它们的渊源形式及效力等级的角度看,包括交通法律、交通行政法规、部门交通规章、地方性交通法规、单行条例、地方交通规章、国际运输公约、国际航运习惯等。

2. 机动车的定义:以动力装置驱动或者牵引,上道路行驶的供人员乘用或者用于运送物品以及进行工程专项作业的轮式车辆。

3. 机动车检测是指具有机动车技术检验资质的检验机构对机动车的性能、结构、技术等级等事项进行检验、测定的活动。

4. 机动车检测是机动车申请注册登记和定期审验的一个必要条件。

5. 《中华人民共和国道路交通安全法》(以下简称《道路交通安全法》)规定:登记后上道路行驶的机动车,应当依照法律、行政法规的规定,根据车辆用途、载客载货数量、使用年限等不同情况,定期进行安全技术检验。

6. 对提供机动车行驶证和机动车第三者责任强制保险单的,机动车安全技术检验机构应当予以检验,任何单位不得附加其他条件。

7. 符合国家安全技术标准的机动车,公安机关交通管理部门应当发给检验合格标志。

8. 《道路交通安全法》规定:对机动车的安全技术检验实行社会化,任何单位不得要求机动车到指定的场所进行检验。

9. 我国机动车的安全技术检验实行社会化,任何单位不得要求机动车到指定的场所进行检验。

10. 公安机关交通管理部门、机动车安全技术检验机构不得要求机动车到指定的场所进行维修。

11. 我国实行机动车强制报废制度,根据机动车的安全技术状况和不同用途,规定不同的报废标准。

12. 机动车安全技术检验机构超过国务院价格主管部门核定的收费标准收取费用的,退还多收取的费用,并由价格主管部门依照《中华人民共和国价格法》的有关规定给予处罚。

13. 机动车安全技术检验机构不按照机动车国家安全技术标准进行检验,出具虚假检验结果的,由公安机关交通管理部门处所收检验费用5倍以上10倍以下罚款,并依法撤销其检验资格;构成犯罪的,依法追究刑事责任。

14.《道路交通安全法》要求任何单位或者个人不得有下列行为:

(1)拼装机动车或者擅自改变机动车已登记的结构、构造或者特征。

(2)改变机动车型号、发动机号、车架号或者车辆识别代号。

(3)伪造、变造或者使用伪造、变造的机动车登记证书、号牌、行驶证、检验合格标志、保险标志。

(4)使用其他机动车的登记证书、号牌、行驶证、检验合格标志、保险标志。

15.《中华人民共和国道路交通安全法实施条例》规定了机动车安全技术检验的期限,机动车应当从注册登记之日起,按照下列期限进行安全技术检验:

(1)营运载客汽车5年以内每年检验1次;超过5年的,每6个月检验1次。

(2)载货汽车和大型、中型非营运载客汽车10年以内每年检验1次;超过10年的,每6个月检验1次。

(3)小型、微型非营运载客汽车6年以内每2年检验1次;超过6年的,每年检验1次;超过15年的,每6个月检验1次。

(4)摩托车4年以内每2年检验1次;超过4年的,每年检验1次。

(5)拖拉机和其他机动车每年检验1次。

16.已注册登记的机动车进行安全技术检验时,机动车行驶证记载的登记内容与该机动车的有关情况不符,或者未按照规定提供机动车第三者责任强制保险凭证的,不予通过检验。

17.《中华人民共和国道路交通安全法实施条例》规定,已注册登记的机动车有下列情形之一的,机动车所有人应当向登记该机动车的公安机关交通管理部门申请变更登记:

(1)改变机动车车身颜色的。

(2)更换发动机的。

(3)更换车身或者车架的。

(4)因质量有问题,制造厂更换整车的。

(5)营运机动车改为非营运机动车或者非营运机动车改为营运机动车的。

(6)机动车所有人的住所迁出或者迁入公安机关交通管理部门管辖区域的。

因此,维修经营者维修这些变更车辆时,应当审查有无公安机关交通管理部门变更登记证书。

18.《中华人民共和国道路运输条例》(以下简称《道路运输条例》)规定,县级以上地方人民政府交通主管部门负责组织领导本行政区域的道路运输管理工作,县级以上道路运输管理机构负责具体实施道路运输管理工作。

19.《机动车维修管理规定》中所称机动车维修经营,是指以维持或者恢复机动车技术状况和正常功能,延长机动车使用寿命为作业任务所进行的维护、修理以及维修救援等相关经营活动。

20.任何单位和个人不得封锁或者垄断机动车维修市场。除汽车生产厂家履行缺陷汽车产品召回、汽车质量"三包"责任外,任何单位和个人不得强制或者变相强制指定维修经营者。

21. 交通运输部主管全国机动车维修管理工作。县级以上地方人民政府交通运输主管部门负责组织领导本行政区域的机动车维修管理工作。县级以上道路运输管理机构负责具体实施本行政区域内的机动车维修管理工作。

22. 从事机动车维修经营业务的,应该在依法向市场监督管理机构办理有关登记手续后,向所在地县级道路运输管理机构进行备案,道路运输管理机构不得向机动车维修经营者收取备案相关费用。

23. 机动车维修经营业务根据维修对象分为汽车维修经营业务、危险货物运输车辆维修经营业务、摩托车维修经营业务和其他机动车维修经营业务四类。

24. 汽车维修经营业务、其他机动车维修经营业务根据经营项目和服务能力分为一类维修经营业务、二类维修经营业务和三类维修经营业务。

25. 获得一类、二类汽车维修经营业务或者其他机动车维修经营业务许可的,可以从事相应车型的整车修理、总成修理、整车维护、小修、维修救援、专项修理和维修竣工检验工作。

26. 获得三类汽车维修经营业务(含汽车综合小修)、三类其他机动车维修经营业务许可的,可以分别从事汽车综合小修或者发动机维修、车身维修、电气系统维修、自动变速器维修、轮胎动平衡及修补、四轮定位检测调整、汽车润滑与养护、喷油泵和喷油器维修、曲轴修磨、汽缸镗磨、散热器维修、空调维修、汽车美容装潢、汽车玻璃安装及修复等汽车专项维修工作。

27. 危险货物运输车辆维修经营业务,除可以从事危险货物运输车辆维修经营业务外,还可以从事一类汽车维修经营业务。

28. 申请从事汽车维修经营业务或者其他机动车维修经营业务的,应当符合下列条件:
(1)有与其经营业务相适应的维修车辆停车场和生产厂房。
(2)有与其经营业务相适应的设备、设施。
(3)有必要的技术人员。
(4)有健全的维修管理制度。
(5)有必要的环境保护措施。

29. 租用场地从事汽车维修经营业务或者其他机动车维修经营业务的,租用的场地应当有书面的租赁合同,且租赁期限不得少于1年。

30. 从事一类和二类汽车维修业务的应当各配备至少1名技术负责人、质量检验人员、业务接待人员以及从事机修、电器、钣金、喷漆的维修技术人员。

31. 从事危险货物运输车辆维修的汽车维修经营者,除具备汽车维修经营一类维修经营业务的开业条件外,还应当具备下列条件:
(1)有与其作业内容相适应的专用维修车间和设备、设施,并设置明显的指示性标志。
(2)有完善的突发事件应急预案。
(3)有相应的安全管理人员。
(4)有齐全的安全操作规程。

32. 危险货物运输车辆维修,是指对运输易燃、易爆、腐蚀、放射性、剧毒等性质货物的机动车维修,不包含对危险货物运输车辆罐体的维修。

33. 从事机动车维修连锁经营服务的,其机动车维修连锁经营企业总部应先完成备案。

34. 对于备案材料不全或者不符合备案要求的,道路运输管理机构应当场或者自收到备案材料之日起 5 个工作日内一次性书面通知备案人需要补充的全部内容。

35. 机动车维修经营者名称、法定代表人、经营范围、经营地址等备案事项发生变化的,应当及时向备案机构办理备案变更,需要终止经营的,应当在终止经营前 30 日告知原备案机构。

36. 机动车维修经营者应当按照备案的经营范围开展维修服务。

37. 机动车维修经营者应当将《机动车维修标志牌》悬挂在经营场所的醒目位置,《机动车维修标志牌》由机动车维修经营者按照统一式样和要求自行制作。

38. 机动车维修经营者不得擅自改装机动车,不得承修已报废的机动车,不得利用配件拼装机动车。托修方要改变机动车车身颜色,更换发动机、车身和车架的,应当按照有关法律、法规的规定办理相关手续,机动车维修经营者在查看相关手续后方可承修。

39. 机动车维修经营者应当公布机动车维修工时定额和收费标准,合理收取费用。

40. 机动车维修工时定额可按各省机动车维修协会等行业中介组织统一制定的标准执行,也可按机动车维修经营者报所在地道路运输管理机构备案后的标准执行,也可按机动车生产厂家公布的标准执行。当上述标准不一致时,优先适用机动车维修经营者备案的标准。

41. 机动车生产、进口企业应当在新车型投放市场后六个月内,向社会公布其生产、进口机动车车型的维修技术信息和工时定额。

42. 机动车维修经营者应当使用规定的结算票据,并向托修方交付维修结算清单,作为托修方追责依据;维修结算清单中,工时费与材料费应当分项计算。

43. 机动车维修经营者不出具规定的结算票据和结算清单的,托修方有权拒绝支付费用。

44. 机动车维修经营者应当按照国家、行业或者地方的维修标准规范和机动车生产、进口企业公开的维修技术信息进行维修。尚无标准或规范的,可参照机动车生产企业提供的维修手册、使用说明书和有关技术资料进行维修。

45. 机动车维修经营者不得通过临时更换机动车污染控制装置、破坏机动车车载排放诊断系统等维修作业,使机动车通过排放检验。

46. 同质配件是指,产品质量等同或者高于装车零部件标准要求,且具有良好装车性能的配件。机动车维修经营者对于换下的配件、总成,应当交托修方自行处理。

47. 机动车维修竣工质量检验合格的,维修质量检验人员应当签发《机动车维修竣工出厂合格证》;未签《发机动车维修竣工出厂合格证》的机动车,不得交付使用,车主可以拒绝交费或接车。

48. 机动车维修经营者应当建立机动车维修档案,并实行档案电子化管理,机动车托修方有权查阅机动车维修档案。

49. 机动车维修实行竣工出厂质量保证期制度:汽车和危险货物运输车辆整车修理或总成修理质量保证期为车辆行驶 20000km 或者 100 日;二级维护质量保证期为车辆行驶 5000km 或者 30 日;一级维护、小修及专项修理质量保证期为车辆行驶 2000km 或者 10 日。

50. 机动车维修质量保证期中行驶里程和日期指标,以先达到者为准。

51. 机动车维修质量保证期,从维修竣工出厂之日起计算。

52. 在质量保证期和承诺的质量保证期内,因维修质量原因造成机动车无法正常使用,且承修方在3日内不能或者无法提供因非维修原因而造成机动车无法使用的相关证据的,机动车维修经营者应当及时无偿返修,不得故意拖延或者无理拒绝。

53. 机动车维修质量纠纷双方当事人均有保护当事车辆原始状态的义务。必要时可拆检车辆有关部位,但双方当事人应同时在场,共同认可拆检情况。

54. 对机动车维修质量的责任认定需要进行技术分析和鉴定,且承修方和托修方共同要求道路运输管理机构出面协调的,道路运输管理机构应当组织专家组或委托具有法定检测资格的检测机构作出技术分析和鉴定。鉴定费用由责任方承担。

55. 建立机动车维修企业信用档案,除涉及国家秘密、商业秘密外,应当依法公开,供公众查阅。机动车维修质量信誉考核结果、汽车维修电子健康档案系统维修电子数据记录上传情况及车主评价、投诉和处理情况是机动车维修信用档案的重要组成部分。

56. 建立机动车维修经营者和从业人员黑名单制度,县级道路运输管理机构负责认定机动车维修经营者和从业人员黑名单。

57. 道路运输管理机构的执法人员在机动车维修经营场所实施监督检查时,应当有2名以上人员参加,并向当事人出示交通运输部监制的交通行政执法证件。

58. 违反《机动车维修管理规定》,从事机动车维修经营业务,未按规定进行备案的,由县级以上道路运输管理机构责令改正;拒不改正的,处5000元以上2万元以下的罚款。

59. 违反《机动车维修管理规定》,机动车维修经营者使用假冒伪劣配件维修机动车,承修已报废的机动车或者擅自改装机动车的:

(1)由县级以上道路运输管理机构责令改正。

(2)有违法所得的,没收违法所得,处违法所得2倍以上10倍以下的罚款。

(3)没有违法所得或者违法所得不足1万元的,处2万元以上5万元以下的罚款,没收假冒伪劣配件及报废车辆。

(4)情节严重的,由县级以上道路运输管理机构责令停业整顿。

(5)构成犯罪的,依法追究刑事责任。

60. 违反《机动车维修管理规定》,机动车维修经营者签发虚假机动车维修竣工出厂合格证的:

(1)由县级以上道路运输管理机构责令改正。

(2)有违法所得的,没收违法所得,处以违法所得2倍以上10倍以下的罚款。

(3)没有违法所得或者违法所得不足3000元的,处以5000元以上2万元以下的罚款。

(4)情节严重的,由县级以上道路运输管理机构责令停业整顿。

(5)构成犯罪的,依法追究刑事责任。

61.《中华人民共和国大气污染防治法》规定机动车船向大气排放污染物不得超过规定的排放标准,禁止生产、进口或者销售大气污染物排放超过标准的机动车船、非道路移动机械。

62. 省、自治区、直辖市人民政府可以在条件具备的地区,提前执行国家机动车大气污染物排放标准中相应阶段排放限值,并报国务院生态环境主管部门备案。

63. 在用机动车应当按照国家或者地方的有关规定,由机动车排放检验机构定期对其进行排放检验。经检验合格的,方可上道路行驶;未经检验合格的,公安机关交通管理部门不得核发安全技术检验合格标志。

64. 机动车排放检验机构应当依法通过计量认证,使用经依法检定合格的机动车排放检验设备,按照国务院生态环境主管部门制定的规范,对机动车进行排放检验,并与生态环境主管部门联网,实现检验数据实时共享。

65. 机动车排放检验机构及其负责人对检验数据的真实性和准确性负责。

66. 生产、进口企业获知机动车、非道路移动机械排放大气污染物超过标准,属于设计、生产缺陷或者不符合规定的环境保护耐久性要求的,应当召回;未召回的,由国务院市场监督管理部门会同国务院生态环境主管部门责令其召回。

67. 在用重型柴油车、非道路移动机械未安装污染控制装置或者污染控制装置不符合要求,不能达标排放的,应当加装或者更换符合要求的污染控制装置。

68. 在用机动车排放大气污染物超过标准的,应当进行维修;经维修或者采用污染控制技术后,大气污染物排放仍不符合国家在用机动车排放标准的,应当强制报废。

69. 报废机动车所有人应当将机动车交售给报废机动车回收拆解企业,由回收拆解企业按照国家有关规定进行登记、拆解、销毁等处理。

70. 国家鼓励和支持高排放机动车船、非道路移动机械提前报废。

71. 所谓合同是指平等主体的自然人、法人、其他组织之间设立、变更、终止民事权利义务关系的协议;不是所有的民事协议都可以用《中华人民共和国合同法》调整,例如民事协议中婚姻、收养、监护等有关身份关系的协议不予调整。

72. 《中华人民共和国合同法》的立法原则包括:平等原则、自愿原则、公平原则、诚实信用原则、合法原则、公序良俗原则和法律保护原则。

73. 平等原则:平等是合同自愿原则的前提和基础,平等的体现就是要求一方不得将自己的意志强加给另一方。

74. 自愿原则:即合同自由,合同自由是平等原则的体现,是《中华人民共和国合同法》的核心原则。

75. 合同订立的条件包括:合同主体合格、合同形式合法、合同条款齐全、合同订立的程序合法。

76. 合同订立的程序包括要约和承诺。要约是希望和他人订立合同的意思表示;承诺是受要约人同意要约的意思表示,承诺生效时合同成立。

77. 合同效力即合同是否有效性,这里涉及合同的成立、合同的生效等名词,合同的成立不等于合同的生效,合同成立是合同生效的前提。

78. 合同履行的原则有:全面履行原则、诚实信用原则和补救原则。

79. 违约承担责任的方式包括继续履行、采取补救措施或者赔偿损失;也可以相互约定违约金、定金等方式。前三者是法定的,后两者是约定的。

80. 赔偿损失和违约金的关系:约定的违约金低于造成的损失的,当事人可以请求人民法院或者仲裁机构予以增加;约定的违约金高于造成的损失的,当事人可以请求人民法院或者仲裁机构予以适当减少。

81. 债务人履行债务后,定金应当抵作价款或者收回。给付定金的一方不履行约定的债务的,无权要求返还定金;收受定金的一方不履行约定的债务的,应当双倍返还定金。

82. 承揽合同是承揽人按照定作人的要求完成工作,交付工作成果,定作人给付报酬的合同。机动车维修检测合同是承揽合同的一种。

83. 技术合同是当事人就技术开发、转让、咨询或者服务订立的确立相互之间权利和义务的合同。

84. 租赁合同是转移租赁物使用收益权的合同。租赁合同终止时,承租人须返还租赁物,这是租赁合同区别于买卖合同的根本特征。

85. 委托合同是指受托人为委托人办理委托事务,委托人支付约定报酬或不支付报酬的合同。委托合同是典型的劳务合同。

86. 《中华人民共和国安全生产法》的适用范围是:在中华人民共和国领域内从事生产经营活动的单位(简称生产经营单位)的生产活动。

87. 安全生产工作应当以人为本,坚持安全发展,坚持安全第一、预防为主、综合治理的方针,强化和落实生产经营单位的主体,建立生产经营单位负责、职工参与政府监管、行业自律和社会监督的机制。

88. 《中华人民共和国安全生产法》的执行主体主要包括国务院和县级以上地方各级人民政府(制定安全生产规划,并组织实施)、各级安全生产监督管理部门(综合监督管理)、其他有关部门和协会组织。

89. 生产经营单位的主要负责人有建立、健全本单位安全生产责任制和组织制定并实施本单位的生产安全事故应急救援预案等的安全保障义务。

90. 一般生产经营单位,从业人员超过300人的,应当设置安全生产管理机构或者配备专职安全生产管理人员;从业人员在300人以下的,应当配备专职或者兼职的安全生产管理人员,或者委托具有国家规定的相关专业技术资格的工程技术人员提供安全生产管理服务。

91. 特种作业人员必须按照国家有关规定经专门的安全作业培训,取得特种作业操作资格证书,方可上岗作业。

92. 生产经营单位必须为从业人员提供符合国家标准或者行业标准的劳动防护用品,并监督、教育从业人员按照使用规则佩戴、使用。

93. 生产经营单位必须依法参加工伤社会保险,为从业人员缴纳保险费。

94. 安全生产管理人员应当根据本单位的生产经营特点,对安全生产状况进行经常性检查;对检查中发现的安全问题,应当立即处理;不能处理的,应当及时报告本单位有关负责人。

95. 从业人员有权了解其作业场所和工作岗位存在的危险因素、防范措施及事故应急措施,有权对本单位的安全生产工作提出建议。

96. 从业人员发现直接危及人身安全的紧急情况时,有权停止作业或者在采取可能的应急措施后撤离作业场所。生产经营单位不得因从业人员在前款紧急情况下停止作业或者采取紧急撤离措施而降低其工资、福利等待遇或者解除与其订立的劳动合同。

97. 从业人员有享有工伤社会保险权和民事赔偿权。因生产安全事故受到损害的从业人员,除依法享有工伤社会保险外,依照有关民事法律尚有获得赔偿的权利的,有权向本单位提出赔偿要求。

98. 工会的权利包括"三同时"的监督权、要求纠正权、建议权、组织撤离权和事故调查参加权。

99. 中华人民共和国境内生产、销售的家用汽车产品的三包,适用《家用汽车产品修理、更换、退货责任规定》规定,三包责任由销售者依法承担。

100. 家用汽车产品应当具有中文的产品合格证或相关证明以及产品使用说明书、三包凭证、维修手册等随车文件。

101. 修理者用于家用汽车产品修理的零部件应当是生产者提供或者认可的合格零部件,且其质量不低于家用汽车产品生产装配线上的产品。

102. 三包有效期限不低于2年或者行驶里程50000km,以先到者为准。

103. 包修期限不低于3年或者行驶里程60000km,以先到者为准。

104. 包修期和三包有效期自销售者开具购车发票之日起计算。在包修期内,出现产品质量问题,消费者凭三包凭证由修理者免费修理(包括工时费和材料费)。

105. 自销售者开具购车发票之日起60日内或者行驶里程3000km之内(以先到者为准),家用汽车出现产品质量问题的,销售者应当负责免费更换或退货。

106. 在三包有效期内,因产品质量问题修理时间累计超过35日的,或者因同一产品质量问题累计修理超过5次的,消费者可以凭三包凭证、购车发票,由销售者负责更换。

107. 三包有效期内,符合更换退货条件的,销售者应当自消费者要求退货之日起15个工作日内向消费者出具退车证明,并负责为消费者按发票价格一次性退清货款。

108. 消费者遗失三包凭证的,销售者、生产者应当在接到消费者申请后10个工作日内予以补办。

109. 家用汽车在包修期和三包有效期内发生所有权转移的,三包凭证应当随车转移,三包责任不因汽车所有权转移而改变。

110. 三包责任的免除,有下列情形之一的,可以免除三包责任:

(1) 易损耗零部件超出生产者明示的质量保证期出现产品质量问题的。

(2) 消费者所购家用汽车产品已被书面告知存在瑕疵的。

(3) 家用汽车产品用于出租或者其他营运目的的。

(4) 使用说明书中明示不得改装、调整、拆卸,但消费者自行改装、调整、拆卸而造成损坏的。

(5) 发生产品质量问题,消费者自行处置不当而造成损坏的。

(6) 因消费者未按照使用说明书要求正确使用、维护、修理产品,而造成损坏的。

(7) 因不可抗力造成损坏的。

(8) 无有效发票和三包凭证的。

111. 根据《道路运输从业人员管理规定》中第二条规定,道路运输从业人员是指经营性道路客货运输驾驶员、道路危险货物运输从业人员、机动车维修技术人员、机动车驾驶培训教练员、道路运输经理人和其他道路运输从业人员。

112. 县级以上地方人民政府交通运输主管部门负责组织领导本行政区域内的道路运输从业人员管理工作,并具体负责本行政区域内道路危险货物运输从业人员的管理工作。

113. 道路运输从业人员从业资格证件有效期为6年。道路运输从业人员应当在从业资格证件有效期届满30日前到原发证机关办理换证手续。

114. 机动车维修技术负责人员应具有机动车维修或者相关专业大专以上学历,或者具有机动车维修或相关专业中级以上专业技术职称;熟悉机动车维修业务,掌握机动车维修及相关政策法规和技术规范。

115. 机动车维修质量检验人员应具有高中以上学历;熟悉机动车维修检测作业规范,掌握机动车维修故障诊断和质量检验的相关技术,熟悉机动车维修服务收费标准及相关政策法规和技术规范。

116. 从事机修、电器、钣金、涂漆、车辆技术评估(含检测)作业的技术人员应具有初中以上学历;熟悉所从事工种的维修技术和操作规范,并了解机动车维修及相关政策法规。

117. 《关于促进汽车维修业转型升级提升服务质量的指导意见》包括公平竞争、自主消费、依法监管、协同发展和部门共治5项基本原则。

118. 《关于促进汽车维修业转型升级提升服务质量的指导意见》的总体目标是:推动汽车维修业基本完成从规模扩张型向质量效益型的转变,对汽车后市场发展引领和带动作用更加显著;基本完成从服务粗放型向服务品质型的转变,为人民群众提供更满意的汽车维修和汽车消费服务。

119. 《关于促进汽车维修业转型升级提升服务质量的指导意见》的主要内容包括鼓励连锁经营、规模化发展、专业化维修、品牌化发展,推广绿色维修作业,加强行业诚信建设,强化维修标准化、规范化作业等22项内容。

## 第二节 标准规范

1. 标准是对重复性事物和概念所做的统一规定,它是以科学技术和实践的综合成果为基础,经主管机关依法批准,并以特定方式发布的共同遵守的准则和依据。

2. 标准是发展社会主义商品经济、促进技术进步、改进产品质量、提高社会经济效益、维护国家和人民利益的必要手段。

3. 标准化是一个国家制定、发布和实施的标准,对标准的实施进行监督的制度总和。

4. 《中华人民共和国标准化法》将中国标准分为国家标准、行业标准、地方标准、企业标准四级。

5. 标准分为强制性标准、推荐性标准。比如:强制性国家标准GB;推荐性国家标准GB/T("T"是推荐的意思);推荐性交通行业标准JT/T等。强制性标准必须执行,推荐性标准鼓励企业自愿采用。

6. 一般来说,国家标准是该行业的最低技术指标,而行业标准的技术指标应比国家标准高。

7. 已有国家标准或者行业标准的,国家鼓励企业制定严于国家标准或者行业标准的企业标准在企业内部执行。

8. 县级以上政府标准化行政主管部门负责对标准的实施进行监督检查。

9. 生产、销售、进口不符合强制性标准的产品的,由法律、行政法规规定的行政主管部门依法处理,法律、行政法规未作规定的,由工商行政管理部门没收产品和违法所得,并处罚款;造成严重后果构成犯罪的,对直接责任人员依法追究刑事责任。

10. 《汽车维修业开业条件 第1部分:汽车整车维修企业》(GB/T 16739.1—2014)适用于汽车整车维修企业(一类、二类),是道路运输管理机构对汽车整车维修企业实施行政许可和管理的依据。规定了汽车整车维修企业应具备的人员、组织管理、安全生产、环境保护、设施和设备等条件。

11. 维修质量检验员数量应与其经营规模相适应,至少应配备2名维修质量检验员。

12. 设施条件是指汽车整车维修业应当具备的停车场、生产厂房及办公条件。

13. 生产厂房:生产厂房地面应平整坚实,面积应能满足所列维修设备的工位布置、生产工艺和正常作业,一类企业的面积不少于$800m^2$,二类企业的面积不少于$200m^2$;生产厂房内应设有总成维修间,一类企业总成维修间面积不小于$30m^2$,二类企业总成维修间面积不小于$20m^2$;租赁的生产厂房应具有合法的书面合同书,租赁期限不得小于1年。

14. 企业应配备与其所承修车型相适应的量具、机工具及手工具,量具应定期进行检定。

15. 检测设备应通过型式认定,并按规定经有资质的计量检定机构检定合格。

16. 允许外协的设备,应具有合法的合同书,并能证明其技术状况符合要求。

17. 《汽车维修业开业条件 第2部分:汽车综合小修及专项维修业户》(GB/T 16739.2—2014)适用于汽车综合小修及专项维修业户(三类),是道路运输管理机构实施行政许可和管理的依据。规定了汽车综合小修及专项维修业户应具备的通用条件,及其经营范围、人员、设施、设备等专项条件。

18. 通用条件是指从事汽车发动机维修、车身维修、电气系统维修、自动变速器维修、轮胎动平衡及修补、四轮定位检测调整、汽车润滑与养护、喷油泵和喷油器维修、曲轴修磨、汽缸镗磨、散热器维修、空调维修、汽车美容装潢、汽车玻璃安装及修复等专项维修作业的业户(三类)都必须具备的条件。

19. 组织管理条件:应具有健全的经营管理体系,设置技术负责、业务受理、质量检验、文件资料管理、材料管理、仪器设备管理、价格结算等岗位并落实责任人;应具有汽车维修质量承诺、进出厂登记、检验记录及技术档案管理、标准和计量管理、设备管理及维护、人员技术培训等制度并严格实施。

20. 从事综合小修或专项维修关键岗位的从业人员数量应能满足生产的需要,从业人员资格条件应符合规定,并取得行业主管及相关部门颁发的从业资格证书,持证上岗。

21. 租赁的生产厂房、停车场地应具有合法的书面合同书,并应符合安全生产、消防等各项要求。租赁期限不得小于1年。

22. 专项维修条件是指根据不同的经营范围在人员、设施、设备方面各自必须具备的条件。

23. 汽车综合小修业户应有维修企业负责人、维修技术负责人、维修质量检验员、维修业务员、维修价格结算员、机修人员和电器维修人员;维修质量检验员应不少于1名;主修人员应不少于 2 名。

24.汽车综合小修业户设施条件:应设有接待室,其面积应不小于 $10m^2$,整洁明亮,并有供客户休息的设施;生产厂房面积应不小于 $100m^2$。

25.发动机修理业户的人员条件:检验人员应不少于 2 名;发动机主修人员应不少于 2 名。

26.发动机修理业户的设施条件:应设有接待室,其面积应不少于 $20m^2$,接待室应整洁明亮,明示各类证、照、作业项目及计费、工时定额等,并应有客户休息的设施;停车场面积应不少于 $30m^2$;生产厂房应不少于 $200m^2$。

27.电气系统维修业户的人员条件:企业管理负责人、技术负责人及检验人员应符合要求;检验人员应不少于 1 名;电子电器主修人员应不少于 2 名。

28.电气系统维修业户的设施条件:应设有接待室,其面积应不少于 $20m^2$,接待室应整洁明亮并应有客户休息的设施;生产厂房应不少于 $120m^2$。

29.轮胎动平衡及修补业户的条件要求至少有 1 名经过专业培训的轮胎维修人员,生产厂房面积不少于 $15m^2$。

30.汽车润滑与养护业户的条件要求至少有 1 名经过专业培训的汽车维修人员,生产厂房面积不少于 $40m^2$。

31.《汽车综合性能检验机构能力的通用要求》(GB/T 17993—2017)适用于汽车综合性能检验机构的建设、运行管理、能力认定和监督管理。规定了汽车综合性能检验机构的服务功能、管理、技术能力以及场地和设施的要求。

32.汽车综合性能是指汽车动力性、安全性、燃料经济性、使用可靠性、污染物排放和噪声,以及整车装备完整性与状态等多种技术性能的组合。

33.汽车综合性能检验机构开展汽车综合性能检验工作应具备的服务项目包括四项:

(1)依法对道路运输车辆的技术状况进行检验和评定。

(2)依法对车辆维修竣工质量进行检验。

(3)对车辆改装、改造、技术评估以及相关新技术、科研鉴定等项目进行检验。

(4)接受交通、公安、环保、商检、质检、保险和司法等部门和机构的委托,对车辆进行规定项目的检验与核查。

34.汽车综合性能检验机构的服务标准要求:

(1)应通过适当的方式,公示检验标准、检验项目或参数、收费标准、检测流程、服务承诺、投诉监督方式以及检验人员的照片、岗位职责等信息。

(2)出具的检验报告应采用规范的格式。

(3)应征求客户意见,持续改进服务质量。

35.综检机构应建立记录、报告控制文件,包括质量记录、技术记录、结果报告等,检验记录、报告的保存期限不少于 2 年,其他记录的保存期限为 6 年。

36.综检机构应定期对检验工作进行内部审核联合管理评审,内部审核每年 1 次,管理评审 12 个月 1 次。

37.综检机构应设机构负责人、技术负责人、质量负责人、授权签字人、网络管理员、检验员、档案管理员,以及引车员、外观检查员、底盘检查员、尾气检查员、登录员等检验人员(技术负责人与质量负责人不应兼任)。

38. 检验员数量应满足:1 条检测线不少于 8 人,每增加 1 条检测线,增加人员数不少于 4 人。

39. 对综检机构负责人的要求:熟悉关于汽车检验方面的政策、法令、标准和汽车检验业务,具备经营管理能力。

40. 对综检机构技术负责人的要求,包括四个方面:

(1)应具有理工科类专业大专(含)以上学历和中级(含)以上工程技术职称或职业水平(含技师)或同等能力。

(2)掌握汽车理论和汽车构造知识,有 3 年以上的汽车维修或检测工作经历。

(3)熟悉国家、行业、地方有关汽车维修检测方面的政策、法规、规定及相关标准。

(4)掌握检测设备的性能,具有使用检测设备计量校定、校准知识以及分析测量误差的能力。

41. 对综检机构质量负责人的要求,包括两个方面:

(1)应具有大专(含)以上学历和中级(含)以上工程技术职称或职业水平(含技师)或同等能力。

(2)掌握汽车理论和汽车构造知识,有 3 年以上的汽车维修或检测工作经历。

(3)熟悉国家、行业、地方有关汽车维修检测方面的政策、法规、规定及相关标准。

(4)掌握质量管理体系和检验检测机构资质认定的要求。

42. 对检验人员的基本要求:

(1)应具有高中(含技校)以上学历,了解汽车构造和原理。

(2)了解所在工位检测仪器、设备的构造、原理、性能和使用方法。

(3)掌握检测标准,熟练掌握检测操作规程,能进行数据处理工作。

(4)熟悉汽车综合性能检测工艺流程,具有计算机操作的基本知识。

43. 引车员还应持有与承检车型相适应的有效机动车驾驶证,具有 3 年以上的驾驶经历。

44. 外观检验员、底盘检验员和尾气检验员还应具备汽车维修或检测工作 1 年以上经历,熟练掌握检测标准所规定的检验项目及方法,并具备正确评判的能力。

45. 综检机构检测线内设备的承载质量和检测范围应与承载车辆相适应:

(1)总质量大于 3.5t 的车辆,制动性能和动力性能的检验应分别采用 10t 级(或 13t 级)的滚筒反力式制动检验台和 10t 级(或 13t 级)底盘测功机,其他工位的相应设备应采用 10t 级(或以上)。

(2)总质量小于 3.5t 的车辆,动力性能的检验应采用 3t 级(或 10t 级)的底盘测功机,其他工位的相应设备应采用 3t 级(或以上)。

46. 综检机构应合理规划和设置检测间(含外检)、检测线、检测工位、停车场、试车道路和业务厅等设施,配备消防设施和设备。

47. 检测线应布置在检测车间内,并符合检验流程合理分布,出入口应设引车道和必要的交通标志和安全防护装置等。

48. 检测车间路面承载能力应适应承检车型的轴荷要求,行车路面的纵向、横向坡度应不大于1.0%,平整度应不大于2.0‰,在汽车制动检验台前后相应距离内,地面附着系数应不低于0.7。

49. 停车场面应与检测业务量相适应,不得与试车道路和行车道路等设施共用。

50. 试车道路的承载能力应适应承检车型的轴荷要求,试车道路应铺设平坦、硬实的混凝土或沥青路面并设有规范的交通标志标线,路面附着系数不小于0.7,宽度不小于6m,小型车的试验车道的长度不小于80m,大型车的试验车道的长度不小于100m。

51. 《汽车维护、检测、诊断技术规范》(GB/T 18344—2016)规定了汽车日常维护、一级维护、二级维护的周期、作业内容和技术规范。本标准适用于所有在用汽车。

52. 日常维护以清洁、补给和安全检视为作业中心内容,由驾驶员负责执行的车辆维护作业。

53. 日常维护的周期:出车前,行车中,收车后。

54. 一级维护除日常维护作业外,以清洁、润滑、紧固为作业中心内容,并检查有关制动、操纵等安全部件,由维修企业负责执行的车辆维护作业。

55. 一级维护周期:汽车一级维护周期的确定应以汽车行驶里程间隔为基本依据。小型车和轻型货车一般为10000km或30日,中型客车和轻型货车以上为15000km或30日。

56. 二级维护的基本要求和实施主体:二级维护作业项目包括基本作业项目和附加作业项目,二级维护作业时一并进行,由维修企业负责执行的车辆维护作业。

57. 汽车二级维护周期的确定以汽车行驶里程间隔为基本依据。小型车和轻型货车一般为40000km或120日,中型客车和轻型货车以上为50000km或120日。

58. 二级维护作业流程:汽车二级维护首先要进行进厂检测,按规定的检测项目和驾驶员反映的车辆使用技术状况确定所需检测项目,依据检测结果及车辆实际技术状况进行故障诊断,从而确定附加作业。

59. 二级维护过程检验:二级维护过程中,要始终贯穿过程检验,并作检验记录。

60. 二级维护竣工检验:汽车在维修企业进行二级维护后,必须进行竣工检验;各项目参数符合国家标准或行业标准及地方标准;竣工检验合格的车辆填写《维护竣工出厂合格证》后方可出厂。

61. 汽车维护质量保证期,自维护竣工出厂之日起计算,一级维护质量保证期为车辆行驶不少于2000km或者10日,二级维护质量保证期为车辆行驶不少于5000km或者30日,以先达到者为准。

62. 《汽车制动系统修理竣工技术条件》(GB/T 18274—2017)规定了汽车盘式制动器、鼓式制动器、气压制动传动装置、液压制动传动装置和驻车制动装置修理竣工的技术要求及检验规则。

63. 空气压缩机气缸体的形位公差、各部位的配合、间隙都应符合原厂技术规定。

64. 修理后的空气压缩机应按磨合规范进行磨合,磨合后应按原产品规定的技术要求进行检查。当压力为700kPa时,空气压缩机停止运转后,在3min内储气筒的压力下降不应超过10kPa。

65. 整车制动系统密封性的技术要求:当气压升至600kPa,且不使用制动的情况下,停止空气压缩机3min后,其气压降低应不大于10kPa。在气压为600kPa的情况下,将制动踏板踩到底,待气压稳定后观察3min,单车气压降低值不得超过20kPa;列车气压降低值不得超过30kPa。

66. 主缸、轮缸总成密封性能要求:当制动液加至储液室最高位置时,在制动过程中主缸总成不得发生渗油、溅油和溢油等现象。在制动回路中建立起最高工作压力,稳定后30s各制动腔压力降不大于0.3MPa。

67. 主缸、轮缸总成耐压性能要求:经过15s±5s在制动腔内建立起最高工作压力的130%,保持推杆位置不变,各部位无任何泄漏及异常现象。

68. 真空增压器的真空密封性要求:真空增压器真空度达到66.7kPa后,切断真空源,15s内真空度的下降量不得大3.3kPa;当主缸输出压力为9000kPa时,切断真空源,15s内真空室真空度从66.7kPa处的下降量不应大于3.3kPa。

69. 真空增压器的液压密封性要求:使增压缸压力值达到9000kPa,踏下制动踏板后,在15s内压力值下降量应不大于10%,总成各部位不得有渗漏油现象。

70. 真空助力器的真空密封性要求:非制动状态下按规定的试验方法,15s内真空度下降值不得超过3.3kPa;制动状态下按规定的试验方法,15s内真空度下降值不得超过3.3kPa。

71. 添加制动液应符合原车要求的品牌,制动液应清洁,防止混入杂质和水分。

72. 制动系统修理竣出厂的质量保证其与整车质量保证期相同。

73. 《汽车大修竣工出厂技术条件》(GB/T 3798.1—2005、GB/T 3798.2—2005)包含载客汽车和载货汽车两部分,要求大修竣工出厂的整车外观应整洁、完好、周正,附属设施及装备应齐全、有效。

74. 大修竣工出厂的汽车主要结构参数应符合原设计规定,由于修理改变的整备质量,不得超过新车出厂额定值的3%。

75. 左右轴距差不得大于原设计轴距的1/1000。

76. 影响汽车行驶安全的转向系统、制动系统和行驶系统的关键零部件,不得使用修复件。

77. 最大设计车速不小于100km/h的汽车,车轮应进行动平衡试验,其动不平衡质量应不大于10g。

78. 大修竣工出厂的载客汽车车身、保险杠及翼子板左右对称,各对称部位离地面高度差不大于10mm。

79. 大修竣工出厂的载货汽车驾驶室、货厢、保险杠及翼子板左右对称,各对称部位离地面高度差:货厢不大于20mm,其他不大于10mm。

80. 汽车大修走合期满后,每百公里燃料消耗量不得大于该车型原设计规定的相应车速等速百公里燃料消耗量的105%。

81. 大修竣工出厂的汽车经检验合格,应签发"汽车大修出厂合格证"及有关技术文件。

82. 承修单位对大修竣工的汽车应给予质量保证,质量保证期自出厂之日起,不少于半年或行驶里程不少20000km(以先到者为准)。

83. 《商用汽车发动机大修竣工出厂技术条件》(GB/T 3799.1—2005、GB/T 3799.2—2005)包含两部分,分别规定了商用汽车汽油发动机和柴油发动机(均为往复活塞式)大修竣工出厂的技术要求、质量保证和包装要求。

84. 发动机运转状况及检查要求:发动机在各种工况下运转应稳定,不得有过热现象;不应有异常响声;突然改变工况时,应过渡圆滑,不得有突爆、回火、放炮等异常现象。

85. 商用汽车发动机大修竣工起动性能要求:发动机在正常环境温度和低温255K(-18℃)时,都能顺利起动,允许起动3次。

86. 在标准状态下,发动机额定功率和最大转矩不得低于原设计标定值的90%。

87. 承修单位对大修竣工出厂的发动机应给予质量保证,质量保证期自竣工之日起,不少于半年或行驶里程为20000km(以先到者为准)。

88. 《大客车车身修理技术条件》(GB/T 5336—2005)竣工检验要求主要包括:

(1)车身外观整洁,装备齐全,表面无污垢、漏漆及机械损伤。

(2)外形尺寸符合原设计规定。

(3)整备质量及各轴负荷分配的最大值所增加的质量不得超过原设计质量的3%。

(4)各操纵机构的安装应符合原设计规定,各部连接牢固,密封良好,操纵灵活有效,无相互干扰碰撞现象。

(5)车厢不漏水,顶风窗开启到位,关闭严密,行车时不自行落下。

(6)车辆行驶时蒙皮不允许有抖动声。

(7)车窗玻璃清洁、完整、不松动,可开窗应启闭灵活,锁止可靠。

(8)电气设备及各种仪表运行工作正常。

(9)车厢应具有良好的防尘性能,当车外空气含尘量不低于200mg/m³时,车内的空气最大含尘量不大于车外空气含尘量的25%。

(10)电车总绝缘要求:在确保乘客安全前提下,各地应根据具体情况自行规定,报上级主管部门批准执行。

89. 《大客车车身修理技术条件》(GB/T 5336—2005)规定,在正常使用情况下,质量保证期自出厂之日起,不少于半年或行驶里程不少20000km(以先到者为准)。

90. 《机动车运行安全技术条件》(GB 7258—2017)是我国机动车国家安全技术标准的重要组成部分,是进行注册登记检验和在用机动车检验、机动车查验等机动车运行安全管理及事故车检验最基本的技术标准,同时,也是我国机动车新车定型强制性检验、新车出厂检验及进口机动车检验的重要技术依据之一。

91. 《机动车运行安全技术条件》(GB 7258—2017)适用于在我国道路上行驶的所有机动车(不包括有轨电车及非道路行驶的轮式专用机械车),规定了整车及主要总成、安全防护装置等有关运行安全的基本技术要求,以及消防车、救护车、工程救险车和警车及残疾人专用车的附加要求。

92. 乘用车是指设计和制作上主要用于载运乘客及其随身行李和/或临时物品的汽车包括驾驶员座位在内最多不超过9个座位。

93. 低速汽车及拖拉机运输机组的比功率大于或等于4.0kW/t,除了无轨电车、纯电动汽车外的其他机动车的比功率大于或等于5.0kW/t。

94. 机动车在车身前部外表面的易见部位上应至少装置一个能永久保持的商标或厂标。

95. 汽车、摩托车、挂车应具有唯一的车辆识别代号,其内容符合GB 16735的规定,应至少有一个车辆车辆识别代号打刻在车架(无车架的机动车为车上主要承载且不能拆卸的部件)能防止锈蚀、磨损的部位上。

96. 根据《机动车运行安全技术条件》(GB 7258—2017)进行机动车漏油检查,应在机动车连续行驶距离不小于10km、停车5min后观察,无漏油现象。

97. 汽车(纯电动汽车、燃料电池汽车和低速汽车除外)驾驶员耳旁噪声声级应小于或等于90dB(A)。

98. 汽车(三轮汽车除外)的转向盘必须设置于左侧,其他机动车的转向盘不允许设置于右侧;专用作业车按需要可设置左右两个转向盘。

99. 最大设计车速大于或等于100km/h的机动车,其转向盘的最大自由转动量应小于或等于15°。

100. 液压行车制动器在到达规定的制动效能时,制动踏板行程应小于或等于制动踏板全行程的3/4,制动器安装有自动调整间隙装置的机动车制动踏板行程应小于或等于制动踏板全行程的4/5,且乘用车应小于或等于120mm,其他机动车应小于或等于150mm。

101. 汽车的制动协调时间,对液压制动的汽车应小于或等于0.35s,对气压制动的汽车应小于或等于0.60s。

102. 发动机应动力性能良好,运转平稳,怠速稳定,机油压力和温度正常,发动机功率不小于铭牌(或产品使用说明书)标明的发动机功率的75%。

103. 除转向信号灯、危险警告信号灯、紧急制动信号灯、校车标志灯、扫路车、洗扫车、吸尘车等专项作业车在作业状态下的指示灯具,以及消防车、救护车、工程救险车和警车安装使用的标志灯外,其他外部灯具不应闪烁。

104. 残疾人专用汽车应根据驾驶员的残疾类型,加装相应类型的辅助装置,辅助装置不应该改变原车结构的完整性和安全性。

105.《汽油车污染物排放限值及测量方法(双怠速法及简易工况法)》(GB 18285—2018)适用于新生产汽车下线检验、注册登记检验和在用汽车检验,也适用于其他装用点燃式发动机的汽车。

106.《汽油车污染物排放限值及测量方法(双怠速法及简易工况法)》(GB 18285—2018)规定了汽油车双怠速法、稳态工况法、瞬态工况法和简易瞬态工况法排气污染物排放限值及测量方法。同时规定了汽油车外观检查、OBD检查、燃油蒸发排放控制系统检测的方法和判定依据。

107.《柴油车污染物排放限值及测量方法(自由加速法及加载减速法)》(GB 3847—2018)规定了柴油车自由加速法和加载减速法排气污染物排放限值及测量方法,以及柴油车外观检验、OBD检查的方法和判定依据。

108.《柴油车污染物排放限值及测量方法(自由加速法及加载减速法)》(GB 3847—2018)适用于新生产柴油汽车下线检验、注册登记检验和在用汽车检验。本标准也适用于其他装用压燃式发动机的汽车,但不适用于低速货车和三轮车。

109.《汽车发动机电子控制系统修理技术要求》(GB/T 19910—2005)适用于安装有汽车发动机电子控制系统的点燃式汽油发动机的车辆。规定了汽车发动机电子控制系统维修前检查、视情维修以及维修后检验的技术要求。

110.《机动车安全技术检验项目和方法》(GB 38900—2020)规定了机动车安全技术检验的检验项目、检验方法、检验要求,以及检验结果判定、处置和资料存档。

111.《机动车安全技术检验项目和方法》(GB 38900—2020)适用于机动车安全技术检验机构对机动车进行安全技术检验,也适用于出入境检验检疫机构对入境机动车进行安全技术检验,不适用于拖拉机运输机组等上道路行驶的拖拉机的安全技术检验。

112. 注册登记安全检验是指对申请注册登记的机动车进行的安全技术检验。

113. 在用机动车安全检验是指对已注册登记的机动车进行的安全技术检验。

114. 机动车安全技术检验合格的,检验机构应出具《机动车安全技术检验报告》,报告一式三份(营运车辆一式四份)。一份交机动车所有人(或者由送检人转交机动车所有人),一份提交车辆管理所作为机动车安全技术检验合格证明,一份提交交通运输管理部门(营运车辆),一份留存检验机构。

115. 机动车安全技术检验不合格的,检验机构应出具《机动车安全技术检验报告》,并注明所有不合格项目。报告一式两份,一份交机动车所有人(或者由送检人转交机动车所有人),一份留存检验机构。

116. 车辆唯一性检查包括:对机动车号牌号码和分类、车辆品牌和型号、车辆识别代号(或整车出厂编号)、发动机号码/驱动电机号码、车身颜色和车辆外形等特征进行检查。

117. 车辆特征参数检查包括对机动车的外廓尺寸、整备质量/空车质量、核定载人数等车辆主要特征和技术参数进行检查,确认与机动车国家安全技术标准、机动车产品公告、机动车出厂合格证、机动车行驶证等技术凭证资料的符合性。

118. 底盘动态检查是指:在行驶状态下,定性地判读机动车的转向、传动、制动、仪表和指示器是否符合运行安全要求。

119. 在用机动车安全检验时,应提供送检机动车有效的机动车交通事故责任强制保险凭证、(挂车以及实现电子保单、保险信息联网核查的除外)和机动车行驶证。

120. 安全技术检验时应先进行联网查询、车辆唯一性检查,确认无异常后方可按检验流程开展检验。

121. 对非营运小型、微型载客汽车进行安全技术检查时,人工检验的总时长不少于220s,仪器设备检查的总时长不少于70s。

122. 送检的纯电动汽车、插电式混合动力汽车、燃料电池汽车不应有与电驱动系统、高压绝缘、动力电池等有关的报警信号。

123. 对送检机动车状态为"被盗抢""注销""达到报废标准""事故逃逸"" 锁定"情形的,应报告当地公安机关交通管理部门处理。

124. 注册登记安全检验时,送检机动车的车辆外形(不包括车身颜色)应与机动车产品公告照片一致(对国产机动车)。

125. 在用机动车安全检验时,送检机动车的车身颜色、车辆外形应与机动车行驶证上的车辆照片一致(目视不应有明显区别),不应有更改车上颜色、改变车厢形状、改变车辆结构等情形。

126. 在用机动车安全检验时,重中型货车(半挂牵引车除外)、重中型载货专项作业车、重中型挂车外廓尺寸实测值不应超出 GB 7258、GB 1578 规定的限值,且与机动车行驶证记载的数值相比误差不超过 ±3% 或 150mm。

127. 对于 2013 年 3 月 1 日起出厂的乘用车、总质量小于或等于 3500kg 的货车(低速汽车除外),从车外应能清晰地识读到靠近风窗立柱位置的车辆识别代号标识。

128. 对于2018年1月1日起出厂的总质量大于或等于12000kg的栏板式、仓栅式、自卸式、罐式货车及总质量大于或等于10000kg的栏板式、仓栅式、自卸式、罐挂车还应在其货箱或常压罐体上打刻至少两个车辆识别代号。

129. 在用机动车安全检验时,货车、挂车的栏板(含盖)高度应与机动车登记信息、驾驶室两侧喷涂的栏板(含盖)高度数值相符,且误差不超过±50mm。

130. 2020年1月1日起出厂的总质量大于或等于12000kg的危险货物运输货车的后轴,所有危险货物运输半挂车,以及三轴栏板式、仓栅式半挂车应装备空气悬架。

131. 2018年1月1日起出厂的汽车(无驾驶室的三轮汽车除外)应配备1件汽车乘员反光背心。

132. 2018年1月1日起出厂的车长大于或等于6m的客车和总质量大于3500kg的货车,应装备至少2个停车楔(如三角垫木)。

133. 公路客车、旅游客车、危险货物运输车及车长大于9m的设置乘客站立区的公共汽车,以及2018年1月1日起出厂的车长大于9m的其他客车都应具有限速功能或配备限速装置。

134. 2012年9月1日起出厂的车长大于9m的公路客车、旅游客车,以及2018年1月1日起出厂的车长大于9m的未设置乘客站立区的客车(专用校车及乘坐人数小于20人的其他专用客车除外)应设置两个乘客门。

135. 采用动力开启的乘客门,车门应急控制器应正常且其附近应标有清晰的符号或字样注明操作方法,字体高度应不小于10mm。

136. 注册登记安全检验和在用机动车安全检验时,车身外观应车体周正,车体外缘左右对称部位高度差应小于或等于40mm。

137. 前风窗玻璃驾驶员视区部位及驾驶员驾驶时用于观察外后视镜的部位的可见光透射比应大于或等于70%。

138. 校车、2012年9月1日起出厂的公路客车、旅游客车、2018年1月1日起出厂的设有乘客站立区的客车、轻型客车,所有车窗玻璃可见光透射比均应大于50%。

139. 校车、公路客车、旅游客车、设有乘客站立区的客车以及轻型客车,所有车窗玻璃不应张贴有不透明和带任何镜面反光材料的色纸或隔热纸(客车车窗玻璃上张贴的符合规定的客车用安全标志和信息符号除外)。

140. 2019年1月1日起出厂的危险货物运输车辆、公路客车、旅游客车和未设置乘客站立区的公共汽车应装备单燃油箱,且单燃油箱的容积应小于或等于400L。

141. 货车均应在驾驶室(区)两侧喷涂总质量(半挂牵引车为最大允许牵引质量)。其中,栏板货车和自卸车还应在驾驶室两侧喷涂栏板高度,栏板挂车应在车厢两侧喷涂栏板高度。罐式汽车和罐式挂车还应在罐体上喷涂罐体容积和允许装运货物的种类。

142. 2019年1月1日起出厂的总质量大于或等于12000kg的货车,应装备车辆右转弯音响提示装置,并在设计和制造上保证驾驶员不能关闭车辆右转弯音响提示装置。

143. 公路客车、旅游客车和校车的所有车轮及其他机动车的转向轮不应装用翻新的轮胎。

144.注册登记安全检验和在用机动车安全检验时,外部照明和信号装置不得改装,车辆不应有后射灯,也不应加装强制性标准以外的外部照明和信号装置。

145.2018年1月1日起出厂的乘用车、旅居车、未设置乘客站立区的客车、货车(三轮汽车除外)、专项作业车的所有座椅,以及设有乘客站立区的客车的驾驶员座椅和前排乘员座椅均应装备汽车安全带;除三轮汽车外,所有驾驶员座椅、乘用车的所有乘员座椅(设计和制造上具有行动不便乘客乘坐设施的乘用车设置的后向座椅除外)、总质量小于或等于3500kg的其他汽车的所有外侧座椅、其他汽车(设有乘客站立区的客车除外)的前排外侧乘员座椅,装备的汽车安全带均应为三点式(或全背带式)汽车安全带。

146.注册登记安全检验和在用机动车安全检验时,客车、危险货物运输车辆及2018年1月1日起出厂的旅居车应按照GB 7258等相关标准的规定配备灭火器,配备的灭火器应在使用有效期内,不应有欠压失效等情形。道路运输爆炸品和剧毒化学品车辆驾驶室内应配备一个干粉灭火器,在车辆两边应配备与所装载介质性能相适应的灭火器各一个。

147.注册登记安全检验和在用机动车安全检验时,采用密闭钢化玻璃式应急窗的客车,在相应的应急窗邻近应配备一个应急锤或采用自动破窗装置;2019年1月1日起出厂的公路客车、旅游客车和未设置乘客站立区的公共汽车的外推式应急窗邻近处应配备有应急锤。

148.2018年1月1日起出厂的其他乘用车和客车,以及总质量大于3500kg且小于12000kg的货车和专项作业车(五轴及五轴以上专项作业车除外)、总质量大于3500kg的挂车应装备防抱死制动装置,且装备的防抱死制动装置自检功能应正常。

149.授权签字人应逐项确认检验结果并签注整车检验结论。

150.送检机动车所有检验项目的检验结果均合格的,判定为合格;否则判定为不合格。

151.《汽车维修行业计算机管理信息系统技术规范》(JT/T 640—2005)规定了汽车维修行业计算机管理信息系统技术规范,适用于汽车维修行业和汽车维修企业计算机信息系统管理。

152.《汽车维修行业计算机管理信息系统技术规范》(JT/T 640—2005)由系统构成和数据信息、系统功能、系统配置、系统数据接口、系统性能、系统安装和维护组成。

153.《道路运输车辆技术等级划分及技术评定要求》(JT/T 198—2016)适用于申请从事道路运输经营的车辆和正在从事道路运输经营的车辆,从事驾驶员培训等道路运输相关业务的车辆可参照使用。

154.《道路运输车辆技术等级划分及技术评定要求》(JT/T 198—2016)规定了道路运输车辆技术等级划分为一级和二级。

155.道路运输车辆技术等级评定项目包括"核查评定项目"和"技术评定项目"。其中"技术评定项目"分为"关键项""一般项"和"分级项"。申请从事道路运输经营的车辆按"核查评定项目"和"技术评定项目"进行评定。在用道路运输经营的车辆按"技术评定项目"进行评定。

156.车辆技术等级划分时,符合以下要求的车辆评为一级车:

(1)"核查评定项目"达到一级。

(2)"关键项"均为合格。

(3)"一般项"的不合格数不超过3项。

(4)"分级项"达到一级。

157.《事故汽车修复技术规范》(JT/T 795—2011)在有效指导事故汽车维修企业确定合理、科学的汽车修复方案的同时,对保险理赔也起到重要指导作用。

158.对于可修复车辆来说,结合车辆损伤情况、维修工作量、维修难度,由高至低将损伤等级划分Ⅰ级损伤、Ⅱ级损伤和Ⅲ级损伤三类。

159.事故汽车出厂检查包括竣工检查和路试检查两个方面。

160.事故汽车修复质量保证期从车辆检验出厂日起算,对于Ⅰ级、Ⅱ级、漆面损伤的Ⅲ级事故车辆,以行驶100日或行驶20000km为准。对于Ⅲ级事故车辆,以行驶10日或行驶2000km为准。

161.在事故汽车修复质保期内,因维修质量导致车辆无法正常运行,维修企业必须及时无偿返修,若同一维修项目经两次维修后仍无法正常运行,维修企业必须及时联系其他企业维修,并承担维修费用。

162.《机动车维修服务规范》(JT/T 816—2011)适用于汽车整车维修企业和发动机、车身、电气系统、自动变速器专项维修业户,其他的机动车维修企业可参照执行。

163.《机动车维修服务规范》(JT/T 816—2011)规定了机动车维修服务的总要求、维修服务流程、服务质量管理及服务质量控制等内容。

164.《混合动力电动汽车维护技术规范》(JT/T 1029—2016)适用于总质量不小于3500kg的混合动力电动汽车,规定了混合动力电动汽车维护的作业安全和技术要求。

# 考试模拟题

## 一、是非判断题

1.按《中华人民共和国道路交通安全法实施条例》的规定,已注册登记的机动车若改变车身颜色,需要机动车所有人向登记该机动车的公安机关交通管理部门申请变更登记。(√)

2.一类机动车维修企业可以从事危险货物运输车辆维修。(×)

3.《机动车维修管理规定》中所指机动车维修经营不包括维修救援活动。(×)

4.危险货物运输车辆维修企业可对危险货物运输车辆罐体进行维修。(×)

5.机动车维修经营者不得擅自改装机动车,但可以利用配件拼装机动车,只要检验合格即可。(×)

6.机动车维修经营者需要终止经营的,应当在终止经营前15日告知原备案机构。(×)

7.机动车维修经营者对于换下的配件、总成,可以自行处理。(×)

8.未签发《机动车维修竣工出厂合格证》的机动车,不得交付使用,车主可以拒绝交费或接车。(√)

9. 机动车维修实行竣工出厂质量保证期制度:汽车和危险货物运输车辆整车修理或总成修理质量保证期为车辆行驶5000km或者30日。（×）

10. 机动车维修质量保证期,从维修竣工出厂之日起计算。（√）

11. 机动车维修经营者签发虚假或者不签发机动车维修竣工出厂合格证的,有违法所得的,没收违法所得,并处以5000元以上2万元以下的罚款。（×）

12. 违反《机动车维修管理规定》,从事机动车维修经营业务,未按规定进行备案的,由县级以上道路运输管理机构责令改正;拒不改正的,处5000元以上2万元以下的罚款。（√）

13. 《道路旅客运输及客运站管理规定》规定了道路运输管理机构应当定期对货运车辆进行审验,每年审验一次。（√）

14. 合同成立不一定生效,但合同生效则合同一定成立。（√）

15. 根据相关法律规定,给付定金的一方不履行约定的义务的,无权要求返还定金;收受定金的一方不履行约定的义务的,应当双倍返还定金。（√）

16. 从业人员因生产安全事故受到损害时,已经依法享有工伤社会保险的,生产经营单位可以不再赔偿。（×）

17. 《家用汽车产品修理、更换、退货责任规定》规定汽车的包修期和三包有效期自汽车出厂之日起计算。（×）

18. 国家标准权威性最高,要求也最高,行业标准或企业标准可以比国家标准要求低。（×）

19. 按《汽车维修业开业条件第1部分:汽车整车维修企业》(GB/T 16739.1—2014)规定,维修质量检验员数量应与其经营规模相适应,至少应配备1名维修质量检验员。（×）

20. 《汽车综合性能检验机构能力的通用要求》(GB/T 17993—2017)要求综检机构应建立记录、报告控制文件,包括质量记录、技术记录、结果报告等,保存期限为2年。（×）

21. 引车员应持有与承检车型相适应的有效机动车驾驶证,具有3年以上的驾驶经历。（√）

22. 按《汽车维护、检测、诊断技术规范》(GB/T 18344—2016)规定,汽车一级维护、二级维护周期的确定,应以汽车行驶里程为基本依据。（√）

23. 大修竣工出厂的汽车主要结构参数应符合原设计规定,由修理改变的整备质量,不得超过新车出厂额定值的3%。（√）

24. 《商用汽车发动机大修竣工出厂技术条件》(GB/T 3799—2005)规定,承修单位对大修竣工出厂的发动机应给予质量保证,质量保证期自竣工之日起,不少于半年或行驶里程为10000km(以先到为准)。（×）

25. 根据《机动车运行安全技术条件》(GB 7258—2017)进行机动车漏油检查,应在机动车连续行驶距离不小于10km、停车5min后观察,无漏油现象。（√）

26. 根据《机动车运行安全技术条件》(GB 7258—2017)规定:所有机动车转向盘的最大自由转动量应小于或等于15°。（×）

27. 《机动车安全技术检验项目和方法》(GB 38900—2020)适用于机动车安全技术检验机构对机动车进行安全技术检验,也适用于出入境检验检疫机构对入境机动车进行安全技术检验,不适用于拖拉机运输机组等上道路行驶的拖拉机的安全技术检验。（√）

28.《机动车安全技术检验项目和方法》(GB 38900—2020)规定,注册登记安全检验时,送检机动车的车辆外形(包括车身颜色)应与机动车产品公告照片一致。（×）

29.《机动车安全技术检验项目和方法》(GB 38900—2020)规定,前风窗玻璃驾驶员视区部位及驾驶员驾驶时用于观察外后视镜的部位的可见光透射比应大于或等于50%。（×）

## 二、单项选择题

1.《机动车维修管理规定》中规定,机动车维修经营业务根据维修对象分为(C)类。
　　A.二　　　　B.三　　　　C.四　　　　D.五

2.《机动车维修管理规定》中规定,在质量保证期内因维修质量原因造成机动车无法正常行驶的,维修经营者应该(B)。
　　A.收费返修　　　　　　　　B.无偿返修
　　C.仅收取返修材料费　　　　D.仅收取返修工时费

3.机动车维修合同在《中华人民共和国合同法》中属于(D)规范的范畴。
　　A.劳动合同　　B.委托合同　　C.技术合同　　D.承揽合同

4.《机动车维修管理规定》中规定,机动车维修经营者应当将其执行的机动车维修工时单价标准报所在地道路运输管理机构(C)。
　　A.批准　　　　B.审核　　　　C.备案　　　　D.存档

5.建立机动车维修经营者和从业人员黑名单制度,(A)负责认定机动车维修经营者和从业人员黑名单。
　　A.运输管理机构　　B.工商管理机构　　C.公安司法机构　　D.市场监督机构

6.《机动车维修管理规定》中规定,二级维护质量保证期为车辆行驶5000km或者(C)日。
　　A.10　　　　B.20　　　　C.30　　　　D.50

7.《机动车维修管理规定》中规定,道路运输管理机构在调解维修质量纠纷时,组织专家组或委托具有法定检测资格的检测机构进行技术分析和鉴定所产生的费用由(C)承担。
　　A.承修方　　B.托修方　　C.责任方　　D.双方共同

8.《机动车维修管理规定》中规定,机动车维修经营者有违规行为的,由县级以上道路运输管理机构责令其限期整改;情节严重的(D)。
　　A.罚款处理　　B.通报批评　　C.吊销执照　　D.停业整顿

9.标准是对重复性事物和(C)所作的统一规定。
　　A.行为　　　　B.规格　　　　C.概念　　　　D.等级

10.《汽车维修业开业条件》(GB/T 16739.1—2014、GB/T 16739.2—2014)规定,汽车整车维修企业检验人员数量应与其(D)相适应。
　　A.维修车型　　B.企业类型　　C.资金投入　　D.经营规模

11.《汽车维修业开业条件》(GB/T 16739.1—2014、GB/T 16739.2—2014)规定,租赁的生产厂房应具有合法的书面合同书,租赁期限不得小于(A)年。
　　A.1　　　　B.2　　　　C.3　　　　D.5

12.《汽车维护、检测、诊断技术规范》(GB/T 18344—2016)规定,汽车一级维护基本作业项目的作业内容以(B)为主。
    A.清洁、补给    B.润滑、紧固    C.检查、诊断    D.拆卸、更换

13.按《汽车大修竣工出厂技术条件》(GB/T 3798.1—2005、GB/T 3798.2—2005)规定,载客或载货汽车大修竣工出厂要求:左右轴距差不得大于原设计轴距的(B)。
    A.2/1000    B.1/1000    C.2/100    D.1/100

14.按《商用汽车发动机大修竣工出厂技术条件》(GB/T 3799—2005)规定,在标准状态下,发动机额定功率和最大转矩不得低于原设计标定值的(B)。
    A.100%    B.90%    C.80%    D.70%

15.《商用汽车发动机大修竣工出厂技术条件》(GB/T 3799—2005)规定,发动机在低温255K(−18℃)时,都能顺利起动,允许起动(B)。
    A.4次    B.3次    C.2次    D.1次

16.《机动车运行安全技术条件》(GB 7258—2017)规定,汽车的制动协调时间,对液压制动的汽车应小于或等于0.35s,对气压制动的汽车应小于或等于(B)。
    A.0.5s    B.0.6s    C.0.35s    D.0.45s

17.《机动车安全技术检验项目和方法》(GB 38900—2020)规定,对于2018年1月1日起出厂的总质量大于或等于12000kg的栏板式、仓栅式、自卸式、罐式货车及总质量大于或等于10000kg的栏板式、仓栅式、自卸式、罐式挂车还应在其货箱或常压罐体上打刻至少(B)个车辆识别代号。
    A.1    B.2    C.3    D.4

18.《机动车安全技术检验项目和方法》(GB 38900—2020)规定,2019年1月1日起出厂的危险货物运输车辆、公路客车、旅游客车和未设置乘客站立区的公共汽车应装备单燃油箱,且单燃油箱的容积应不大于(C)。
    A.250L    B.300L    C.400L    D.500L

19.按《事故汽车修复技术规范》(JT/T 795—2011)规定,结合车辆损伤情况、维修工作量、维修难度,可将损伤等级划分为(B)级。
    A.二    B.三    C.四    D.五

20.《混合动力电动汽车维护技术规范》(JT/T 1029—2016)适用于总质量不小于(D)kg的混合动力电动汽车,规定了混合动力电动汽车维护的作业安全和技术要求。
    A.500    B.1500    C.2500    D.3500

### 三、多项选择题

1.根据《机动车维修管理规定》的规定:申请从事机动车维修经营的,应当具备(ABCD)等条件。
    A.有相应的机动车维修场地    B.有必要的设备、设施和技术人员
    C.有健全的机动车维修管理制度    D.有必要的环境保护措施

2.从事危险货物运输车辆维修的汽车维修经营者,除具备汽车维修经营一类维修经营业务的开业条件外,还应当具备(ABCD)条件。
    A.有与其作业内容相适应的专用维修车间和设备、设施,并设置明显的指示性标志
    B.有完善的突发事件应急预案

C. 有相应的安全管理人员

D. 有齐全的安全操作规程

3. 机动车维修经营者应当公布机动车维修(BD),合理收取费用。

A. 技术标准　　　B. 工时定额　　　C. 管理制度　　　D. 收费标准

4. 根据《机动车维修管理规定》的规定,机动车维修企业信用档案主要包括(ABD)。

A. 维修电子数据记录上传情况　　　　B. 车主评价情况

C. 企业纳税情况　　　　　　　　　　D. 投诉和处理情况

5. 按《机动车维修管理规定》中有关质量管理方面规定,机动车维修企业应当实行(ABCD)。

A. 质量保证期制度　　　　　　　　　B. 质量信誉考核制度

C. 配件追溯制度　　　　　　　　　　D. 质量检验制度

6. 根据《家用汽车产品修理、更换、退货责任规定》,有下列(BCD)情形的,可以免除三包责任。

A. 易损耗零部件出现产品质量问题的

B. 家用汽车产品用于出租或者其他营运目的的

C. 发生产品质量问题,消费者自行处置不当而造成损坏的

D. 无有效发票和三包凭证的

7. 《中华人民共和国标准化法》规定,我国标准分为(ABCD)。

A. 国家标准　　　B. 行业标准　　　C. 地方标准　　　D. 企业标准

8. 《中华人民共和国安全生产法》规定,国家安全生产管理坚持(ABD)方针。

A. 安全第一　　　B. 综合治理　　　C. 防患未然　　　D. 预防为主

9. 《汽车维修业开业条件》(GB/T 16739.1—2014、GB/T 16739.2—2014)规定了汽车整车维修企业和汽车专项维修业户必须具备的(ABCD)等条件。

A. 人员　　　　　B. 组织管理　　　C. 安全生产　　　D. 设施和设备

10. 根据《汽车综合性能检验机构能力的通用要求》(GB/T 17993—2017),汽车综合性能检验机构开展汽车综合性能检验工作应具备的服务项目包括(ABCD)。

A. 依法对道路运输车辆的技术状况进行检验和评定

B. 依法对车辆维修竣工质量进行检验

C. 对车辆改装、改造、技术评估以及相关新技术、科研鉴定等项目进行检验

D. 接受国家相关管理部门和机构的委托,对车辆进行规定项目的检验与核查

11. 下列关于汽车综合性能检验机构检验员的说法正确的是(BC)。

A. 1条检测线检验员数量不少于4人

B. 每增加1条检测线,增加检验员数量不少于4人

C. 检验员应具有高中(含技校)以上学历,了解汽车构造和原理

D. 检验员应具备汽车维修或检测工作1年以上经历

12. 按《汽车维护、检测、诊断技术规范》(GB/T 18344—2016)规定,关于汽车二级维护说法正确的是(ACD)。

A. 二级维护作业由维修企业负责执行的车辆维护作业

B. 二级维护不需要进行进厂检测

C. 二级维护后必须进行竣工检验

D. 二级维护质量保证期为车辆行驶不少于5000km或者30日,以先达到者为准

13. 根据《机动车运行安全技术条件》(GB 7258—2017),下列说错误的是(ACD)。

A. 液压行车制动器在到达规定的制动效能时,制动踏板行程应小于或等于制动踏板全行程的4/5

B. 汽车(三轮汽车除外)的转向盘必须设置于左侧,其他机动车的转向盘不允许设置于右侧

C. 除转向信号灯、危险警告信号灯、紧急制动信号灯外,其他外部灯具不允许闪烁

D. 机动车在车身外表面的易见部位上应至少装置一个能永久保持的商标或厂标

14. 按《道路运输车辆技术等级划分及技术评定要求》(JT/T 198—2016)规定,符合(ABCD)要求的车辆评为一级车。

A. "核查评定项目"达到一级　　B. "关键项"均为合格

C. "一般项"的不合格数不超过3项　　D. "分级项"达到一级

15. 《商用汽车发动机大修竣工出厂技术条件》(GB/T 3799—2005)规定了商用汽车发动机大修竣工出厂的(ABC)要求。

A. 技术　　B. 质量保证　　C. 包装　　D. 环保

16. 根据《道路运输从业人员管理规定》中的规定,道路运输从业人员包括(ABCD)等。

A. 经营性道路客货运输驾驶员　　B. 机动车维修技术人员

C. 机动车驾驶培训教练员　　D. 道路运输经理人

17. 机动车维修技术负责人员应具有(AB)条件。

A. 机动车维修或者相关专业大专以上学历,或者具有机动车维修或相关专业中级以上专业技术职称

B. 熟悉机动车维修业务,掌握机动车维修及相关政策法规和技术规范

C. 年龄不超过60周岁

D. 经考试合格,取得相应的从业资格证

18. 根据《机动车安全技术检验项目和方法》(GB 38900—2020),下列说法错误的是(AC)。

A. 2019年1月1日起出厂的货车,都应装备车辆右转弯音响提示装置

B. 采用动力开启的乘客门,车门应急控制器应正常且其附近应标有清晰的符号或字样注明操作方法,字体高度应不小于10mm

C. 道路运输爆炸品和剧毒化学品车辆驾驶室内应配备一个干粉灭火器,在车辆外应再配备与所装载介质性能相适应的灭火器一个

D. 所有机动车的转向轮不应装用翻新的轮胎

19. 根据《机动车安全技术检验项目和方法》(GB 38900—2020),车辆唯一性检查包括(ABCD)等。

A. 机动车号牌号码和分类

B. 车辆品牌和型号、车辆识别代号(或整车出厂编号)

C. 发动机号码/驱动电机号码

D. 车身颜色和车辆外形

# 第三章 汽车构造

## 第一节 汽车概述

1. 汽车是指由动力驱动、具有四个或四个以上车轮的非轨道承载的车辆,主要用于载运人员和/或货物、牵引载运人员和/或货物的车辆以及特殊用途的车辆。

2. 汽车按用途分为乘用车和商用车。

3. 乘用车是指在其设计和技术特性上主要用于载运乘客及其随身行李和/或临时物品的汽车,包括驾驶员座位在内最多不超过9个座位。它也可以牵引一辆挂车。

4. 商用车是指在设计和技术特性上用于运送人员和货物的汽车,并且可以牵引挂车。乘用车不包括在内。

5. 车辆识别代号由世界制造厂识别代号(WMI)、车辆说明部分(VDS)、车辆指示部分(VIS)三部分组成,共17位字码。

6. 汽车通常由发动机、底盘、车身、电气设备组成。

7. 发动机是汽车的动力源,其功用是使供入其中的燃料燃烧而发出动力。现代汽车发动机主要采用的是往复活塞式内燃机,它一般由曲柄连杆机构、配气机构、燃料供给系统、冷却系统、润滑系统、点火系统(汽油发动机采用,柴油机没有)和起动系统等组成。

8. 底盘的功用是支承、安装汽车发动机及其各部件、总成,形成汽车的整体造型,并接受发动机的动力,使汽车产生运动,保证正常行驶。底盘由传动系统、行驶系统、转向系统和制动系统组成。

9. 电气设备包括发动机电气设备(蓄电池、充电系统、起动系统和发动机点火系统)、照明与信号系统、组合仪表与报警装置、刮水器和洗涤器系统、空调系统以及音响、安全气囊等。

10. 车身是驾驶员工作的场所,也是装载乘客和货物的场所。

11. 现代汽车按发动机相对于各总成的位置,有发动机前置后轮驱动(FR)、发动机前置前轮驱动(FF)、发动机后置后轮驱动、发动机中置后轮驱动(MR)和四轮驱动(4WD)等布置形式。

12. 发动机前置后轮驱动布置形式是传统的布置形式,大多数货车、部分乘用车和部分客车都采用这种形式。

13. 发动机前置前轮驱动布置形式是现代大多数乘用车采用的布置形式,具有结构紧凑、整车质量小、底板低、高速时操纵稳定性好等优点。

14. 发动机后置后轮驱动布置形式是目前大、中型客车采用的布置形式,具有室内噪声小、空间利用率高等优点。少数乘用车也采用这种布置形式。

15. 发动机中置后轮驱动布置形式是方程式赛车和大多数跑车采用的布置形式。将功率和尺寸很大的发动机布置在驾驶员座椅与后轴之间,有利于获得最佳轴荷分配和提高汽车的性能。少数大、中型客车也采用这种布置形式,把卧式发动机安装在底板下面。

16. 四轮驱动是指汽车4个车轮都是驱动轮,这是越野汽车特有的布置形式。通常发动机前置,在变速器之后的分动器将动力分别输送给全部驱动轮。

17. 汽车行驶阻力包括滚动阻力、空气阻力、上坡阻力和加速阻力。

18. 空气阻力的大小与汽车和空气的相对速度的平方成正比。

19. 当驱动力等于行驶阻力时,汽车将匀速行驶;当驱动力大于行驶阻力时,汽车将加速行驶;当驱动力小于行驶阻力时,汽车将减速行驶或静止不动。

20. 驱动力的最大值固然取决于发动机的最大转矩和传动系统的传动比,但实际发出的驱动力还要受到轮胎与路面附着作用的限制。

## 第二节　汽车发动机基本构造

1. 发动机是将某一种形式的能量转换为机械能的机器。
2. 现代汽车用发动机应用最广、数量最多的是水冷式四冲程往复活塞式内燃机。
3. 常见的车用发动机有汽油发动机和柴油发动机两种。
4. 汽缸体内圆柱形腔体称为汽缸,内装有活塞,活塞通过活塞销、连杆与曲轴相连接。活塞在汽缸内作往复直线运动,通过连杆推动曲轴作旋转运动。
5. 上止点是指活塞离曲轴回转中心最远处,即活塞的最高位置。
6. 下止点是指活塞离曲轴回转中心最近处,即活塞的最低位置。
7. 上止点与下止点之间的距离称为活塞行程。
8. 曲轴与连杆下端的连接中心至曲轴中心的距离(即曲轴的回转半径)称为曲柄半径。活塞行程为曲柄半径的2倍。
9. 活塞从一个止点运动到另一个止点所扫过的容积称为汽缸工作容积或汽缸排量。
10. 活塞在上止点时,活塞顶与汽缸盖之间的容积称为燃烧室容积。
11. 活塞在下止点时,活塞顶上方的容积称为汽缸总容积。显然,汽缸总容积是汽缸工作容积与燃烧室容积之和。
12. 多缸发动机各汽缸工作容积的总和称为发动机排量。
13. 汽缸总容积与燃烧室容积之比称为压缩比。
14. 在汽缸内进行的每一次将燃料燃烧的热能转变成机械能的一系列连续过程(进气、

压缩、做功、排气)称为发动机的一个工作循环。

15. 四冲程汽油机每一个工作循环包括4个活塞行程,即进气行程、压缩行程、做功行程和排气行程。

16. 四冲程柴油机每个工作循环也是由进气、压缩、做功和排气4个活塞行程组成。但由于柴油和汽油使用性能的不同,柴油机在可燃混合气的形成方式、着火方式等方面与汽油机有着较大的区别。

17. 汽油发动机通常由两大机构、五大系统组成,而柴油机由两大机构、四大系统组成。两大机构是指曲柄连杆机构和配气机构,五大系统是指燃料供给系统、冷却系统、润滑系统、点火系统(柴油机无此系统)和起动系统。

18. 发动机的主要性能指标有动力性指标(有效转矩、有效功率、转速等)和经济性指标(燃油消耗率)。

19. 发动机通过飞轮对外输出的转矩称为有效转矩,有效转矩与外界施加于发动机曲轴上的阻力矩相平衡。

20. 发动机通过飞轮对外输出的功率称为发动机的有效功率,它等于有效转矩与曲轴角速度的乘积。

21. 发动机每发出1kW有效功率,在1h内所消耗的燃油质量(以g为单位),称为燃油消耗率。很明显,燃油消耗率越低,经济性越好。

22. 发动机的性能是随着许多因素而变化的,其变化规律称为发动机特性。

23. 发动机转速特性是指发动机的功率、转矩和燃油消耗率三者随曲轴转速变化的规律。当节气门开到最大时,所得到的是总功率特性也称为发动机外特性,它代表了发动机所具有的最高动力性能。而把在节气门其他开度情况下得到的特性称为部分特性。

24. 发动机工作状况(简称发动机工况)一般是用它的功率与曲轴转速来表征,有时也可用负荷与曲轴转速来表征。发动机在某一转速之下的负荷就是当时发动机发出的功率与同一转速下所可能发出的最大功率之比,以百分数表示。在同一转速下,节气门开度越大表示负荷越大。

25. 曲柄连杆机构是往复活塞式内燃机将热能转变为机械能的主要机构,其功用是把燃气作用在活塞顶面上的压力转变为曲轴的转矩,向外输出动力。曲柄连杆机构由机体组、活塞连杆组和曲轴飞轮组等组成。

26. 发动机的机体组主要由汽缸体、曲轴箱、汽缸盖、汽缸盖罩、汽缸垫、油底壳等组成。机体组是发动机的骨架,是发动机各机构和系统的装配基体。

27. 水冷发动机的汽缸体和曲轴箱常制成一体,而且多缸发动机的各个汽缸也合铸成一个整体,称为汽缸体-曲轴箱,简称汽缸体。

28. 汽缸盖用来封闭汽缸的上部,并与活塞顶、汽缸壁共同构成燃烧室。

29. 汽缸体与汽缸盖间安装有汽缸垫,用来保证汽缸体与汽缸盖接合面间的密封,防止气体、冷却液和润滑油等的泄漏。汽缸垫有金属—石棉汽缸垫和纯金属汽缸垫等结构形式。

30. 汽缸盖罩位于汽缸盖上部,起封闭及防尘作用,一般由薄钢板冲压而成,其上设有注油口。

31. 油底壳的功用是储存机油并封闭曲轴箱。

32. 活塞连杆组主要由活塞、活塞环、活塞销和连杆等部件组成。

33. 活塞的功用是承受汽缸中的燃烧压力,并将此力通过活塞销和连杆传给曲轴。此外,活塞还与汽缸盖、汽缸壁共同组成燃烧室。

34. 气环的功用是保证活塞与汽缸壁间的密封,防止汽缸中的高温、高压燃气大量漏入曲轴箱,同时它还将活塞头部的热量传导给汽缸壁。

35. 油环的功用是刮除汽缸壁上多余的机油,并在汽缸壁上布油。

36. 活塞销的功用是连接活塞和连杆小头,将活塞所承受的气体压力传给连杆。

37. 连杆的功用是将活塞承受的力传给曲轴,推动曲轴转动,将活塞的往复运动转变为曲轴的旋转运动。

38. 曲轴飞轮组主要由曲轴、飞轮、正时齿轮或正时链轮、V形带轮及曲轴扭转减振器等组成。曲轴的功用是将活塞连杆组传来的气体压力转变为转矩,然后通过飞轮输出。飞轮的功用是储存做功行程的一部分能量,以克服各辅助行程的阻力,使曲轴均匀旋转,使发动机具有克服短时超载的能力。

39. 配气机构的功用是按照发动机每一汽缸内所进行的工作循环或发火次序的要求,定时开启和关闭各汽缸的进、排气门,使新鲜可燃混合气(汽油机)或空气(柴油机)得以及时进入汽缸,废气得以及时从汽缸中排出。进入汽缸内的可燃混合气(汽油机)或空气(柴油机)对发动机性能的影响很大。进气量越多,发动机的转矩越大、功率越高。

40. 配气机构由气门组和气门传动组组成。气门组包括气门、气门座、气门导管和气门弹簧等部件。气门传动组主要包括凸轮轴、凸轮轴正时带轮、正时齿形带、张紧轮、液压挺柱等部件。

41. 由于四冲程发动机每完成一个工作循环,曲轴旋转2周,而各缸进、排气门各开启1次,完成一次进气和排气,此时凸轮轴只旋转1周,因此,曲轴与凸轮轴的转速比为2∶1,即凸轮轴正时带轮的齿数是曲轴正时带轮齿数的2倍。

42. 气门及其相关零件称为气门组,气门组的功用是实现汽缸的密封。

43. 气门的功用是与气门座相配合,对汽缸进行密封,气门头部用来封闭汽缸的进、排气道,气门杆部用来为气门的运动起导向作用。

44. 气门座不仅有密封作用,还起到了冷却气门的作用。

45. 气门导管的功用是为气门的运动导向,保证气门作直线往复运动,使气门与气门座能正确贴合。

46. 气门弹簧的功用是保证气门及时落座并与气门座或气门座圈紧密贴合,同时也可防止气门在发动机振动时因跳动而破坏密封。

47. 气门传动组的功用是使气门按发动机配气相位规定的时刻及时开启和关闭,并保证规定的开启时间和开启高度。

48. 凸轮轴主要由各缸进气凸轮、排气凸轮、凸轮轴轴颈等组成。进、排气凸轮用于使气门按一定的工作次序和配气相位及时开启和关闭,并保证气门有足够的升程。

49. 挺柱的功用是将凸轮的推力传递给推杆或气门杆,并承受凸轮轴旋转时所施加的侧向力。挺柱可分为普通挺柱和液压挺柱两种。

50. 在凸轮轴下置式或中置式的配气机构中,凸轮轴经挺柱传来的运动和作用力要通过推杆传递给摇臂。

51.摇臂的功用是将凸轮轴(或推杆)传来的力作用到气门杆尾部,推开气门。

52.用曲轴转角表示的进、排气门实际开闭时刻和开闭持续时间,称为配气相位。通常用相对于上、下止点曲拐位置的曲轴转角的环形图来表示,这种图形称为配气相位图。

53.汽油机燃油供给系统的功用是根据发动机各工况的不同要求,配制一定数量和浓度的可燃混合气并将其供入汽缸,使之在压缩终了时点火、燃烧而膨胀做功,最后将燃烧后的废气排入大气中。目前,绝大多数汽车的汽油机燃料供给系统采用电子控制燃油喷射式燃料供给系统(一般称为"电控燃油喷射系统")。

54.电控燃油喷射系统由空气供给系统、排气系统、燃料供给系统和电子控制系统组成。

55.空气供给系统的功用是为发动机可燃混合气的形成提供必要的空气,并计量和控制燃油燃烧时所需要的空气量。空气经空气滤清器、空气流量传感器、节气门体进入进气总管,再分配到各缸进气歧管。在进气歧管内(或进气门处),空气与喷油器喷出的燃油混合后被吸入汽缸内燃烧。

56.排气系统主要由排气歧管、排气消声器等组成,电控燃油喷射系统汽油机的排气系统多带有三元催化转化器。

57.燃料供给系统的功用是供给发动机燃烧过程所需的燃油。燃料供给系统主要由燃油泵、燃油滤清器、油压脉动阻尼器、燃油压力调节器和喷油器等组成。

58.电子控制系统的功用是根据发动机运转状况和车辆运行状况确定汽油最佳喷射量和最佳点火提前角。此外,还可进行怠速控制、排放控制和故障自诊断等。电子控制系统由传感器、电子控制单元(ECU)和执行器组成。

59.传感器是用来测量或检测反映发动机运行状态下的各种物理量、电量和化学量等,并将它们转换成计算机能接收的电信号后再送给 ECU。常用的传感器主要有空气流量传感器、进气歧管绝对压力传感器、发动机转速与曲轴位置传感器、冷却液温度传感器、节气门位置传感器、氧传感器、爆震传感器等。另外,还有各类开关、继电器等。

60.电子控制系统的核心是 ECU,ECU 根据发动机中各种传感器送来的信号控制喷油时间、点火正时等。

61.柴油机燃料供给系统的功用是根据柴油机不同工况,定时、定压、定量地把柴油按一定规律喷入汽缸,与吸入汽缸的清洁空气迅速地混合燃烧,并将燃烧后生成的废气排到大气中。

62.柴油机燃料供给系统一般由燃油供给装置(包括柴油箱、柴油粗滤器、输油泵、柴油细滤器、喷油泵、调速器、喷油器及油管等)、空气供给装置(包括空气滤清器、进气管和进气道等)、混合气形成装置(即为燃烧室)和废气排出装置(包括排气道、排气管和排气消声器等)组成。

63.泵喷嘴是将泵油柱塞和喷油器合成一体,安装在缸盖上。电子控制泵喷嘴系统主要由泵喷嘴、驱动摇臂机构、电子控制单元(ECU)、各种传感器等组成。

64.发动机冷却系统的功用是使工作中的发动机得到适度的冷却,从而保持发动机在最适宜的温度范围内工作。另外,冷却系统还为空调暖风系统提供热源。

65.现代汽车多采用封闭式强制循环水冷却系统,即用水泵强制地使冷却液在冷却系统中进行循环流动,使发动机中高温零件的热量先传给冷却液,然后散发到大气中。

66. 水冷却系统一般由水泵、散热器、节温器、冷却风扇、风扇控制机构、水套、膨胀水箱、温度指示器及报警灯等组成。

67. 润滑系统的功用是将机油输送到发动机各个需要润滑的部位,以达到提高发动机工作可靠性和耐久性的目的。

68. 润滑系统主要由机油泵、机油滤清器、集滤器、油道等组成,另外包括机油压力开关、机油指示灯(在仪表板上)、机油冷却器等。

## 第三节　汽车底盘基本构造

1. 传动系统的基本功用是将发动机的转矩传递给驱动车轮,同时还必须适应行驶条件的需要,改变转矩的大小。发动机发出的动力依次经过离合器、变速器和由万向节与传动轴组成的万向传动装置,以及安装在驱动桥中的主减速器、差速器和半轴,最后传到驱动车轮。现在乘用车中采用自动变速器的越来越多,其传动系统包括自动变速器、万向传动装置、驱动桥等,即用自动变速器取代了离合器和手动变速器。

2. 离合器安装在发动机与变速器之间,其功用是:使发动机与传动系统逐渐接合,保证汽车平稳起步;暂时切断发动机的动力传动,保证变速器换挡平顺;限制所传递的转矩,防止传动系统过载。

3. 离合器分为主动部分、从动部分、压紧装置和操纵机构。

4. 变速器的功用:实现变速、变矩;实现倒车;实现中断动力传动。

5. 一对齿数不同的齿轮啮合传动时可以实现变速,而且两齿轮的转速比与其齿数成反比。主动齿轮(即输入轴)转速与从动齿轮(即输出轴)转速之比值称为传动比。

6. 变速器包括变速传动机构和操纵机构两大部分。

7. 变速器操纵机构一般都具有换挡锁装置,包括自锁装置、互锁装置和倒挡锁装置。自锁装置用于防止变速器自动脱挡或挂挡,并保证轮齿以全齿宽啮合;互锁装置用于防止同时挂上两个挡位;倒挡锁装置用于防止误挂倒挡。

8. 自动变速器主要由液力变矩器、齿轮变速机构、换挡执行元件、液压控制系统、电子控制系统等组成。

9. 液力变矩器位于自动变速器的最前端,安装在发动机的飞轮上,它是一个通过自动变速器油(ATF)传递动力的装置,可以实现动力的柔和传递。

10. 齿轮变速机构可形成不同的传动比,组合成电控自动变速器不同的挡位。目前绝大多数电控自动变速器采用行星齿轮变速机构进行变速,有的车型采用定轴式齿轮变速机构(如本田车系)进行变速。

11. 电控自动变速器换挡执行元件主要包括离合器、制动器和单向离合器,其中离合器和制动器由液压控制系统控制其工作。

12. 液压控制系统是由液压油泵、各种控制阀及与之相连通的液压换挡执行元件,如离合器油缸、制动器油缸等组成液压控制回路。汽车行驶中根据驾驶员的要求和行驶条件的需要,控制离合器和制动器的工作状况的改变来实现齿轮变速机构的自动换挡。

13. 电子控制系统主要包括各类传感器及开关、电子控制单元、执行器等。电子控制系统中的传感器及各种控制开关将发动机工况、车速等信号传递给电子控制单元(ECU),经ECU处理后发出控制指令给执行器,执行器和液压系统按一定规律控制换挡执行元件工作,实现自动变速器自动换挡。

14. 万向传动装置功用是在轴线相交且相互位置经常发生变化的两转轴之间传递动力。

15. 万向传动装置主要包括万向节和传动轴,对于传动距离较远的分段式传动轴,为了提高传动轴的刚度,还设置有中间支承。

16. 驱动桥的功用是将由万向传动装置传来的发动机转矩传给驱动车轮,并经降速增矩、改变动力传动方向,使汽车行驶,而且允许左右驱动车轮以不同的转速旋转。

17. 驱动桥一般由主减速器、差速器、半轴和桥壳等组成。

18. 主减速器的功用是将发动机转矩传给差速器;在动力的传动过程中要将转矩增大并相应降低转速;对于纵置发动机,还要将转矩的旋转方向改变90°。

19. 差速器的功用是将主减速器传来的动力传给左、右两半轴,并在必要时允许左、右半轴以不同转速旋转,使左、右驱动车轮相对地面纯滚动而不是滑动。

20. 汽车行驶系统的主要功用是:将传动系统传来的转矩转化为汽车行驶的驱动力;支承汽车的总质量;承受并传递路面作用于车轮上的力和力矩;减少振动,缓和冲击,保证汽车的平稳行驶。

21. 汽车行驶系统一般由车桥、车架(或车身)、悬架和车轮总成等组成。

22. 车桥位于悬架与车轮总成之间,其两端安装车轮总成,通过悬架与车架(或车身)相连,其功用是传递车架(或车身)与车轮总成之间各种载荷的作用。

23. 按车桥上车轮的功用不同,车桥分为转向桥、驱动桥、转向驱动桥和支持桥,其中转向桥和支持桥都属于从动桥。只起支承作用的车桥称为支持桥。支持桥除不能转向外,其他功能和结构与转向桥相同。

24. 车架俗称"大梁",它是跨接在前后车轮上的桥梁式结构,是构成整个汽车的骨架,是整个汽车的装配基体。

25. 汽车上采用的车架有4种类型:边梁式车架、中梁式车架、综合式车架和无梁式车架。目前汽车上多采用边梁式车架和无梁式车架。

26. 悬架是车架(或车身)与车桥(或车轮)之间一切传力连接装置的总称。悬架具有如下的功用:连接车架(或车身)和车轮,把路面作用到车轮的各种力和力矩传给车架(或车身);缓和冲击、衰减振动,使乘坐舒适,具有良好的平顺性;保证汽车具有良好的操纵稳定性。

27. 汽车悬架可分为两大类:非独立悬架和独立悬架。非独立悬架的特点是左右车轮安装在一根整体式车桥两端,车桥则通过悬架与车架相连。当一侧车轮发生位置变化后会导致另一侧车轮的位置也发生变化。独立悬架的结构特点是车桥做成断开的,每一侧车轮单独通过悬架与车架(或车身)连接,两侧车轮可以单独运动而互不影响,这样在不平道路上可减少车架和车身的振动,而且有助于消除转向轮不断偏摆的不良现象。

28. 悬架一般都由弹性元件、减振器、导向机构等组成,乘用车一般还有横向稳定器。

29. 弹性元件使车架(或车身)与车桥(或车轮)之间做弹性连接,可以缓和由于不平路面带来的冲击,并承受和传递垂直载荷。减振器可以衰减由于路面冲击产生的振动,使振动的振幅迅速减小。导向机构包括纵向推力杆和横向推力杆,用于传递纵向载荷和横向载荷,并保证车轮相对于车架(或车身)的运动关系。横向稳定器可以防止车身在转向等情况下发生过大的横向倾斜。

30. 车轮总成由车轮和轮胎两大部分组成,它处于车桥和地面之间,具有如下基本功用:支承整车质量,包括在汽车质量上下运动时产生的惯性动载荷;缓和由路面传递来的冲击载荷;通过轮胎和路面之间的附着作用,产生驱动和阻止汽车运动的外力,即为汽车提供驱动力和制动力;产生平衡汽车转向离心力的侧向力,以便顺利转向,并通过轮胎产生的自动回正力矩,使车轮具有保持直线行驶的能力;承担跨越障碍的作用,保证汽车的通过性。

31. 车轮是介于轮胎和车桥之间承受负荷的旋转组件,其功用是安装轮胎,承受轮胎与车桥之间的各种载荷的作用。车轮一般由轮毂、轮辋和轮辐组成。

32. 现代汽车都采用充气式轮胎,轮胎安装在轮辋上,直接与路面接触,它的功用是:支承汽车的质量,承受路面传来的各种载荷;和汽车悬架共同缓和汽车行驶中所受到的冲击,并衰减由此而产生的振动,以保证汽车有良好的乘坐舒适性和行驶平顺性;保证车轮和路面有良好的附着性,以提高汽车的动力性、制动性和通过性。

33. 充气轮胎按结构不同,可分为有内胎轮胎和无内胎轮胎两种。

34. 有内胎轮胎由外胎、内胎和垫带等组成。无内胎轮胎俗称真空胎,在外观上与普通轮胎相似,但是没有内胎及垫带。

35. 目前乘用车上应用的轮胎主要是低压(超低压)、无内胎的子午线轮胎。

36. 转向系统是指由驾驶员操纵,能实现转向轮偏转和回位的一套机构。转向系统的功用是按照驾驶员的意愿改变汽车的行驶方向和保持汽车稳定的直线行驶。

37. 汽车转向系统按转向动力源的不同分为机械转向系统和动力转向系统两大类。

38. 机械转向系统以驾驶员的体力作转向动力源,系统的所有传动件都是机械的。

39. 动力转向系统是兼用驾驶员体力和发动机的动力作为转向能源的转向系统。动力转向系统是在机械转向系统的基础上加设一套转向加力装置而形成的。

40. 汽车机械转向系统由转向操纵机构、机械转向器和转向传动机构组成。转向器是转向系统中的降速增矩的装置,其功用是增大由转向盘传到转向节的力,并改变力的传动方向。

41. 常见的转向器有齿轮齿条式和循环球式等。

42. 齿轮齿条式转向器采用一级传动副,主动件是齿轮,从动件是齿条。

43. 循环球式转向器由侧盖、底盖、壳体、钢球、带齿扇的摇臂轴、圆锥滚子轴承、制有齿形的螺母、转向螺杆等组成。

44. 循环球式转向器采有两级传动副,第一级是转向螺杆与螺母,第二级是齿条与齿扇。

45. 液压动力转向装置由机械转向器、转向控制阀(转阀式)、转向动力缸以及将发动机输出的部分机械能转换为压力能的转向液压油泵、转向油罐等组成。

46. 电动式电子控制动力转向系统主要由转矩传感器、转角传感器、车速传感器、电动机、电磁离合器、减速机构、电子控制单元等组成。

47. 汽车制动系统的功用是：按照需要使汽车减速或在最短离内停车；下坡行驶时保持车速稳定；使停驶的汽车可靠驻停。

48. 汽车制动系统包括行车制动系统和驻车制动系统两大部分。行车制动系统用于使行驶中的车辆减速或停车，通常由驾驶员用脚操纵，一般包含制动踏板、制动主缸、制动轮缸、制动管路、车轮制动器等；驻车制动系统用于使停驶的汽车驻留原地，通常由驾驶员用手（或脚）操纵，一般包含制动手柄（或驻车踏板）、拉索（或拉杆）、制动器。另外，较为完善的制动系统还包括制动力调节装置以及报警装置、压力保护装置等。

49. 车轮制动器由旋转元件和固定元件两大部分组成。旋转元件与车轮相连接，固定元件与车桥相连接。利用旋转元件和固定元件之间的摩擦，产生制动器制动力。

50. 盘式制动器根据其固定元件的结构形式可分为钳盘式制动器和全盘式制动器。

51. 钳盘式制动器按制动钳固定在支架上的结构形式可分为定钳盘式制动器和浮钳盘式制动器。

52. 简单的鼓式车轮制动器由旋转部分、固定部分、促动装置和间隙调整装置组成。旋转部分为制动鼓；固定部分是制动底板和制动蹄，制动底板固装在车桥的凸缘盘上，通过支承销与制动蹄相连；促动装置的功用是对制动蹄施加力使其向外张开，常用的促动装置有凸轮或制动轮缸；间隙调整装置的功用是保持和调整制动蹄和制动鼓间正确的相对位置。

53. 驻车制动器的功用是：车辆停驶后防止滑溜；使车辆在坡道上能顺利起步；行车制动系统失效后临时使用或配合行车制动器进行紧急制动。

54. 液压制动传动装置由制动踏板、制动主缸、储液罐、制动轮缸、油管等组成。现代汽车上采用了各种制动力调节装置，用以调节前后车轮制动管路的工作压力，常用的调节装置有限压阀、比例阀、感载比例阀和惯性阀等。

55. 现代汽车的行车制动系统须采用双管路液压制动传动装置，常见的双管路的布置方案有前后独立式和交叉式两种形式。

56. 汽车防抱死制动系统(ABS)是一种安全控制制动系统，ABS既有普通制动系统的制动功能，又能防止车轮制动抱死。

57. 防抱死制动系统可使汽车在制动过程中车轮滑移率保持在20%左右范围内，此时轮胎处于边滚边滑状态，制动力最大，保证了汽车的方向稳定性，防止产生侧滑和跑偏。

58. ABS通常由轮速传感器、制动压力调节器、电子控制单元(ECU)和ABS警示装置等组成。

59. 驱动防滑控制系统的功用是防止汽车在加速过程中打滑，特别是防止汽车在非对称路面或在转向时驱动轮滑转。

60. 典型ABS/ASR系统主要由轮速传感器、ABS/ASR ECU、制动压力调节器、主副节气门开度传感器、副节气门控制步进电动机等组成。

61. 汽车电子稳定程序控制系统是改善汽车行驶性能的一种控制系统，是ABS和ASR在功能上的延伸。利用与ABS一起的综合控制可防止汽车在制动时车轮抱死；利用ASR可阻止汽车在起步时驱动轮滑转（空转）。ESP可以通过有选择性地控制各车轮上的制动力，防止车辆滑移,因此,ESP 是一个主动安全系统。

62. ESP 由传统制动系统、传感器、液压调节器、汽车稳定性控制电子控制单元和辅助系统组成。

## 第四节　汽车电气设备基本构造

1. 发动机电气设备由蓄电池、充电系统、起动系统和发动机点火系统等组成。

2. 汽车蓄电池是一种储能装置,是低压直流电源,它并不是直接储存电能,而是将电能转变成化学能储存起来,当蓄电池连接外部电路时,化学能才变成电能,从蓄电池的正极流出经导线到负荷,再经导线流回蓄电池负极完成回路放电。

3. 当发动机运转时,使用小部分动力驱动发电机以产生电能,再充入蓄电池,把电能变成化学能储存。现代汽车一般使用 12V 的蓄电池,大型柴油车则常用两个 12V 蓄电池串联而成 24V 系统。

4. 汽车蓄电池的功用:起动发动机时供给起动机摇转发动机所需的大量电流;当发电机发出的电压低于蓄电池电压时或发电机不工作时,供给全车电器所需的电流;当汽车上电器的用电量超过发电机的输出量时,帮助发电机提供电器所需的电流;平衡汽车电气系统的电压,不使电压过高或过低。

5. 蓄电池由壳体、盖板、极板组、隔板与极柱等组成。蓄电池中的电解液为稀硫酸。

6. 充电系统是将发动机一部分机械能转变为电能的装置。充电系统最重要的部件是产生电能的发电机,其次为控制发电机最高输出电压的调节器,另外还需有指示充电系统工作是否正常的指示灯或电流表,以及连接各电器间的导线等。

7. 交流发电机的功能:在车辆行驶时,供应点火系统、空调、音响及其他电器用电;补充蓄电池在起动时损耗的电能(即对蓄电池充电)。

8. 交流发电机由定子、转子、整流器、前端盖、电刷、后端盖和风扇等组成。

9. 汽车的起动系统由蓄电池、点火开关、电磁开关、起动机和导线等元件组成。

10. 起动机的功能:利用起动机小齿轮与发动机飞轮啮合,以摇转发动机使其能起动;发动机起动后,小齿轮与飞轮必须立刻分离,以免起动机受损。

11. 起动机是起动系统中的主要组成部分,起动机由直流串励式电动机、离合机构和控制装置组成。

12. 现代汽车电控燃油喷射式发动机均已采用微型计算机控制点火系统(ESA),ECU 接收曲轴位置传感器、空气流量传感器、冷却液温度传感器等的信号,以进行点火时间的控制与修正。

13. 为了保证汽车行驶安全,现代汽车上都装备照明与信号系统。照明系统用于提供车辆夜间安全行驶必要的照明,包括车外照明和车内照明等,信号系统用于提供安全行车所必需的灯光信号。

14. 前照灯也称前大灯或头灯,安装于汽车头部两侧,用于夜间行车时的道路照明,灯光为白色,功率一般为30~60W。前照灯包括远光灯和近光灯两种,远光灯用于保证车前有明亮而均匀的照明,使驾驶员能辨明100m以内道路上的任何障碍物;近光灯在会车和市区内使用,用于保证夜间车前50m内的路面照明,以及避免两车交会时造成驾驶员炫目而发生事故。

15. 前照灯主要由灯泡、反射镜和配光镜组成。

16. 雾灯用于雨、雪、雾或尘埃弥漫天气时的行车照明并具有信号作用。

17. 牌照灯安装于汽车尾部的牌照上方,用于夜间照亮汽车牌照。

18. 仪表灯安装于汽车仪表板上,用于仪表照明。

19. 车顶灯(又称车内灯或室内灯)安装于驾驶室或车厢顶部,主要用于车内照明。

20. 工作灯的功用是对排除汽车故障或检修提供照明。

21. 阅读灯(又称地图灯、个人灯、内小灯等)安装在前座椅上方,为了便于乘客阅读。

22. 点火开关照明灯的功用是在所有车门关闭后,它会持续点亮10~15s才熄灭,以方便驾驶员插入钥匙。

23. 车门灯(又称探照灯)安装在4个车门下方,当车门打开时灯亮,照亮地面,以方便进出车辆的驾驶员及乘客。

24. 行李舱灯安装于行李舱顶部,用于夜间行李舱盖打开时照亮行李舱。

25. 发动机舱盖灯安装于发动机舱盖内侧,用于夜间发动机舱打开时照亮发动机舱。

26. 信号系统包括信号灯和喇叭。信号灯包括转向信号灯、危险警报灯、示宽灯、尾灯、制动灯和倒车灯等。

27. 转向信号灯(简称转向灯)的功用是在汽车起步、超车、转弯和停车时,左侧或右侧的转向信号灯会发出明暗交替的闪光信号,以示汽车改变行驶方向。

28. 危险警报灯(又称危险报警灯)与转向信号灯共用同一套灯具。当车辆在路面上遇到紧急情况需要处理时,按下危险警报开关,全部转向灯同时闪烁,提醒后方车辆避让。

29. 示廓灯(又称小灯、驻车灯或停车灯)安装在车辆前面两侧对称位置,用于标识汽车夜间行驶或停车时的宽度轮廓。

30. 尾灯一般为红色,用于在夜间行驶时向后面的车辆或行人提供位置信息。

31. 制动灯安装于汽车后面,用于当汽车制动或减速停车时,向车后发出灯光信号,以警示随后车辆及行人。

32. 倒车灯安装于汽车尾部,左右各一只。倒车灯一般为白色。用于照亮车后路面,并警示车后的车辆和行人,表示该车正在倒车,提高倒车时的安全性。

33. 汽车喇叭是用来警告路上车辆或行人的警报装置。喇叭的种类主要有电磁式、电子式和压缩空气式3类。

34. 电磁式喇叭一般包括高音喇叭、低音喇叭、喇叭继电器、喇叭按钮、电源、熔断丝等。常见的电磁式喇叭为螺旋形喇叭和盆形喇叭。

35. 刮水器的功用是用来清除风窗玻璃上的雨水、雪或尘土,以确保驾驶员有良好的视野。在行驶中,由于泥土的飞溅或其他原因污染风窗玻璃,所以刮水器还设有洗涤装置,有些乘用车还装备有前照灯冲洗装置。

36.刮水器由直流电动机、涡轮箱、曲柄、连杆、摆杆、摇臂和刮水片等组成。

37.目前汽车使用的洗涤器均为电动式,其结构包括储水箱、水管及喷嘴等,电动机(永久磁铁式)及水泵(离心式)安装在储水箱上。

38.汽车组合仪表分为传统组合仪表和电子组合仪表。传统组合仪表是机械式或电气机械式,它们都是通过指针和刻度来实现模拟显示的。随着电子及计算机技术在汽车上的广泛应用,以及新型传感器和电子显示器的出现,电子组合仪表已被越来越多的汽车所采用。

39.传统组合仪表主要包括机油压力表、冷却液温度表、发动机转速表、燃油表、电流表、机油压力报警灯、充电指示灯等,这些仪表通常都组装在仪表板上。

40.电子组合仪表主要有电子式燃油表、发动机电子转速表、车速表、里程表和冷却液温度表等。

41.报警装置一般由传感器、报警灯(或蜂鸣器)等组成。

42.汽车空调系统即车内空气调节装置,是指对车内空气的温度、湿度及清洁度进行调节控制的装置。汽车空调系统功用是在各种气候和行驶条件下,为乘员提供舒适的车内环境,并能预防或除去附在风窗玻璃上的雾、霜或冰雪,以确保驾驶员的视野清晰与行车安全。

43.汽车空调系统主要由制冷系统、采暖系统、通风装置、加湿装置、空气净化装置和控制装置等组成。

44.汽车空调制冷系统主要由压缩机、冷凝器、储液干燥器、膨胀阀、蒸发器、导管与软管、压力开关等组成。

45.安全气囊系统的全称为汽车安全辅助气囊系统,又称SRS。汽车安全气囊在汽车发生碰撞时,可以迅速在乘员和汽车内部结构之间打开一个充满气体的袋子,使乘员撞在气袋上,避免或减缓碰撞,从而到达保护乘员的目的。

46.安全气囊系统主要由碰撞传感器、安全气囊控制单元、安全气囊组件和安全气囊警告灯等组成。

# 考试模拟题

## 一、是非判断题

1.乘用车是指在其设计和技术特性上主要用于载运乘客及其随身行李和/或临时物品的汽车,不包括驾驶员座位,最多不超过9个座位。　　　　　　　　　　　　　(×)

2.曲轴与连杆下端的连接中心至曲轴中心的距离(即曲轴的回转半径)称为曲柄半径。活塞行程与曲柄半径相等。　　　　　　　　　　　　　　　　　　　　　　(×)

3.四冲程发动机中的曲轴与凸轮轴的转速比为1∶2。　　　　　　　　　　　(×)

4.发动机排气系统主要由排气歧管、排气消声器等组成,电控燃油喷射系统汽油机的排

气系统多带有三元催化转化器。 （√）
5. 现代汽车多采用封闭式强制循环水冷却系统。 （√）
6. 电控自动变速器换挡执行元件主要包括离合器、制动器和单向离合器。 （√）
7. 现在一般汽车均采用高压胎。 （×）
8. 驻车制动系统用于使停驶的汽车驻留原地,通常由驾驶员用手(或脚)操纵。 （√）
9. 前照灯的远光灯在会车和市区内使用,用于保证夜间车前60m内的路面照明。 （×）
10. 汽车空调系统即车内空气调节装置,是指对车内空气的温度、湿度及清洁度进行调节控制的装置。 （√）

## 二、单项选择题

1. (D)布置形式是方程式赛车和大多数跑车采用的布置形式。
   A. 发动机前置后轮驱动　　　　B. 发动机前置前轮驱动
   C. 发动机后置后轮驱动　　　　D. 发动机中置后轮驱动

2. (A)的功用是承受汽缸中的燃烧压力,还与汽缸盖、汽缸壁共同组成燃烧室。
   A. 活塞　　　B. 活塞环　　　C. 活塞销　　　D. 连杆

3. (D)的功用是储存做功行程的一部分能量,以克服各辅助行程的阻力。
   A. 活塞　　　B. 连杆　　　C. 曲轴　　　D. 飞轮

4. (D)的功用是根据发动机运转状况和车辆运行状况确定汽油最佳喷射量和最佳点火提前角。
   A. 空气供给系统　　B. 排气系统　　C. 燃料供给系统　　D. 电子控制系统

5. (D)是汽车离合器的主要作用之一。
   A. 保证汽车怠速平稳　　　　B. 增加变速比
   C. 实现倒车　　　　　　　　D. 保证变速器换挡平顺

6. (C)可以衰减由于路面冲击产生的振动,使振动的振幅迅速减小。
   A. 弹性元件　　B. 导向机构　　C. 减振器　　D. 横向稳定器

7. (D)是转向系统中的降速增矩的装置。
   A. 转向盘　　B. 转向轴　　C. 转向横拉杆　　D. 转向器

8. 制动防抱死系统可使汽车在制动过程中车轮滑移率保持在(B)左右范围内。
   A. 10%　　　B. 20%　　　C. 50%　　　D. 70%

9. 现代汽车一般使用(D)的蓄电池。
   A. 5V　　　B. 6V　　　C. 10V　　　D. 12V

10. 目前汽车使用的洗涤器均为(B)。
    A. 机械式　　B. 电动式　　C. 液压式　　D. 气压式

## 三、多项选择题

1. 底盘的功用是支承、安装汽车发动机及其各部件、总成,形成汽车的整体造型,并接受发动机的动力,使汽车产生运动,保证正常行驶。底盘由(ABCD)组成。
   A. 传动系统　　B. 行驶系统　　C. 转向系统　　D. 制动系统

2. 发动机的主要性能指标有(ABC)。
  A. 有效转矩　　　　B. 有效功率　　　　C. 燃油消耗率　　　　D. 传动效率
3. 水冷式冷却系统通常由(ACD)等组成。
  A. 散热器　　　　　B. 机油泵　　　　　C. 节温器　　　　　　D. 冷却风扇
4. 润滑系主要由(ABD)等组成。
  A. 机油泵　　　　　B. 集滤器　　　　　C. 水套　　　　　　　D. 机油滤清器
5. 离合器安装在发动机与变速器之间,它可分为(ABCD)。
  A. 主动部分　　　　B. 从动部分　　　　C. 压紧装置　　　　　D. 操纵机构
6. 驱动桥一般由(ABCD)组成。
  A. 主减速器　　　　B. 差速器　　　　　C. 半轴　　　　　　　D. 桥壳
7. 按车桥上车轮的功用不同,车桥分为转向桥、驱动桥、转向驱动桥和支持桥,其中(AD)属于从动桥。
  A. 转向桥　　　　　B. 驱动桥　　　　　C. 转向驱动桥　　　　D. 支持桥
8. 循环球式转向器采有两级传动副,第一级是(AB)。
  A. 转向螺杆　　　　B. 螺母　　　　　　C. 齿条　　　　　　　D. 齿扇
9. 发动机电气设备由(ABD)等组成。
  A. 蓄电池　　　　　B. 充电系统　　　　C. 信号系统　　　　　D. 起动系统
10. 电子组合仪表主要有(ABCD)等。
  A. 电子式燃油表　　　　　　　　　　　B. 发动机电子转速表
  C. 车速表　　　　　　　　　　　　　　D. 冷却液温度表

# 第四章 常用机动车材料性能及应用

## 第一节 车用燃料

1. 汽油的使用性能包括：

(1) 蒸发性。指汽油蒸发的难易程度。对发动机的起动、暖机、加速、气阻、燃料耗量等有重要影响。汽油的蒸发性由馏程、蒸气压、气液比 3 个指标综合评定。

(2) 抗爆性。指汽油在各种使用条件下抗爆震燃烧的能力。车用汽油的抗爆性用辛烷值表示。辛烷值高，抗爆性好。高辛烷值汽油可以满足高压缩比汽油机的需要。

(3) 安定性。指汽油在自然条件下，长时间放置的稳定性。用胶质和诱导期及碘价表征。胶质越低越好，诱导期越长越好，碘价表示烯烃的含量。

(4) 汽油的腐蚀性。若汽油中含有硫及硫化物、有机酸及水溶性酸碱及水分，就有了腐蚀性。

(5) 汽油的清洁性。指汽油在生产、运输、储存和使用过程中不应混入炼制工艺以外的杂质，以保持汽油清洁。

2. 我国车用无铅汽油按研究法辛烷值分为多种牌号，现行国 V 标准汽油一般分为 92 号和 95 号两个牌号，个别地区还有可能根据当地的实际情况制定了相应的地方燃油标号。

3. 选用汽油主要依据压缩比：高压缩比的发动机应选用牌号较高的汽油，低压缩比的发动机可选用牌号较低的汽油。

4. 柴油的使用性能包括：

(1) 低温流动性。柴油低温流动性以凝点表示。

(2) 燃烧性。是指柴油喷入汽缸后立即着火燃烧的性能。燃烧性好的柴油着火延迟期（滞燃期）短，工作平稳。柴油的燃烧性以十六烷值表示。

(3) 蒸发性。是指柴油从液态转化为气态的性能，通常用馏程和闪点评价。

(4) 黏度。黏度用以表示柴油的稀稠程度，它随温度而变。柴油的黏度与流动性、雾化性、燃烧性和润滑性都有很大关系。

(5) 腐蚀性。是指硫分、酸分、水溶性酸或碱对金属材料的破坏作用，其中以柴油中的硫分影响最大。

(6) 清洁性。包括柴油中灰分、水分、机械杂质的含量。

5. 目前国内应用的轻柴油按凝点分为6个牌号:10号柴油、0号柴油、-10号柴油、-20号柴油、-35号柴油和-50号柴油。例如:10号柴油表示该种柴油的凝点不低于10℃。

6. 柴油应根据不同地区和季节选用。气温较高的地区,选用凝点较高的柴油;反之,选用凝点较低的柴油。

7. 一般选用凝点较当地最低气温低2~3℃的柴油,以保证在当地最低气温时不凝固。

8. 低凝点柴油生产工艺复杂,产量比高凝点柴油少,价格也高。所以,在气温允许的情况下,尽量延长高凝点柴油使用期。

9. 现阶段开发和具有应用价值的代用燃料有液化石油气(LPG)、天然气(CNG)、生物柴油、醇类、二甲醚、氢气等。

## 第二节 车用润滑料

1. 发动机润滑油能对发动机起到润滑减磨、辅助冷却降温、密封防漏、防锈防蚀、减振缓冲等作用。

2. 发动机润滑油由基础油和添加剂两部分组成:基础油是润滑油的主要成分,决定着润滑油的基本性质,添加剂则可弥补和改善基础油性能方面的不足,赋予某些新的性能。

3. 发动机润滑油黏度等级划分:

(1)由美国汽车工程师学会(SAE)制定,有单级油和多级油之分。

(2)如只能满足一组黏度特性要求的为单级油,如5W、30等。

(3)如能满足两组黏度特性要求的则为多级油,如5W/40、10W/20等。

(4)"W"代表冬季,前面的数字越小说明低温黏度越低,发动机冷起动时的保护能力越好。

(5)"W"后面的数字则是发动机润滑油耐高温性的指标。代表冬用部分的数字越小,代表夏季部分的数字越大者,适用的气温范围越大。

4. 发动机润滑油质量等级划分:

(1)由美国石油学会(API)制定,分为两类。

(2)"S"开头系列代表汽油发动机用油(我国标准采用"Q"开头,等效采用了API质量标准),规格有:SA、SB、SC、SD、SE、SF、SG、SH、SJ、SL、SM、SN。

(3)"C"开头系列代表柴油发动机用油(我国标准也是"C"开头),规格有:CA、CB、CC、CD、CE、CF、CF-2、CF-4、CG-4、CH-4、CI-4。

(4)当"S"和"C"两个字母同时存在,则表示此润滑油为汽油发动机和柴油发动机通用型。

(5)在S或C后面的字母表示的意义是:每递增一个字母,润滑油的性能都会优于前一种,润滑油中会有更多用来保护发动机的添加剂。字母越靠后,质量等级越高,国际品牌中润滑油级别多是SF级别以上的。

5. 应严格按照汽车使用说明书中的规定,根据汽车发动机的工作条件,选用适当的润滑油品种及使用级别。

6. 汽油润滑油与柴油润滑油,两者不能混用。

7. 不同地区要根据当地温度选用不同的黏度级别的润滑油,如北方冬季应选用5W/30或0W/30 的润滑油。

8. 重载低速和高速下应选择黏度较大的发动机润滑油;轻载高速应选择黏度较小的发动机润滑油。

9. 新发动机选择黏度较小的发动机润滑油;磨损程度较重的发动机则选择黏度较大的发动机润滑油。

10. 高质量等级可代替低的质量等级的润滑油,但绝不能用低质量级别的油去代替高质量级别的润滑油,否则会导致发动机故障甚至损坏。

11. 齿轮润滑油多用于变速器、转向器和减速器等总成的齿轮传动润滑。

12. 齿轮润滑油的工作条件与发动机润滑油的工作条件相比,工作温度虽不很高,但油膜所承受的单位压力却很大。

13. 选用齿轮润滑油时,首先根据传动齿轮的类型和使用时的负荷、速度选出齿轮润滑油种类,即普通齿轮润滑油还是双曲线齿轮润滑油。然后再按照使用地区季节的最低气温选出其黏度,即可得知选用齿轮润滑油的牌号。

14. 润滑脂具有良好的粘附性,不易从摩擦表面流失,可在不密封和受压较大的摩擦零部件上使用,并有防水、防尘、密封作用。

15. 润滑脂由基础油、稠化剂、添加剂三部分组成。

16. 润滑脂的使用性能包括:滴点(反映润滑脂耐热程度)、针入度、胶体安定性、水分和腐蚀性等。

17. 滴点反映了润滑脂耐热程度。

18. 针入度是表示润滑脂稠度的指标,也是表示润滑脂硬度的数值,针入度越小,稠化剂含量越多,润滑脂越硬。润滑脂太硬会增大运动阻力,太软则会在高速时被甩掉。

19. 选用润滑脂时主要考虑以下因素:

(1)工作温度。温度越高,选用滴点也越高;反之,就选用滴点较低的润滑脂。

(2)运动速度。速度越大,选用的黏度就应越低;反之,应选高黏度的。

(3)承载负荷。承载负荷大的,应选针入度小的,以免润滑脂被挤出来;反之,应选针入度较大的润滑脂。

## 第三节 其他车用材料

1. 制动液是液压制动系统中传递制动压力的液态介质,是制动系统制动不可缺少的工作介质。

2. 国际通用汽车制动液标准,是美国联邦政府运输安全部(DOT)制定的联邦机动车辆安全标准,具体为 DOT3、DOT4、DOT5。

3. 我国的《机动车辆制动液》(GB 12981—2012)中规定机动车辆安全使用 HZY3、HZY4、HZY5、HZY6 四种产品,其中 H、Z、Y 分别为合成、制动和液体第一个汉字的汉语拼音首字母,阿拉伯数字作为区别本系列的标记。HZY3、HZY4、HZY5 分别对应国际通用产品 DOT3、DOT4、DOT5。

4. 汽车制动液的技术性能要求主要有较小的橡胶密封件膨胀率、较低的腐蚀性、较高沸点。此外,还要求制动液要有适宜的黏度和良好的低温流动性,以保证在各种气温条件下的制动性能。

5. 制动液的选用及使用注意事项:
(1)选用制动液应按照车辆使用说明书选择制动液是最合理可靠的。
(2)使用前必须检查是否有白色沉淀。
(3)不得混用制动液,在更换制动液品牌时一定要用新加入的产品清洗管路。
(4)定期更换制动液。建议每隔 2 万~4 万 km 或 1 年时间更换一次。
(5)安全存放及时添加。

6. 液力传动油又称自动变速器油(ATF)或自动传动油,用于由液力变矩器、液力耦合器和机械变速器构成的车辆自动变速器中作为工作介质,借助液体的动能起传递能量的作用。

7. 液力传动油的性能要求包括:黏度、热氧化安定性、剪切安定性、抗泡性能和摩擦特性等。

8. 液力传动油按 100℃ 运动黏度分为 6 号和 8 号两种。其中 6 号液力传动油主要用于大型、重负荷车辆和工程机械的液力传动系统。8 号液力传动油主要用于各种小型、轻重负荷车辆的液力传动系统。

9. 不同厂家同级别的液力传动油品不可以混用。且储存期限不得超过 1 年,常温下密封保存。

10. 冷却液的主要功能为保护发动机正常良好运行,在发动机散热器内循环,起到防冻、防沸、防锈、防腐蚀等效果。

11. 现在的商品防冻液几乎都是用乙二醇配制的,大多为红色或绿色,以观察是否泄漏或与发动机其他液体相区别。

12. 应根据当地冬季最低气温选用适当冰点牌号的防冻液,冰点至少应低于最低气温 5℃。

13. 乙二醇水溶液的膨胀系数较大,发动机的冷却系统注入冷却液的量要比其容积少 5%~6%,以免发动机温度升高后冷却液外溢。

14. 发动机冷却系统液体可能因渗漏或喷溅而损耗,遇此情况需要补充防冻液,只补充水会使防冻液冰点升高。

15. 在制冷设备中完成制冷循环的工作介质,称为制冷剂,俗称冷媒。

16. 制冷剂的性能要求:蒸发潜热大,且易于液化;化学安定性好,不易变质;工作温度和压力适中;对金属物件无腐蚀;不燃烧、不爆炸;无毒性、无污染;可与润滑油(冷冻机油)按照任何比例互溶。

17. 目前汽车空调用制冷剂广泛使用环保型产品R134a(四氟乙烷)。不同型号的制冷剂是有区别的,使用时切不可用错制冷剂。

18. 轮胎与路面接触,和汽车悬架共同来缓和汽车行时所受到的冲击,保证汽车有良好的乘坐舒适性和行驶平顺性;保证车轮和路面有良好的附着性,提高汽车的牵引性、制动性和通过性;承受着汽车的质量。

19. 按轮胎结构、用途不同,分为普通斜交轮胎和子午线轮胎两种。

20. 我国汽车轮胎规格的表示方法如下:

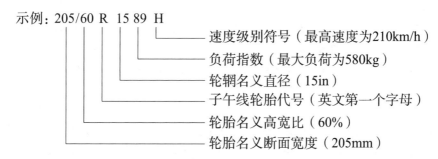

21. 汽车对轮胎的要求是多方面的,选择时不能取决于单一因素,应针对具体汽车的性能要求和使用特点综合考虑,可重点参考轮胎类别、胎面花纹、胎体结构、轮胎材质、规格气压、速度特性等几方面。

22. 汽车常用制造材料包括金属材料和非金属材料两大类。

# 考试模拟题

## 一、是非判断题

1. 选用汽油主要依据发动机压缩比,高压缩比的发动机应选用牌号较高的汽油,低压缩比的发动机可选用牌号较低的汽油。（√）

2. 我国将车用无铅汽油按研究法辛烷值分为92号和95号等多个牌号,它们反映了汽油的清洁性。（×）

3. 气温较高的地区,选用凝点较高的柴油;反之,选用凝点较低的柴油。（√）

4. 与发动机润滑油的工作条件相比,齿轮油的工作温度不高,油膜所承受的压力不大,所以可以使用更长的时间。（×）

## 二、单项选择题

1. 我国轻柴油牌号是按照(C)进行划分的。
   A. 十六烷值　　　B. 闪点　　　C. 凝点　　　D. 浊点

2. 汽油的使用性能不包括(D)。
   A. 蒸发性　　　　B. 清洁性　　　　C. 腐蚀性　　　　D. 低温流动性
3. 关于汽车防冻液的说法错误的是(C)。
   A. 现在的商品防冻液几乎都是用乙二醇配制的
   B. 大多为红色或绿色,以便观察泄漏或与发动机其他液体相区别
   C. 发动机防冻液有少量损耗,只补充清洁的水即可
   D. 应根据当地冬季最低气温选用适当冰点牌号的防冻液,冰点至少应低于最低气温 5℃
4. 某北方城市冬季最低气温大约为 -23℃,夏季最高气温为 35℃,一辆新的家用汽油轿车使用以下(C)发动机润滑油最合适。
   A. SM15W30　　B. SL20W50　　C. SM5W40　　D. CI-420W50

## 三、多项选择题

1. 下列属于发动机润滑油作用的有(ABCD)。
   A. 润滑　　　　B. 冷却　　　　C. 密封　　　　D. 防锈
2. 下列关于选用发动机润滑油的说法正确的有(BCD)。
   A. 汽油机选用 C 系列润滑油,柴油机选用 S 系列为润滑油
   B. 选用发动机润滑油时,高质量等级可代替低质量等级的润滑油,但绝不能用低质量级别的润滑油去代替高质量级别的润滑油
   C. 重载低速和高速下应选择黏度较大的润滑油;轻载高速应选择黏度较小的润滑油
   D. 新发动机选择黏度较小的润滑油;磨损程度较重的发动机则选择黏度较大的润滑油
3. 选用润滑脂时主要考虑的因素有(ABC)。
   A. 工作温度　　B. 运动速度　　C. 承载负荷　　D. 表面质量
4. 某轮胎规格为 205/60 R16 91 H,下列说法正确的是(ACD)。
   A. 轮胎的断面宽度为 205mm　　　B. 轮胎的断面高度为 60mm
   C. 轮胎的内径为 16in　　　　　　D. 轮胎能承受的最高速度为 210km/h

# 第五章 常用测量器具

## 第一节 计量基础知识

1.计量是指实现单位统一和量值准确可靠的活动。从定义中可以看出,它属于测量,源于测量,而又严于一般测量,它涉及整个测量领域,并按法律规定,对测量起着指导、监督、保证的作用。

2.测试是具有试验性质的测量,也可理解为测量和试验的综合,它具有探索、分析、研究和试验的特征。

3.我国的计量法规体系由三部分组成:由全国人大颁布的《中华人民共和国计量法》;国务院制定(或批准)的计量行政法规和省、自治区、直辖市人大常委会制定的地方计量法规;国务院计量行政部门制定的计量管理办法和技术规范,国务院有关部门制定的部门计量管理办法,县级以上人民政府计量行政部门制定的地方计量管理办法。

4.1977年5月,我国正式加入国际米制公约组织。

5.1985年9月6日发布《中华人民共和国计量法》。

6.计量单位是为定量表示同种量的大小而约定定义和采用的特定量。

7.目前国际单位制(SI)共有7个基本单位:长度单位为米(m)、质量单位为千克(kg)、时间单位为秒(s)、电流单位为安培(A)、热力学温度单位为开尔文(K)、物质的量单位为摩尔(mol)和发光强度单位为坎德拉(cd)。

8.我国法定计量单位包括以下几种:国际单位制的基本单位;国际单位制的辅助单位;国际单位制中具有专门名称的导出单位;国家选定的非国际单位制单位;由以上单位构成的组合形式的单位和由词头和以上单位构成的10进倍数和分数单位。

## 第二节 汽车维修常用测量器具的使用

1.测量时应该注意以下事项:进行测量时,应使测量仪器温度和握持的方法保持在一定的状态;保持固定的测量动作;使用后应注意仪器的清理和维护,并存放在不受灰尘和气体污染的场所;要定期检查仪器精度。

2. 游标卡尺又称四用游标卡尺,简称卡尺,是由尺身和附在尺身上能滑动的游标制造而成的精密测量仪器,能够正确且简单地从事长度、外径、内径及深度的测量。

3. 游标卡尺读数时,首先读出游标零线左边与尺身相邻的第一条刻线的整毫米数,即测得尺寸的整数值,例如,尺身上的读数为45.00mm。再读出游标与尺身刻度线对齐的那一条刻度线所表示的数值,即为测量值的小数,例如,游标的读数为0.25mm。把从尺身上读得的整毫米数和从游标上读得的毫米小数加起来即为测得的实际尺寸,即 45 + 0.25 = 45.25(mm)。

4. 使用游标卡尺时先应依照下列事项逐一检查:测量爪的密合状态;零点校正;游标尺的移动状况。

5. 外径千分尺又称螺旋测微器,它是利用螺纹节距来测量长度的精密测量仪器,是一种用于测量加工精度要求较高的零部件,汽车维修工作中一般使用可以测至1/100mm 的外径千分尺,其测量精度可达到0.01mm。

6. 外径千分尺主要由测砧、测微螺杆、尺架、固定套筒、微分筒、棘轮旋钮及锁紧装置等零部件组成。

7. 百分表利用指针和刻度将心轴移动量放大来表示测量尺寸,主要用于测量工件的尺寸误差以及配合间隙。

8. 汽车修理厂大多采用最小刻度为1/100mm 的百分表。同时百分表可以和夹具配合使用。

9. 百分表的测量头包括4种类型,分别为:长型,适合在有限空间中使用;滚子型,用于轮胎的凸面/凹面测量;杠杆型,用于测量不能直接接触的部件;平板型,用于测量活塞突出部分等。

10. 百分表表盘刻度分为100格,当量头每移动0.01mm 时,大指针偏转1格;当测量头每移动1.0mm 时,大指针偏转1周。小指针偏转1格相当于1mm。注意:百分表的表盘是可以转动的。

11. 百分表要装设在支座上才能使用,在支座内部设有磁铁,旋转支座上的旋钮使表座吸附在工具台上,因而又称磁性表座。此外,百分表还可以和夹具、V形槽、检测平板和顶心台合并使用,从事弯曲、振动及平面状态的测定或检查。

12. 量缸表又称内径百分表,是利用百分表制成的测量仪器,也是用于测量孔径的比较常用的测量工具。在汽车维修中,量缸表通常用于测量汽缸的磨耗量及内径。

13. 量缸表主要包括百分表、表杆、替换杆件和替换杆件紧固螺钉等。

14. 在测量内径很小的配件时,如气门导管等部位,就需要另一种类似于量缸表的量具——卡规。

15. 在使用卡规时,将测量端压缩放入被测物体内,读数与量缸表相同,当移动吊耳移动2mm 时,则长指针转动一圈,测量精度:0.01mm。

16. 厚薄规又称塞尺或间隙片,是一组淬硬的钢条或刀片,这些淬硬的钢条或刀片被研磨或滚压成为精确的厚度,它们通常都是成套供应。

17. 厚薄规的每条钢片标出了厚度(单位为 mm),它们可以单独使用,也可以将两片或多片组合在一起使用,以便获得所要求的厚度,最薄的一片可以达到0.02mm。常用厚薄长度有50mm、100mm、200mm。

18. 厚薄规又在汽车维修工作中主要用于测量气门间隙、触点间隙和一些接触面的平直度等。

19. 使用厚薄规测量时,应根据间隙的大小,先用较薄片试插,逐步加厚,可以一片或数片重叠在一起插入间隙内,插入深度应在20mm左右。例如,用0.2mm的厚薄规片刚好能插入两工件的缝隙中,而0.3mm的厚薄规片插不进,则说明两工件的结合间隙为0.2mm。

20. 使用厚薄规测量时,必须平整插入,松紧适度,所插入的塞尺片厚度即为间隙尺寸。严禁将塞尺片用大力强硬插入缝隙测量。插入时应特别注意前端,不要用力过猛,否则容易折损或弯曲厚薄规。

21. 塑料线间隙规是汽车维修用来测量汽车裂损破坏程度的一种工具,可以为固定表面的间隙测量提供非常简单、精确、有效的测量方法,在汽车维修方面是必不可少的工具。

## 考试模拟题

### 一、是非判断题

1. 在汽车维修工作中,卡规主要用于测量气门间隙、触点间隙和一些接触面的平直度等。　　　　　　　　　　　　　　　　　　　　　　　　　　　　　　　( × )

2. 外径千分尺是利用螺纹节距来测量长度的精密测量仪器,是一种用于测量加工精度要求较高的零部件。　　　　　　　　　　　　　　　　　　　　　　　　　　( √ )

### 二、单项选择题

1. ( A )能够正确且简单地从事长度、外径、内径及深度的测量。
   A. 游标卡尺　　　　B. 外径千分尺　　　　C. 塞尺　　　　D. 百分表

2. ( C )我国正式加入国际米制公约组织。
   A. 1957年5月　　B. 1967年5月　　C. 1977年5月　　D. 1987年5月

### 三、多项选择题

1. 第十届国际计量大会决定采用( ABC )等作为基本计量单位。
   A. 米(m)　　　　B. 千克(kg)　　　　C. 安培(A)　　　　D. 分(min)

2. 游标卡尺是由尺身和附在尺身上能滑动的游标制造而成的精密测量仪器,能够正确且简单地从事( ABCD )的测量。
   A. 长度　　　　B. 外径　　　　C. 内径　　　　D. 深度

# 第六章

# 汽车检测维修安全常识

## 第一节　汽车维修个人安全防护

1. 个人安全就是保护好自己免受伤害,包括使用防护装置、穿戴安全、职业行为和正确的使用工具和设备。

2. 当工作环境存在损伤眼睛的风险时,就要戴上安全眼镜,对眼睛进行保护。

3. 进行某些作业时,应该佩戴其他的护眼器材,而不是安全眼镜。例如维修汽车制冷系统时,就应当戴着防溅护目镜,用压力喷射清理零部件时就要戴上防护面罩,防护面罩不仅能对眼部部进行保护,还能对面部进行保护。

4. 在蓄电池电解液、燃油、溶剂等化学品不慎进入眼睛时,要用清水长时间冲洗眼睛,还要及时让医生进行药物处理。

5. 在经常有噪声的环境里,应该带上耳罩或耳塞。

6. 汽车维修工经常在有毒化学气体环境中工作,不论是暴露在有毒气体中还是过量尘埃中,都要带上呼吸器或呼吸面罩。用清洗剂清洗零件、部件和喷漆是最常见的需要带上呼吸面罩进行的作业。处理吸附了灰尘的部件或有害物质时,也一定要带高效呼吸面罩。

7. 工作时穿着的服装不但要合体舒适,还要结实。宽松的服装很容易被运动的零部件和机器挂住。

8. 维修汽车时一定要穿用皮革或类似材料做成的并具有防滑底的鞋或靴子。铁头安全鞋可以增强对脚部的保护。

9. 戴上手套可以保护手,避免手受伤。在进行不同的作业时,要选戴不同类型的手套,对手进行保护。

## 第二节　汽车维修工具、维修设备的使用安全

1. 手工工具的使用安全如下:

(1)选择大小和类型都合适的手工工具来做一项工作,而且只用指定用来做该项工作的手工工具。

(2)保持手工工具处于良好状态,不用时应存放在安全处。保持切削工具有合适的磨锋。

(3)切勿把尖的或削尖的工具放在衣袋里。

(4)加工小零件时,应把小零件夹在台虎钳或夹紧装置上。

(5)手柄活动或断裂的工具应修理或更换。

(6)选用錾子刀口至少要同待加工的錾口一样大。不要用錾子或冲子去冲坚硬部件,如固定销。切勿用錾子、冲子或刮刀当撬棍。过大的力会损坏或折断工具。

(7)多次敲击后,锐边可能折断或形成圆形头,应对其修整,保持全部冲子和錾子的头部打磨平滑。

(8)当使用切削工具时,一定要使金属屑飞离身体,使双手以及手指处在刀口的后面。手柄应清洁、干燥及确保牢固地握住。

(9)切勿用锤子敲击锉刀或把锉刀当作撬棍用。使用锉刀时,锉削行程总是朝向远离自己的方向并用锉刷刷净锉刀。

(10)一字螺丝刀或十字螺丝刀只能用来拧紧或拧松螺钉,切勿当作冲子或撬棍用。确保螺丝刀的刀刃完全固定到螺钉槽中。不正确的配合可能损坏螺钉槽和螺丝刀刀刃。保持螺丝刀刀刃垂直于螺钉槽,使滑移量减至最少。

(11)使用敲击工具时,最好要佩戴合适的眼睛保护装置。对坚硬表面应用软锤。切勿用一锤子敲打另一锤子,否则锤子将会损坏或被敲碎,且飞出碎片易引起伤人。

(12)作业中应使用大小合适的扳手。打滑的扳手会损坏螺栓头和螺母,且易引起人身伤害。使用扳手时,应对扳手施加垂直的、均匀的拉力。若必须推扳手,则用手掌跟部,不要用手指抓住扳手,扳手不得翘起来,否则,会使接触点受力增加,导致扳手损坏。

(13)不要用管子来加长扳手,在过大的作用力下,扳手或螺栓会打滑或断裂。也不要把扳手当锤子用,除非该扳手有此特定用途。

(14)更换有裂纹或已磨损的扳手,不要试图把弯曲的扳手矫直,这样只会进一步降低扳手的强度。

(15)鲤鱼钳有固定、夹紧、挤压和剪切作用,但不能用于转动。不要用鲤鱼钳代替扳手,因鲤鱼钳会打滑而损坏螺栓头和螺母。

(16)动力、手动或冲击工具的套筒不应互换使用,否则,会导致损坏或伤害。

(17)扭力扳手只用于拧紧螺栓或螺母,不应把它当一般扳手使用。

2. 以电力和压缩空气为动力的工具称为动力工具。使用时需要注意以下事项:

(1)对动力工具的操作不了解或未经正确使用动力工具的培训,切勿操作动力工具。

(2)开动动力工具前,应确保没有别的物件会碰到动力工具的运转部件。

(3)全部电动工具,除非是双绝缘式的,否则,都必须搭铁连接。不要使用两脚插头插入三脚插座(第三脚是动力工具搭铁线)。切勿使用卸下第三搭铁线插头的动力工具。

(4)动力工具正在运转或接通电源时,切勿试图调整、上油或清洁等。将全部防护装置按照顺序保存在适当位置。

(5)确保气动工具和管路正确连接。

(6)当不用动力工具时,关闭电源和拔出全部插头,并把所有动力工具返回到适当位置。

(7)操作某些动力工具时,应按规定戴安全眼镜、手套、面罩等保护用品。如在砂轮机修磨机件时须戴安全眼镜。

(8)在没有得到正确操作程序说明书时,不要开动任何动力工具。开动动力工具前应阅读使用说明书,学会正确使用动力工具和了解它的局限性。确保全部保护装置就位。

(9)操作动力工具要全神贯注,不要环顾其他人,或与别人交谈。工作场所应清洁、明亮,切勿在潮湿的地方工作。

(10)不要从插座上猛拉电线或将动力工具压在电线上。

(11)使用前,检查动力工具是否有故障。接通动力工具之前应做好所有调整工作。每当去掉安全设施进行调整、更换刀具或进行修理时,都要关掉设备电源,拔出插头。在检查期间,应锁上主开关和加上警示标记,或使断开的动力线随时看得见。

(12)操作时要等待动力工具全速稳定运转后才能开始工作。

(13)在动力工具完全停转后方可离开现场。手与任何刀具或运转零件之间要保持安全距离。手不要伸得太长,要保持身体平衡。

3. 举升机可以举升车辆,举升臂必须安置在汽车生产商推荐的举升部位。还应注意以下安全事项:

(1)举升机提升后一定要确保保险锁锁止。

(2)引导别人把汽车驶上举升机时,要站在驾驶员的侧面而不是车前方。

(3)把汽车驶到举升机上之前,应安放好举升臂并确保没有任何阻碍。

(4)放好举升臂接触垫,使之位于车辆支承点位置。

(5)举升车辆前,车门、发动机舱盖和行李舱盖一定要完全关闭,车内有人时绝不能将车辆升起。在车底工作前,确保举升机的保险锁装置是正常。

(6)当车辆升到所需高度后,将车辆降低至其机械保险装置。

(7)车辆下面一定不要有工具箱、案台或其他设备。

## 第三节　汽车维修环境安全

1. 汽油是一种易燃的挥发性液体,一定要将汽油和柴油装在安全油箱中,不要用汽油擦洗手和工具。

2. 要小心处理各种溶剂(或液体),以防泄漏。除了在倒出溶剂之外,所有盛装溶剂的容器都应保持密封,保持使用溶剂和化学品的区域适当通风非常重要。溶剂和其他易燃物品必须存放在符合安全要求的专用存储柜中或房间中。

3. 从大容器中倒出易燃物品时要格外小心,静电产生的火花能够引起爆炸。用过的溶剂容器要及时丢弃或清理,容器底部残余的溶剂非常易燃。不要在易燃溶剂和化学品(包括蓄电池电解液)附近点火或吸烟。

4. 沾油抹布也要存放在符合标准的金属容器中。

5. 维修汽车电气系统或进行焊接作业之前,要断开汽车蓄电池负极,以防由电气系统引起的着火和伤害。断开汽车蓄电池负极就是将负极电缆从蓄电池上拆下,并将其放置在远离蓄电池的地方。

6. 要了解车间里所有灭火器的放置地点及其适用的火险类别,在灭火器标签上都清楚地标明了灭火器的类型及其适用的火险类别。灭火时,一定要使用适合火险类别的灭火器,通用干粉灭火剂适用于扑灭一般易燃物、易燃液体和电气着火。汽油着火时,切不可向火中浇水,水会使火焰进一步蔓延,适当类型的灭火器能够使火焰窒息。

7. 灭火时,要站在距离火焰2~3m以外,将灭火器牢牢地拿住,对准火焰根部来回摆动喷嘴,扫过整个火焰区,低下身子以免吸入烟气,如果温度太高或烟气太大,就要撤离。记住,无论如何不要返回着火的建筑物内。

8. 使用手提泡沫灭火筒救火时,应用一只手握着灭火筒上端的提环,另一只手握着灭火筒的底边,把灭火筒倒转过来并摇动几下,灭火泡沫就会从喷嘴喷出。

9. 鸭嘴式开关灭火器使用时,先将灭火器提到着火处,将喷嘴对准火焰,拔出开关的保险销,握紧喇叭柄,将上面的鸭嘴向下压,二氧化碳气体即从喷嘴喷出。

10. 干粉灭火器使用时,先将干粉灭火器送到火场,需要上下颠倒几次,在离着火点3~4m远处撕去灭火器上的封记,拔出保险销,一只手握紧喷嘴对准火源,另一只手的大拇指将压把按下,干粉即可喷出。迅速摇摆喷嘴使粉雾横扫整个火区,由近而远向前推移可很快灭火。

11. 为了防止触电事故的发生,应采用以下安全措施:电气设备的保护搭铁;电气设备的保护接零。

12. 所有从汽车上排放出来的液体都不允许倒入下水道。可以将冷却液回收并再利用或进行正确处理。

13. 汽车上的各种油液滤清器(自动变速器油滤清器、燃油滤清器和机油滤清器)也需要按照既定的方法进行处理。旧滤清器应当将液体排空并压碎或用特殊的转运桶盛放。多数国家规定要求机油滤清器在处理或压碎之前至少要排油24h。

## 第四节　汽车维修专业技术人员操作规程

1. 汽车维修安全生产通则如下:

(1)汽车维修工应参加安全教育培训,掌握必要的消防知识,会使用消防器材,会扑救初起火,会报警。

(2)汽车维修工应自觉遵守劳动纪律,按作业性质穿戴防护用品,上岗作业时,不穿拖鞋、不穿背心、不穿短裤和裙子、不干私活、不打瞌睡、不喝酒。

(3)汽车维修工应熟悉其操作设备的性能、使用要求和操作规程。

(4)汽车维修工应合理选用、正确操作、经常维护、定期检修设备和仪器。工作前,应确认所使用的设备、仪器安全技术状况完好。正在运转的设备、仪器,必须有人看管。严禁超负荷使用和带病运行设备和仪器。设备运行过程中,发现操作失灵、异响、电器开关断路及其他故障时,应立即停机,查明原因或请专业维修人员维修。不符合安全要求的陈旧设备,应有计划地更新和改造。

(5)正确选择和使用工具。作业时,工具必须摆放整齐,不得随地乱放。工作后,应将工具清点检查并擦干净,按要求放入工具车或工具箱内。

(6)计量器具应经检定合格。

(7)作业时,应注意保护汽车车身涂层、车内装饰、乘员座椅以及地毯,并随时保持修理车辆的整洁。

(8)按规定的工艺、标准规范或制造厂汽车维修说明书的程序维修车辆。

(9)拆装零部件时,应使用合适工具或专用工具,不可大力蛮干,不得用硬质锤子直接敲击零件,谨防飞屑伤人。所有零件拆卸后应按顺序摆放整齐,不可随地堆放。

(10)仅可使用允许的清洗剂和清洗设备清洗零部件,而不使用易燃、易爆性溶剂,如汽油、煤油、二甲苯等。清洗剂洒落应及时清除。

(11)在发动机旁作业时,应切断风扇电源,手和工具应离开风扇等可以旋转的部件。维修中,所有人员要避开旋转物体的切线方向。

(12)工作灯应采用特低压安全灯,工作灯不得冒雨或拖地使用,并应经常检查工作灯导线、插座是否良好,手湿时,不得扳动电力开关或插座。电源线路、熔断丝应按规定安装,不得用铜线、铁线代替。

(13)不用压缩空气吹自己身上的灰尘,不用压缩空气吹含毒粉尘,不用压缩空气吹其他人。

(14)升降机等设备应向特种设备安全监督管理部门登记,进行经常性日常维护,定期自行检查,按照安全技术规范的定期检验要求进行检验,并由具有资质的人员操作。

(15)不在楼梯口、消防通道、运输通道、消防设备、易燃易爆仓库旁等处进行汽车维修作业。

(16)在易燃、易爆、有毒环境作业时,应使用通风换气装置和防护设施。易燃、易爆、具有腐蚀性、有毒的剩余物品,应及时归仓储存,不允许个人留存。

(17)不在发动机运转的情况下给汽车加油。不在作业区内进行未经许可的明火作业和加热作业。

(18)非指定人员不得动用在修车辆。汽车在厂内行驶车速不得超过5km/h,不准在厂内路试制动。

(19)不在作业区吸烟、玩耍、跑步、做游戏等。

(20)身体不适作业时,不勉强作业。

(21)下班时,必须切断电源、气源、熄灭火种、清理场地、关好门窗。

(22)汽车维修产生的废弃物应集中回收,分类存放,分别情况予以处置。

2.机动车检测评估专业技术人员操作规程如下:

1)用途。

用于指导测试人员正确操作整车检测线设备,以保证对整车性能作出真实有效的判定。

2)测试前准备。

(1)合上电源总闸(AC 380V、220V),并打开主机房稳压电源。

(2)接通压缩空气气源,并检查压力是否在 0.6~0.8MPa。

(3)依次打开制动台控制柜电源及四轮定位仪电源,等待预热 10min。在预热过程中应保证所有台体为空载状态。

(4)打开主控计算机和打印机电源。

(5)主控机启动成功后,打开登录机电源,全线进行自检。

(6)若全线自检成功,即可进行正常检测;否则应及时查找原因,排除故障后方可检测。

(7)指挥车辆等候在上线检测区内,根据提示将汽车驶到检测线入口处,等待检测。

3)测试。

(1)根据点阵屏的提示将车辆缓慢驶至车速台上,对汽车车速表进行测量。

(2)根据第二工位点阵屏的提示将汽车前轮缓慢驶到轴重台的台板上,进行汽车前轴重的测量。

(3)将汽车前轮驶入制动台两滚筒间,并根据点阵屏提示进行操作,对汽车前轮制动进行测量。

(4)根据点阵屏提示将汽车后轮缓慢驶到轴重台台板上,进行汽车后轴重的测量。

(5)将汽车后轮驶入制动台两滚筒间,并根据点阵屏提示进行操作,对汽车后轮制动及驻车制动进行测量。

(6)根据第三工位点阵屏的提示将汽车缓慢驶至四轮定位仪的两个转角盘上面,对汽车的四轮定位参数及底盘进行检验。

(7)根据点阵屏的提示将汽车缓慢驶至前照灯测试仪停止线处,进行前照灯的测量。

(8)根据点阵屏的提示将汽车以 3~5km/h 的速度缓慢驶过侧滑台,进行汽车侧滑的测量。

(9)将车辆驶离汽车检测线,进入喷淋房进行淋雨试验。

(10)检测线检测结束,车辆归位,并出具检测报告。

4)测试结束。

(1)将各计算机的应用程序全部退出,然后打到关机状态,将电源关闭。

(2)关闭前照灯测试仪、制动台控制柜及四轮定位仪电源。

(3)关闭主机房稳压电源。

(4)关闭压缩气气源。

(5)关闭总闸。

5)注意事项。

(1)为保证检测线顺利检测,不发生漏检、错检,引导员必须看到点阵屏提示后再移动车辆,否则应就地等候。

(2)车辆在检测线内应低速行驶,一般要求车速不高于 4km/h。

(3)复检车辆应在线外等候,等点阵屏出现提示后再进入检测线,不能随意进入检测线在各工位处等候。

(4)为避免在线内发生撞车事故和检测数据错误,应尽量不在检测线内倒车,严禁在线内高速行驶。

(5)速度表测量时应观察汽车上的速度表,稳定车速在40km/h,然后按下遥控开关,平时不得随意按遥控开关,以免影响检测。检测完毕后,应缓慢停车。

(6)制动检测时,待点阵屏提示踩制动踏板时,应迅速踩下制动踏板,稳定2s,然后松开制动踏板。

(7)车辆驶过侧滑台时不可转动转向盘,也不可在台上制动或停车,以免影响测量的准确性或损坏设备。

(8)随时核对本车号与点阵屏显示车号是否相符。

# 考试模拟题

## 一、是非判断题

1. 一字螺丝刀或十字螺丝刀用于拧紧或拧松螺钉,必要时候可当作冲子或撬棍用。
( × )

2. 鲤鱼钳有固定、夹紧、挤压和剪切作用,但不能用于转动。 ( √ )

## 二、单项选择题

1. 引导别人把汽车驶上举升机时,要站在驾驶员的(B)。
   A. 前方    B. 侧面    C. 后方    D. 随意位置
2. 灭火时,要站在距离火焰(B)以外,将灭火器牢牢地拿住,对准火焰根部来回摆动喷嘴,扫过整个火焰区
   A. 1m    B. 2~3m    C. 4~5m    D. 6~7m

## 三、多项选择题

1. 个人安全就是保护好自己免受伤害,包括(ABCD)。
   A. 使用防护装置              B. 穿戴安全
   C. 职业行为                  D. 正确地使用工具和设备
2. 操作某些动力工具时,应按规定戴(ABCD)等保护用品。如用砂轮机修磨机件时须戴安全眼镜。
   A. 安全眼镜    B. 手套    C. 面罩    D. 耳塞

# 第七章

# 新能源汽车

1. 新能源汽车是指采用非常规的车用燃料（或同时使用常规车用燃料和新型车载动力装置）作为动力来源，综合车辆的动力控制和驱动方面的先进技术，形成技术原理先进、具有新技术、新结构的汽车。

2. 现在应用及研究中的新能源汽车主要包括电动汽车（包括纯电动汽车、混合动力电动汽车、燃料电池电动汽车等）、气体燃料汽车（包括压缩天然气汽车、液化天然气汽车、液化石油气汽车等）、生物燃料汽车（包括醇类汽车、生物柴油汽车、二甲醚汽车等）、氢气汽车、太阳能汽车等。

3. 电动汽车包括纯电动汽车、混合动力电动汽车和燃料电池电动汽车三种结构形式。

4. 纯电动汽车是指驱动能量完全由电能提供的、由电机驱动的汽车。电机的驱动电能来源于车载可充电储能系统或其他能量储存装置。

5. 纯电动汽车由电力驱动控制系统、驱动力传动等机械系统、完成既定任务的工作装置等组成。纯电动汽车主要由电机驱动，所以没有发动机，替代发动机的是电力驱动控制系统，它是纯电动汽车的核心，主要由电力驱动主模块、车载电源模块和辅助模块三大部分组成。

6. 电力驱动主模块主要包括中央控制器、驱动控制器、电机、机械传动装置和车轮等。它的主要功用是将蓄电池的电能转化为车轮的动能，为车辆提供可靠的驱动力。装有能量回收装置的车辆还可以将车辆减速制动时车轮的动能转变为电能储存在蓄电池内。

7. 中央控制器根据加速踏板传来的电流信号，向驱动控制器发出指令，对电机进行控制，如加速、减速等。

8. 驱动控制器是按照中央控制器的要求指令、电机的速度和电流反馈信号，对电机的速度、旋转方向等进行控制。电动汽车倒挡功能的实现是通过驱动电机的反转实现的。

9. 车载电源模块主要包括可充电蓄电池、充电控制器和能量管理系统等。

10. 蓄电池是电动汽车的动力来源，制约电动汽车发展的最大瓶颈就是蓄电池。蓄电池占到电动汽车制造成本的1/3左右。电动汽车使用的蓄电池主要有铅酸蓄电池、镍氢蓄电池、镍镉蓄电池、锂离子蓄电池、锌镍蓄电池等。

11. 现代内燃机的起动电源仍采用铅酸蓄电池。铅酸蓄电池的电极主要由铅及其氧化物二氧化铅制成，电解液是硫酸溶液。

12. 镍氢蓄电池是由氢离子和金属镍合成的。它的正极活性物质是氢氧化镍，负极活性物质是储氢合金，是一种碱性蓄电池。

13. 镍镉蓄电池是指采用金属镉作负极活性物质，氢氧化镍作正极活性物质的碱性电池。它的电解液是氢氧化钾水溶液或者氢氧化钠水溶液。

14. 锂离子蓄电池按照正极材料不同可分为锰酸锂离子蓄电池、磷酸铁锂离子蓄电池、镍钴锂离子蓄电池和镍钴锰锂离子蓄电池。

15. 电动汽车的辅助模块主要是一些提高汽车舒适性、安全性和操控性的装置。比如，声光信号、空调、电子助力、音响设备等。

16. 混合动力电动汽车是指能够至少从可消耗的燃料、可再充电能/能量储存装置获得动力的汽车。按照使用可消耗的燃料不同可分为汽油混合动力和柴油混合动力。

17. 混合动力汽车借助内燃机的动力系统提供的动力可以带动空调装置、助力装置等，提高了驾驶时的操控性和乘坐的舒适性。在道路拥堵时可以切换至电动模式，实现零排放。

18. 串联式混合动力电动汽车是指车辆的驱动力只来源于电机的混合动力电动汽车，主要由发动机、发电机、驱动电机和蓄电池组等部件组成。发动机仅仅用于发电，发电机所发出的电能供给电机，电机驱动汽车行驶。发电机发出的部分电能向蓄电池充电，来延长混合动力电动汽车的行驶里程。另外蓄电池还可以单独向电机提供电能来驱动电动汽车，使混合动力电动汽车在零污染状态下行驶。

19. 并联式混合动力电动汽车是指车辆的驱动电机及发动机同时或单独供给的混合动力电动汽车，主要由发动机、发电机/电动机和蓄电池组等部件组成。并联式驱动系统可以单独使用发动机或电机作为动力源，也可以同时使用电机和发动机作为动力源来驱动汽车。

20. 混联式混合动力电动汽车是指同时具有串联式和并联式驱动方式的混合动力电动汽车，主要由发动机、发电机、电机、行星齿轮机构和蓄电池组等部件组成。

21. 燃料电池电动汽车是指以燃料电池系统作为单一动力源或是以燃料电池系统与可充电储能系统作为混合动力源的电动汽车。

22. 燃料电池电动汽车主要由燃料电池组、控制系统、驱动系统、辅助动力系统和蓄电池组等部分构成。燃料箱供给燃料，燃料电池把燃料氧化的化学能转换为电能，产生的直流电经过控制器变为交流电后供入驱动电机，经传动系统驱动车轮。

23. 常见的气体燃料汽车包括压缩天然气汽车（CNG）、液化天然气汽车（LNG）、液化石油气汽车（LPG）等。

24. 天然气是在油田、气田、煤田和沼泽地带产生的天然气体，主要成分是甲烷，纯天然气甲烷含量一般占90%以上。天然气用作汽车燃料主要方式是压缩天然气和液化天然气。

25. 天然气密度低，不如汽油和柴油容易储存，天然气用于汽车燃料时，需要专用的燃料储运和供给系统。为提供充足的燃料，天然气必须压缩至20.7~24.8MPa，然后进入高压气瓶内。

26. 将气田生产的天然气净化处理，再经超低温（-161℃）处理后，气体天然气就变成了液体天然气，即液化天然气。液化天然气无色、无味、无毒且无腐蚀性，体积约为同量气态天然气体积的1/610，质量仅为同体积水的45%左右。

27. 液化石油气（LPG）是指常温下加压（1MPa左右）而液化的石油气。液化石油气来自炼厂气、湿性天然气或油田伴生气。

28. 常见的生物燃料汽车包括醇类汽车、生物柴油汽车、二甲醚汽车等。

29. 乙醇俗称酒精，它以玉米、小麦、薯类、糖或植物等为原料，经发酵、蒸馏而制成。

30. 燃料乙醇一般不会直接用来当汽车燃料，而是按一定的比例与汽油混合在一起使用，这有利于增加燃料的辛烷值。按照我国的国家标准，乙醇汽油是用90%的普通汽油与

10%的燃料乙醇调和而成。

31. 乙醇汽油是燃料乙醇和普通汽油按一定比例混配形成的新型替代能源。

32. 二甲醚又称甲醚,简称DME,能从煤、煤气层、天然气、生物质等多种资源中提取。

33. 氢气在常温常压下为无色、无味、无毒的气体。

34. 目前氢气作为动力汽车主要有两种方式:一种是以氢作为燃料电池的燃料与氧发生化学反应,从而产生出电能起动电动机并驱动汽车;另一种是以氢气直接作为燃料燃烧产生动力。

35. 太阳能汽车是将太阳能转化为电能,并利用该电能驱动车辆行驶的汽车。

36. 太阳能在汽车上的应用技术主要有两个方面:一是作为驱动力,二是用作汽车辅助设备的能源。

37. 太阳能汽车主要由太阳能电池组、自动阳光跟踪系统、驱动系统、控制器、机械系统等组成。

38. 太阳能电池依据所用半导体材料的不同,通常分为硅太阳能电池、硫化镉太阳能电池、砷化镓太阳能电池等,其中最常用的是硅太阳能电池。

# 考试模拟题

## 一、是非判断题

1. 常见的气体燃料汽车包括压缩天然气汽车(CNG)、液化天然气汽车(LNG)、液化石油气汽车(LPG)等。　　　　　　　　　　　　　　　　　　　　　　　　(√)

2. 乙醇汽油是燃料乙醇和普通汽油按一定比例混配形成的新型替代能源。　(√)

## 二、单项选择题

1. 蓄电池是电动汽车的动力来源,制约电动汽车发展的最大瓶颈就是蓄电池。蓄电池占到电动汽车制造成本的(C)左右。

　　A. 1/5　　　　B. 1/4　　　　C. 1/3　　　　D. 1/2

2. 天然气是在油田、气田、煤田和沼泽地带产生的天然气体,主要成分是(A)。

　　A. 甲烷　　　　B. 乙烷　　　　C. 甲醇　　　　D. 乙醇

## 三、多项选择题

1. 现在应用及研究中的新能源汽车主要包括(ABCD)等。

　　A. 电动汽车　　　B. 气体燃料汽车　　　C. 生物燃料汽车　　　D. 太阳能汽车

2. 电动汽车使用的蓄电池主要有(ABCD)等。

　　A. 铅酸蓄电池　　　B. 镍氢蓄电池　　　C. 镍镉蓄电池　　　D. 锂离子蓄电池

# 第八章 机动车专业英语

## 第一节 专业英语的翻译方法概述

1. 科技文体的特点如下：

（1）大量使用名词化结构。科技英语所表述的是客观规律，多用前置性陈述，使主要的信息置于句首。

（2）广泛使用被动语句。因为科技文章侧重叙事推理，强调客观准确。第一、二人称使用过多，会造成主观臆断的印象。因此尽量使用第三人称叙述，采用被动语态。

（3）多用非限定动词。科技文章要求行文简练，结构紧凑，为此，往往使用非限定动词结构。这样可缩短句子，又比较醒目。

（4）多见后置定语。

（5）特定句型较多。

（6）长句较多。

（7）大量使用复合词与缩略词。

2. 专业英语翻译应遵循简洁准确，避免误译的原则。

3. 专业英语翻译要注意词义引申，应根据上下文和逻辑关系，从其基本含义出发，进一步加以引申，选择适当的词来表达。

4. 增词法就是在翻译时根据句法上、意义上或修辞上的需要增加一些词，以便能更加忠实通顺地表达原文的思想内容。

5. 重复法是指译文中重复原文中重要的或关键的词，以期达到两个目的：一是清楚，二是强调。

## 第二节 机动车检测维修常用英文术语

1. 常见汽车品牌的中英文对照如下：奥迪（AUDI）；奔驰（BENZ）；宝马（BMW）；雪佛兰

(CHEVROLET);别克(BUICK);法拉利(FERRARI);福特(FORD);通用(GM);凯迪拉克(CADILLAC);本田(HONDA);现代(HYUNDAI);起亚(KIA);日产(NISSAN);丰田(TOYOTA);大众(VOLKSWAGEN);沃尔沃(VOLVO);吉普(JEEP);马自达(MAZDA);标致(PEUGEOT);三菱(MITSUBISHI)。

2.常见汽车维修专业术语的中英文对照如下:汽车维护 Vehicle maintenance;汽车修理 Vehicle repair;汽车技术状况 Technical Condition of Vehicle;汽车维修周期 Period of vehicle maintenance;汽车诊断周期 Period of vehicle diagnosis;汽车检测站 Detecting test station of vehicle;汽车维修工具和设备 Instrument and Device for Vehicle Maintenance and Repair;燃烧分析仪 Combustion tester;螺旋千斤顶 Screw jack;轮胎压力计 Pressure gauge;发动机测功机 Engine dynamometer;发动机综合试验机 Engine analyzer;电子诊断式发动机试验仪 Electronic-diagnostic engine tester;滚筒式测功试验台 Roller type dynamometer(test bed);发动机加速测功仪 Free acceleration engine tester;容积式油耗计 Volumetric fuel meter;红外线废气分析仪 Infrared rays exhaust gas analyzer;异响诊断仪 Abnormal engine noise diagnosis equipment;汽缸漏气率检验仪 Cylinder leak tester;发动机分析仪 Engine analysis apparatus;底盘测功机 Chassis dynamometer;曲轴箱窜气量测定仪 Blow-by meter;反作用力制动试验台 Reaction type brake tester;惯性式制动试验台 Inertia type brake tester;转向盘间隙测量仪 Steering wheel freeplay gauge;测滑试验台 Side-slip checking stand;前照灯检验仪 Head light checking equipment;底盘测功机 Chassis dynamometer;前照灯检验仪 Head light checking equipment;车轮动平衡机 Dynamic wheel balancer;汽车技术状况参数 Parameters for technical condition of vehicle;运行缺陷 Operational defect;磨损率 Wear rate;极限磨损 Limiting wear;故障 Malfunctioning。

3.汽车检测维修常用英语缩略语如下:VIN(车辆识别代号);4WD(4轮驱动);ABS(防抱死制动系统);EBS(电子控制系统);A/C(空气调节器);ACC(自适应巡航控制);A/F(空燃比);ATF(自动变速器用油);BATT(蓄电池电压);BCM(车身控制模块);CAN(控制器局域网);SRS(辅助乘员保护系统);TRC(牵引力控制);S/W(开关);DTC(诊断故障码);ECM(发动机控制模块);ECU(电子控制单元);CNG(压缩天然气);LPG(液化石油气);ESP(电子稳定系统);EPS(电动助力转向系统);FFTA(故障树分析法);GND(搭铁);GPS(全球导向定位系统);PDA(智能终端);;EDR(事件数据记录系统);REESS(可充电储能系统)。

# 第二篇　专业技术篇

# 第一章

# 发动机性能指标及特性

（本章适用于检测维修士）

1. 以工质在汽缸内完成一个工作循环,对活塞所做的有用功为计算基准的指标称为指示性能指标,简称指示指标。指示指标不受动力输出过程中机械摩擦和附件消耗等各种外来因素的影响,直接反映由燃料燃烧到热功转换工作循环进行的好坏。因而在工作过程的分析研究中得到广泛运用。

2. 发动机指示指标评价包含:指示功和平均指示压力、指示功率和指示燃油消耗率和指示热效率。

3. 工质在汽缸内完成一个工作循环,活塞所做的有用功称为指示功。

4. 为了比较不同大小、不同形式发动机的性能,需要排除汽缸尺寸因素的影响,从而引入平均指示压力的概念。平均指示压力是衡量实际循环动力性能的一个重要指标,它的大致范围是:汽油机为700～1300kPa;柴油机为650～1100kPa;车用增压柴油机为1100～1600kPa。

5. 指示燃油消耗率(简称指示油耗率)是指单位指示功的耗油量,也就是发动机每小时发出1kW指示功率时所消耗的燃油量。

6. 指示热效率是指实际循环指示功与所消耗的燃油热量的比值。汽油机指示燃油消耗率:205～320g/(kW·h),指示热效率:0.25～0.40。柴油机指示燃油消耗率:170～200g/(kW·h),指示热效率:0.43～0.50。

7. 以曲轴输出功为计算基准的指标称为有效性能指标,简称有效指标。有效指标代表着发动机整机性能,用来直接评定发动机实际工作性能的优劣,因而在生产实践中获得了广泛的应用。

8. 发动机动力性能指标有:有效功率、有效转矩和平均有效压力。

9. 从发动机功率输出轴上得到的净功率称为有效功率。

10. 发动机指示功率减去机械损失功率才是发动机对外输出的功率,即有效功率。

11. 发动机单位汽缸工作容积输出的有效功称为平均有效压力。平均有效压力值的大致范围是:汽油机为650～1100kPa;柴油机为600～950kPa;车用增压柴油机为900～1300kPa。

12. 发动机的指示功率并不能完全对外输出。功在发动机内部的传递过程中不可避免地存在损失,这些损失主要有发动机内部运动件的摩擦损失、驱动附属设备的损失及泵气损失。

# 考试模拟题

## 一、是非判断题

1. 以工质在汽缸内完成一个工作循环,对活塞所做的有用功为计算基准的指标称为指示性能指标,简称指示指标。 （√）

2. 指示燃油消耗率(简称指示油耗率)是指单位指示功的耗油量,也就是发动机每小时发出 1kW 指示功率时所消耗的燃油量。 （√）

3. 以驱动轴输出功为计算基准的指标称为有效性能指标,简称有效指标。 （×）

4. 发动机指示功率减去机械损失功率才是发动机对外输出的功率,即有效功率。（√）

## 二、单项选择题

1. 发动机指示指标不包含下面(D)项。
   A. 指示功和平均指示压力
   B. 指示功率
   C. 指示燃油消耗率和指示热效率
   D. 最大转矩和输出功率

2. 汽油机平均指示压力大致是下面(B)项。
   A. 600～700kPa    B. 700～1300kPa
   C. 1400～1600kPa  D. 1800～2000kPa

3. 柴油机指示热效率是范围是下面(C)项。
   A. 0.15～0.20    B. 0.20～0.25
   C. 0.25～0.40    D. 0.50～0.70

4. 从发动机功率输出轴上得到的(B)称为有效功率。
   A. 总功率    B. 净功率    C. 最大功率    D. 指示功率

## 三、多项选择题

1. 发动机指示指标有(ACD)。
   A. 指示功和平均指示压力
   B. 最大转矩和输出功率
   C. 指示燃油消耗率和指示热效率
   D. 指示功率

2. 发动机动力性能指标有(ABD)。
   A. 有效功率    B. 有效转矩    C. 最大输出功率    D. 平均有效压力

3. 发动机的指示功率并不能完全对外输出。功在发动机内部的传递过程中不可避免地存在损失,这些损失主要有(ABC)。

  A. 发动机内部运动件的摩擦损失

  B. 驱动附属设备的损失

  C. 泵气损失

  D. 其他附属器件运动损失

4. 指示指标不受动力输出过程中(AC)等各种外来因素的影响,直接反映由燃料燃烧到热功转换工作循环进行的好坏。

  A. 机械摩擦   B. 输出损耗   C. 附件消耗   D. 热损耗

# 第二章 机动车使用性能及评价指标

(本章适用于检测维修士)

## 第一节 机动车使用性能概述

1. 汽车容量是指汽车一次允许运载的最大货物量或乘客人数,它与汽车的装载量、车厢尺寸、货物的密度和站立乘客的地板面积以及座位数有关。

2. 机动车使用性能中外形尺寸包括总长、总高、总宽,它们必须与公路、桥梁、涵洞和铁路运输等有关标准相适应。

3. 速度性是指汽车以最少的时间送达货物或乘客的能力。汽车的速度性越好,运输生产效率就越高。评价速度性的主要指标有汽车的动力特性、最高车速、爬坡能力、加速能力和平均技术速度等。

4. 燃料经济性是指汽车在一定的使用条件下,用最少的燃料消耗完成单位运输工作的能力。燃料经济性是汽车使用性能的一个重要指标,我国通常用百公里油耗作为燃料经济性的评价指标。

5. 安全性是指汽车以最小的交通事故概率和最少的公害适应使用条件的能力。安全性是汽车的重要使用性能之一,它直接关系人们的生命和健康,以及汽车和货物的完好。汽车的安全性是由一系列结构性能而组合体现的。我国汽车强制性标准分为三大部分,即安全、污染控制和节能,其中安全性标准项目包括主动安全、被动安全和防火安全。

6. 汽车主动安全方面的主要内容有:保证驾驶员有良好的视野、保证良好操纵性能和各种照明及信号装置齐全有效。

7. 汽车驾驶室内各种操纵件、指示器及信号装置应使用统一的图形标志,可避免驾驶员错误识别或错误操作而导致车祸。

8. 汽车安全玻璃,汽车上的玻璃都应是安全玻璃,以防止撞击后玻璃破碎伤人。目前,我国规定必须使用国家安全认证的玻璃装车。

9. 防止车辆火灾的结构措施主要有:

(1)提高车身内饰材料的耐火性。要求用阻燃材料制造,阻燃材料应满足:燃烧速度不大于100mm/min(按规定的试验方法试验);燃烧火焰在60s内自行熄灭,且燃烧距离不大于50mm。

（2）燃油箱规定。燃油箱与排气管的出口端位置应相距300mm以上，或设置有效的隔热装置，燃油箱的加油口和通气口应距裸露电气接头与电气开关200mm以上，燃油箱的通气口应保持畅通，且不能朝向乘人的车厢内，应安装牢靠，不至于因振动、冲击而发生损坏及漏油现象。

（3）轿车碰撞时燃油箱的泄漏规定。主要是防止碰撞后燃油箱漏油引起燃烧，造成二次损坏。要求按规定的试验方法试验时，从燃油箱及燃油管泄漏的燃油总量，在5min内不得大于200mL。

10. 轮廓通过性表征车辆通过坎坷不平路段、障碍（如陡坡、侧坡、台阶、壕沟等）的运行能力。表征车辆轮廓通过性的指标有：最小离地间隙、接近角、离去角、纵向通过半径、横向通过半径，以及车辆通过的最大侧坡等。

11. 支撑通过性表征车辆在松软土壤、雪地、冰面、沙漠、滑溜路面上运行的能力。其评价参数通常有：附着质量和附着质量利用系数、车轮接地比压等。

12. 维修性是指在规定的条件下和规定的时间内，按规定的程序和方法维修时，保持或恢复到规定功能的能力。评价指标有：汽车的技术利用系数、完好率、恢复概率、维护周期、维修劳动量和比费用等。

13. 使用方便性是指汽车在结构设计上最大限度地满足使用要求的能力。它由一系列指标构成，主要有：平顺性和舒适性、行驶方便性、装卸货物的方便性、乘客上下车的方便性、操纵方便性、机动性、紧凑性和最大续驶里程等。

14. 整备质量利用系数不仅反映设计、制造水平，而且也反映其使用经济性，因而是汽车技术进步的主要标志之一。

## 第二节　机动车动力性指标及其评价指标

1. 超车加速时间又称直接挡加速时间，指用最高挡或次高挡，由某一预定车速开始，全力加速到某一高速所需的时间，超车加速时间越短，其高速挡加速性能越好。

2. 汽车最高车速是指汽车以厂定最大总质量状态下，在风速小于或等于3m/s的条件下，在干燥、清洁、平坦的混凝土或沥青路面上，汽车能够达到的最高稳定的行驶速度。汽车定型试验时，一般都测最高车速，以确定是否达到设计要求。

3. 最大爬坡度是指汽车满载，在良好的混凝土或沥青路面的坡道上，汽车以最低前进挡能够爬上的最大坡度。由于受道路坡道条件限制，汽车综合性能检测站通常不做汽车爬坡测试。

## 第三节　燃料经济性及其评价指标

1. 汽车的燃油经济性是指汽车以最小的燃油消耗量完成单位运输工作的能力,是汽车重要的使用性能之一。燃油经济性好,可以降低汽车的使用费用,节省石油资源,同时,也降低了发动机产生的 $CO_2$(温室效应气体)的排放量。

2. 评价汽车燃油经济性的指标,最常用的有单位行驶里程的燃油消耗量、多工况循环行驶燃油消耗量和一定燃油量能使汽车行驶的里程 3 种。

3. 等速百公里燃油消耗量,是常用的一种燃油经济性的评价指标,它指汽车在一定载荷(我国标准规定轿车为半载、货车为满载)下,以最高挡在水平良好路面上等速行驶 100km 的燃油消耗量。常测出每隔 10km/h 或 20km/h 速度间隔的等速百公里燃油消耗量,然后在图上连成曲线,称为等速百公里燃油消耗量曲线,用它来评价汽车的燃油经济性。

## 第四节　机动车制动性能及其评价指标

1. 车辆的制动效能是指车辆在行驶中能强制地减速以致停车,或下长坡时维持一定速度的能力。评价制动效能的指标有制动距离、制动减速度、制动力和制动时间。

2. 制动距离是指车辆在一定的速度下制动,从脚接触制动踏板(或手触动制动手柄)时起至车辆停住时止,车辆驶过的距离。它包括了制动系统反应时间、制动减速度上升时间和以最大稳定减速度持续制动的时间内行驶的距离。

3. 制动距离是一个反映整车制动性能的指标,而不能反映出各个车轮的制动状况及制动力的分配情况。当制动距离延长时,也反映不出具体是什么故障。

4. 车辆在行驶中,能强制地减速以致停车,最本质的因素是制动器所产生的摩擦阻力,这就是制动力。因此,"制动力"这个参数是从本质上评价制动性能的指标。

## 第五节　操纵稳定性及其评价指标

1. 汽车的时域响应可分为不随时间变化的稳态响应和随时间变化的瞬态响应。例如,汽车等速直线行驶是一种稳态;若在汽车等速直线行驶时,急速转动转向盘至某一转角时,停止转动转向盘并维持此转角不变,即给汽车以转向盘角阶跃输入,一般汽车经短暂时间后便进入等速圆周行驶,这也是一种稳态,称为转向盘角阶跃输入下进入的稳态响应。在等速直线行驶与等速圆周行驶二个稳态运动之间的过渡过程便是一种瞬态,相应的瞬态运动响应称为转向盘角阶跃输入下的瞬态响应。

2. 汽车在纵向坡道上行驶,如果坡道角大到一定程度,致使汽车的重力作用线通过后轮与地面的接触点时,前轮对地面的压力为零,汽车将失去稳定能力,并有可能向后倾翻,称为纵翻。

3. 汽车重心离后轴的距离越大,重心高度越小,则越不易发生绕后轴纵向翻倒,其稳定性也越好。

4. 汽车在横向坡路面行驶或在水平路面转弯行驶时,相应的侧向力会对汽车的横向稳定性产生影响。

5. 汽车重心降低和轮距增大可以增大汽车的横向稳定性。《机动车运行安全技术条件》中规定:机动车空载、静态状况下,向左侧及向右侧倾斜最大侧倾稳定角,双层客车应不小于28°;总质量为车辆整备质量1.2倍以下的车辆应不小于30°;其他车辆应不小于35°。

6. 随着车速提高或转向半径的减小,离心惯性力增大。当离心惯性力与重力的合力作用线通过外侧车轮与地面的接触线时,内侧车轮对地面的作用载荷为零,即汽车侧向翻倒的临界状态。

7. 侧向力也可能大于路面的附着力而使汽车产生侧滑。

## 第六节　机动车环保性及其评价指标

1. 汽油发动机的在用汽车排放污染物的评价指标有:一氧化碳(CO)、碳氢化合物(HC)、过量空气系数($\lambda$)和氮氧化合物($NO_x$)。

2. 装配点燃式发动机的在用汽车在采用双怠速法和简易工况法对汽车排放进行检测时,排气中一氧化碳(CO)的计量单位为体积分数,体积分数即为体积浓度。在检测时,采用体积分数"%"表示。在采用瞬态工况法和简易瞬态工况法对汽车排放进行检测时,排气中一氧化碳(CO)的计量单位为质量单位,用"g/km"表示。

3. 装配点燃式发动机的在用汽车,在采用双怠速法对汽车排放进行检测时,要对过量空气系数($\lambda$)进行判定,过量空气系数($\lambda$)是指燃烧1kg燃料的实际空气量与理论上所需空气量之质量比。对于使用闭环控制电子燃油喷射系统和三元催化转化器技术的汽车,进行过量空气系数($\lambda$)的测定。发动机转速为高怠速时,$\lambda$应在1.00+0.03或制造厂家规定的范围内。

4. 装配点燃式发动机的在用汽车,在采用简易工况法对汽车排放进行检测时,排气中氮氧化合物($NO_x$)的计量单位为体积分数,体积分数即为体积浓度,在检测时,采用体积分数"$10^{-6}$"表示。在采用瞬态工况法和简易瞬态工况法对汽车排放进行检测时,排气中氮氧化合物($NO_x$)的计量单位为质量单位,用"g/km"表示。

5. 在采用加载减速法对装配压燃式发动机的在用汽车的排气烟度进行检测时,排气烟度值采用光吸收系数 $K$,用"$m^{-1}$"表示。

6. 汽车噪声主要来源于发动机、传动系统以及车身干扰空气及喇叭声等。

7. 发动机噪声包括燃烧、机械、进气、排气、冷却风扇等及其他部件发出的噪声。

## 第七节　平顺性和通过性及其评价指标

1. 汽车在坏路或无路地面上行驶时,要求汽车具有良好的通过能力。汽车的通过性是指汽车在一定负载下能以足够高的平均车速通过各种坏路及无路地带和克服各种障碍的能力。汽车的通过性主要取决于地面的物理性质及汽车的结构参数和几何参数,同时,也与汽车的动力性、操纵稳定性、舒适性等密切相关。

2. 汽车通过性的几何参数包括最小离地间隙、纵向通过角、接近角、离去角、最小转弯直径等。

## 考试模拟题

### 一、是非判断题

1. 汽车驾驶室内各种操纵件、指示器及信号装置可以使用各个制造厂的各自的图形标志。　　　　　　　　　　　　　　　　　　　　　　　　　　　　　　( × )

2. 汽车上的所有玻璃都应是安全玻璃,以防止撞击后玻璃破碎伤人。　　( √ )

3. 使用方便性是指汽车在结构设计上最大限度地满足使用要求的能力。　( √ )

4. 整备质量利用系数不仅反映设计、制造水平,而且也反映其使用制动性,因而是汽车技术进步的主要标志之一。　　　　　　　　　　　　　　　　　　　　( × )

### 二、单项选择题

1. 汽车容量是指汽车一次允许运载的最大货物量或乘客人数,它与汽车的(A)、车厢尺寸、货物的密度和站立乘客的地板面积以及座位数有关。

　　A. 装载量　　　　B. 燃油箱容量　　　C. 最大轴载质量　　D. 整车装备质量

2. 评价速度性的主要指标有汽车的动力特性、(A)、爬坡能力、加速能力和平均技术速度等。

A. 最高车速　　　　B. 制动稳定性　　　C. 车辆挡位数　　　D. 燃油消耗量

3. 燃料经济性是汽车使用性能的一个重要指标,我国通常用(C)作为燃料经济性的评价指标。

A. 等速百公里燃油消耗量　　　　B. 混合油耗

C. 百公里油耗　　　　　　　　　D. 加速油耗

4. 汽车安全性标准项目不包括下面(B)项。

A. 主动安全　　　　B 事故安全　　　　C. 被动安全　　　　D. 防火安全

## 三、多项选择题

1. 机动车使用性能中外形尺寸包括(ABD),它们必须与公路、桥梁、涵洞和铁路运输等有关标准相适应。

A. 总长　　　　　B. 总宽　　　　　C. 总重　　　　　D. 总高

2. 我国汽车强制性标准分为三大部分,即(ACD)。

A. 安全　　　　　B. 使用寿命　　　C. 污染控制　　　D. 节能

3. 汽车主动安全性方面主要内容有(BCD)。

A. 保证制动安全　　　　　　　　B. 保证驾驶员有良好的视野

C. 保证良好的操纵性能　　　　　D. 各种照明及信号装置齐全有效

4. 机动车防火安全性是指防止车辆火灾的结构措施主要有(ABD)。

A. 提高车身内饰材料的耐火性　　B. 燃油箱规定

C. 碰撞时车身变形　　　　　　　D. 轿车碰撞时燃油箱的泄漏规定

# 第三章

# 机动车检测技术基础

## 第一节 概 述

（1～6条适用于检测维修士，7～12条适用于检测维修工程师）

1. 汽车技术状况，是通过定量测量，表征汽车某一时刻外观和性能参数值的总和。

2. 汽车不良技术状况：是指汽车不符合技术文件规定的任一要求的状况。处于不良技术状况的汽车，可能是主要使用性能指标不符合技术文件的规定，不能完全发挥汽车应有的功能；也可能是仅外观、外形及其他次要性能的参数值不符合技术文件的规定，而又不至于影响汽车完全发挥自身的功能，如前照灯的损坏并不影响汽车白天的正常行驶。

3. 汽车故障：是指汽车部分或完全丧失工作能力的现象。因此，只要汽车工作能力遭到破坏，汽车就处于故障状况。例如，汽车的油耗超过了技术文件的规定，虽然该汽车仍可以运行，但已处于有故障状况。

4. 汽车在使用过程中，随着行驶里程的增加，汽车的技术状况逐渐变差，出现动力性下降、经济性下降、排放污染物增加、使用的可靠性降低、故障率上升等现象，严重时，汽车不能正常运行。即汽车的技术状况在使用过程中处在不断地变化之中。分析和研究汽车的技术状况，及时检测和诊断影响汽车技术状况的原因，排除汽车故障，是提高汽车完好率、延长汽车使用寿命的重要措施。

5. 汽车维护的分类。依据其作业周期和性质的不同，可分为定期维护和非定期维护两种。汽车定期维护分为：日常维护、一级维护、二级维护。汽车非定期维护分为：走合期维护、换季维护。此外，还有封存和启用维护。

6. 汽车修理的分类。按照作业范围和修理性质的不同，可分为：汽车大修、总成大修、汽车小修和零件修理。

7. 技术状况参数：是指评价汽车使用性能的物理量和化学量，如发动机的输出功率、转矩、油耗、声响、排放值和踏板自由行程等。

8. 汽车的工作能力。按技术文件规定的使用性能指标，汽车执行规定功能的能力，称为汽车的工作能力，或称为汽车的工作能力状况。

9. 汽车动力性变差。例如，与原设计相比，汽车的加速时间增加25%以上；发动机的有效功率和有效转矩低于75%等。

10. 汽车检测是指为确定汽车技术状况或工作能力进行的检查和测量。

11. 汽车检测的目的是确定汽车的技术状况和工作能力，查明故障部位、故障原因，为汽车继续运行或维修提供依据。汽车检测可分为安全环保检测和综合性能检测两大类。

12. 汽车诊断是指在不解体(或仅拆卸个别小件)条件下，确定汽车技术状况或查明故障部位、故障原因而进行的检测、分析和判断。

## 第二节　机动车检测站

(1~6条适用于检测维修士，7~8条适用于检测维修工程师)

1. 检测站类型按服务功能检测站可分为安全环保检测站、维修检测站和综合性能检测站三种类型。

2. 安全环保检测站是国家的执法机构，不是营利性企业。它按照国家规定的车检法规，定期检测车辆中与安全和环保有关的项目，以保证汽车安全行驶，并将污染降低到允许的限度。安全环保检测站对检测结果往往只显示"合格"和"不合格"两种，而不作具体数据显示和故障分析，因而检测速度快，检测效率高。检测合格的车辆凭检测结果报告单办理年检签证，在有效期内准予车辆行驶。安全环保检测站一般由车辆管理机关直接建立，或由车辆管理机关认可的汽车运输企业、汽车维修企业等企业单位或事业单位建立，也可多方联合建立。

3. 维修检测站主要是从车辆使用和维修的角度，担负车辆维修前、后的技术状况检测。维修检测站能检测出车辆的主要使用性能，并能进行故障分析与诊断。维修检测站一般由汽车运输企业或汽车维修企业建立。

4. 检测站按检测线的自动化程度分类，检测站可分为手动式、半自动式和全自动式三种类型。

5. 全自动式检测站利用计算机控制系统将检测线上各检测设备连接起来，除车辆上部和下部的外观检查项目仍需人工检查外，能自动控制其他所有工位上的检测过程，使设备的起动与运转、数据采集、分析判断、存储、显示和集中打印报表等全过程实现自动化。检测线负责人可坐在主控制室内通过闭路电视观察各工位的检测情况，并通过检测程序向各工位受检车辆的引车员和检测员发出各种操作指令。每一项检测结果均能在主控制室内的计算机显示器和各工位上的检验程序指示器上同时显示，因而检测线负责人、各工位检测员和引车员均能随时了解每一项检测结果。

6. 由于全自动式检测站自动化程度高，检测效率高，能避免人为的判断错误，因而获得广泛应用，目前国内外的安全检测站几乎全部为这种形式。

7. 汽车检测站是综合运用现代检测技术，对汽车实施不解体检测诊断的机构。汽车检测站具有现代的检测设备和检测方法,能在室内检测出车辆的各种性能参数,并能诊断出各种故障,为全面、准确评价汽车的使用性能和技术状况提供可靠依据。

8. 按站内检测线数分类,检测站可分为单线检测站、双线检测站、三线检测站等多种类型。总之,站内有几条检测线,就可以称为几线检测站。

## 第三节 机动车检测站的组成及工位布置

（本节适用于检测维修士）

1. 安检站一般由一条至数条安全环保检测线（以下简称安检线）组成;维修检测站一般由一条至数条综合性能检测线（以下简称综检线）组成;综检站一般由安检线和综检线组成,可以各为一条,也可以各为数条。国内交通系统建成的检测站大多属于综检站,一般由一条安检线和一条综检线组成。

2. 手动式和半自动式的安检线,一般由外观检查（人工检查）工位、侧滑制动车速表工位和灯光尾气工位三个工位组成。其中,外观检查工位带有地沟。全自动式安检线既可以由上述三个工位组成,也可以由四个工位或五个工位组成。五工位一般是汽车资料输入及安全装置检查工位、侧滑制动车速表工位、灯光尾气工位、车底检查工位（带有地沟）、综合判定及主控制室工位。

## 第四节 机动车检测站的计算机控制系统

（1～6条适用于检测维修士,7～9条适用于检测维修工程师）

1. 检测结果既能在主控制室的计算机显示器上以数据、图表、曲线等方式进行动态显示,同时又能在工位检验程序指示器上合格以"O"、不合格以"×"或直接用文字显示,并能集中打印检测结果报告单。

2. 检测站计算机控制系统由硬件部分和软件部分组成,其中硬件部分包括计算机及其外部设备、外部接口、传感器及前端处理单元等;软件部分包括系统软件、应用软件及数据库等。

3. 检测站的计算机控制系统通常由系统集成厂商承建,在建造成本、技术应用、当地主管部门及检测站的管理要求等众多因素的影响下,不同的系统集成商对控制系统的设计方法各有侧重,不尽相同。一般可分为:集中式、分级分布式和接力式。

4. 检测站计算机控制系统的登录注册系统界面一般包括查询条件区、车辆基本信息区、检测项目选择区等几部分。根据查询条件区的车型和车牌号码,可以在交管部门的车辆信息数据库中检索到车辆的灯制、驱动形式、车主单位、车辆类型、底盘号、发动机号、燃油类别、初次登记日期、总质量、载质(客)量、外廓尺寸、核定载客数等相关基本信息,并显示在车辆基本信息区相应的信息块中。选择检测项目选择区中车辆需要检测的项目,可以通知主控系统按照需检项目控制检测流程。

5. 检测站计算机控制系统的主控系统通常包含以下功能模块:外观检测、底盘检测、尾气检测、速度检测、制动检测、灯光检测、声级检测、侧滑检测、悬架检测、底盘测功检测、油耗检测。

6. 检测站计算机控制系统的系统维护一般包括检测设备的软件标定、检测判定标准的维护、数据库的定期备份、硬件维护、软件维护等功能。

7. 汽车检测站计算机控制系统是将计算机技术与自动控制技术、网络通信技术相结合,对车辆的安全性、动力性、燃料经济性、尾气排放、整车装备等参数进行测量、计算、判断,并将结果进行输出、存储、传送的智能化系统,它具有实时性、可靠性、准确性的特点,是现代汽车检测作业中不可或缺的重要工具。

8. 检测站计算机控制系统的软件操作系统是直接运行于计算机硬件之上,管理和控制计算机软件、硬件资源的最基本的系统软件。

9. 检测站计算机控制系统,登录注册系统流程是检测站计算机控制系统检测流程的起点,它将车辆基本信息和检测项目录入计算机控制系统,为主控系统控制和报告打印提供信息。

## 第五节　检测站的管理

(本节适用于检测维修工程师)

1. 检测站的所有仪器设备,都应该建立从购置到使用、维护、修理、检定等完备的设备档案。其中包括设备购置时的接收状态记录,设备的合格证书,生产厂家的自检定证书,使用说明书,设备每天的运行记录,按设备说明进行清洁、润滑、自校定等日常维护记录,设备出现故障时的维修记录,按周期进行计量检定的所有检定合格证书。不能进行检定的设备应寻找同型号设备3台以上,对同一辆车进行相同检测项目的对比试验并保存试验记录。

2. 检测站仪器设备的状态标识。检测站的仪器设备每天都进行运行状态测查,并对设备的状态进行标识。其中绿色标识为设备正常状态,注明"正常使用";黄色标识为设备有问题,但还能够使用,注明"可以使用";红色标识为设备出现故障已不能使用,注明"不能使用"。

3. 检测站的工作人员,按照岗位职责可分为质量负责人、技术负责人(可以兼职)、检测驾驶员(引车员)、其他检测工位检测员和计算机操作员。

4. 质量负责人、技术负责人(可以兼职)。各检测站质量负责人、技术负责人应具备相应专业中级以上(含中级)技术职称。

5. 检测驾驶员指的是专门操作被检车辆的专职驾驶员,要求其具备高中以上学历,必须持有各类车辆相应的驾驶执照;应熟悉各种车辆的基本性能和驾驶操作要领;掌握车辆检测工作内容;能熟练驾驶车辆在各检测工位进行检测作业;对检测作业中出现的车辆故障及检测结果出现的问题能基本作出判断和给予排除;负责与外检人员对被检车辆外部装备进行检查并判断其是否合格等。

6. 检测站所有参与检测工作的人员,均应按规定进行上岗培训和考核,经培训考核合格,核发培训合格证书和上岗证书后方可上岗。检测站还应通过自聘教师培训、出外考察培训、自学等方式学习汽车构造、汽车维修、汽车检测、微机联网、设备构造、原理、操作、维修等相关知识,不断提高检测质量。每次培训、学习都应做好培训、学习记录等。

7. 质量负责人、技术负责人应对检测报告单出具的检测结果进行认真的分析,写出分析、评价意见,并由质量负责人、主检验员、复检员在检测报告单上三级手书签字,再加盖检测站印章。检测报告单是检测站对社会出具的公正性文件,具有法律效力,检测站对本站出具的检测结果应负法律责任。因此,任何检测站都应对检测报告单上的检测结果的科学性、公正性、真实性、准确性进行认真分析,丝毫不得懈怠。

8. 按照《中华人民共和国计量法实施细则》的规定,凡为社会提供公正性数据的产品质量检验机构,必须经省级以上人民政府计量行政部门计量认证。汽车综合性能检测站,是对汽车制造、使用、维修后的汽车技术状况进行质量检验,并出具公正的检测数据。因此,应按规定向省级以上质量技术监督部门申请进行计量认证。

9. 汽车检测站在正式营业前,向质量技术监督部门申请领取计量认证申请书并认真填写,申请书一般一式三份,交省级质量技术监督部门提出认证申请。

10. 省级以上人民政府计量行政部门在接到检测站的认证申请后,将指定所属的计量检定机构或者被授权的技术机构组织有关专家按照规定的内容进行考核。审核组听取检测站对检测质量管理和执行情况的汇报,然后一般分两组进行实际审核,一组负责对《质量管理手册》《程序文件》、设备档案、人员技术档案、各技术资料、技术标准、检测报告单等的审核;另一组负责对检测站的场地、设施、检测工艺布局、检测设备、标准物质等进行审核,该组负责对同一辆车两次检测试验的现场观察,一是审验检测人员是否能够按照检测操作规程正确、熟练地进行检测业务,二是检查是否有漏项检测,三是对比两次检测数据的误差是否在标准误差范围之内。两组检测完毕后,要对检查结果进行分析,在《计量认证审查认可(验收)评审表》中进行记录,根据记录的"符合""基本符合""不符合""缺此项"四种情况所占比例,得出是否通过认证的结论。

11. 《计量认证合格证书》有效期为6年,期满后可重新申请复审,复审合格后重新换发证书。检测站如增加检测项目,还应及时向省级质量技术监督管理部门申请单项检测的计量认证。

# 考试模拟题

## 一、是非判断题

1. 汽车不良技术状况:是指汽车不符合技术文件规定的全部要求的状况。　　　　　( × )
2. 汽车故障:是指汽车完全丧失工作能力的现象。　　　　　　　　　　　　　　( × )
3. 维修检测站主要是从车辆使用和维修的角度,担负车辆维修后的技术状况检测。　( × )
4. 全自动式检测站利用计算机控制系统将检测线上各检测设备连接起来,能自动控制其他所有工位上的检测过程,使设备的起动与运转、数据采集、分析判断、存储、显示和集中打印报表等全过程实现自动化,无须人工进行检验。　　　　　　　　　　　　　( × )

## 二、单项选择题

1. 汽车技术状况,是通过定量测量,表征汽车某一时刻外观和(B)的总和。
   A. 工作过程参数　　B. 性能参数值　　C. 几何尺寸参数　　D. 伴随过程参数
2. 按检测线的自动化程度分类,检测站可分为手动式、(C)和全自动式三种类型。
   A. 综合式　　　　　B. 安全式　　　　C. 半自动式　　　　D. 分动式
3. 检测结果既能在主控制室的计算机显示器上以数据、图表、曲线等方式进行动态显示,同时又能在工位检验程序指示器上合格以(C)、不合格以"×"或直接用文字显示,并能集中打印检测结果报告单。
   A. "√"　　　　　　B. "※"　　　　　C. "○"　　　　　　D. "★"
4. 安检站的五工位一般是汽车资料输入及安全装置检查工位、侧滑制动车速表工位、(B)、车底检查工位(带有地沟)、综合判定及主控制室工位。
   A. 噪声检测工位　　B. 灯光尾气工位　C. 密封性检测工位　D. 轴重检测工位

## 三、多项选择题

1. 汽车定期维护分为(ACD)。
   A. 日常维护　　　　B. 专业维护　　　C. 一级维护　　　　D. 二级维护
2. 汽车修理的分类。按照作业范围和修理性质的不同,可分为以下(ABCD)。
   A. 汽车大修　　　　B. 总成大修　　　C. 汽车小修　　　　D. 零件修理
3. 按服务功能检测站可分为(ABD)三种类型。
   A. 安全环保检测站　B. 维修检测站　　C. 服务性能监测站　D. 综合性能检测站
4. 安全环保检测站对检测结果往往只显示(BD)两种,而不作具体数据显示和故障分析,因而检测速度快,检测效率高。
   A. "优秀"　　　　　B. "合格"　　　　C. "差"　　　　　　D. "不合格"

# 第四章 机动车检测基础

## 第一节 检测参数及标准

（本节适用于检测维修工程师）

1. 汽车的检测与诊断是确定汽车技术状况的技术，不仅要有完善的检测、分析、判断的手段及和方法，而且在检测诊断汽车技术状况时，必须选择合适的诊断参数，确定合理的诊断参数标准和最佳诊断周期。诊断参数、诊断参数标准、最佳诊断周期是从事汽车检测诊断工作必须掌握的基础知识。

2. 汽车诊断参数包括工作过程参数、伴随过程参数和几何尺寸参数。

3. 伴随过程参数是伴随工作过程输出的一些可测量的参数，例如振动、噪声、异响、温度等。这些参数可提供诊断对象的局部信息，常用于复杂系统的深入诊断。汽车不工作时，无法测量该参数。

4. 汽车诊断参数标准与其他标准一样，分为国家标准、行业标准、地方标准和企业标准四类。

5. 企业标准。该标准包括汽车制造厂推荐的标准、汽车运输企业和汽车维修企业内部制定的标准、检测仪器设备制造厂推荐的参考性标准三种类型。

6. 机动车诊断参数标准一般由初始值、许用值和极限值三部分组成。

7. 诊断参数中的许用值，诊断参数测量值若在此值范围内，表明诊断对象技术状况虽发生变化，但尚属正常，无须修理，按要求维护即可继续运行，超过此值，应及时进行修理。

## 第二节 传感器知识

（本节适用于检测维修工程师）

1. 传感器本身能检测物理量、电量和化学量等信息，并能把它转换成 ECU 能接收的电信号,也就是对信息的采集和传输。传感器定义为:能够感受规定的被测量,并按一定的规律转换成输出信号的器件或装置,通常由敏感元件和转换元件组成。敏感元件指传感器中能直接感受或响应被测量的部分;转换元件指传感器中能将敏感元件感受的或响应的被测量转换成适合于传输的电信号。传感器是组成电子控制系统最关键的部件,它的分类可按能量关系、信号转换、输入量、工作原理和输出信号分类。

2. 汽车传感器按输出信号分类。按传感器输出信号分类,有模拟式传感器和数字式传感器两种。

3. 不管是哪一种电子控制系统,均是由传感器、电子控制单元(ECU)和执行器三部分组成,但由于电子控制系统技术含量高,结构复杂,原理深奥,对其故障诊断与检验比较难掌握,因此,此处简要介绍传感器基本检验方法和技巧。

4. 诊断参数测量值超过极限值后,表明汽车技术状况严重恶化,必须进行修理。此时,汽车的动力性、经济性和环保性大大降低,行驶安全得不到保证,有关机件磨损严重,甚至可能发生机械事故。

5. 在汽车的使用过程中,诊断参数的变化规律与汽车技术状况变化规律之间有一定的关系。能够表征汽车技术状况的参数有很多,为了保证诊断结果的可信性和准确性,在选择诊断参数时应遵循以下的原则:灵敏性、稳定性、信息性、经济性。

6. 传感器按能量关系分类,可分为主动型传感器和被动型传感器。汽车上使用的传感器大多数属于被动型传感器,这种被动型传感器需要外加输入电源(一般为+5V),它才能输出电信号。例如温度传感器,它以改变电阻值的方式向外输出电信号,信号的输出需要测试回路提供电源,但电源的输出能量要受测试对象输出信号所控制。采用电阻、电感、电容及应变效应、磁阻效应、热阻效应制成的传感器都属于被动型传感器。

# 考试模拟题

## 一、是非判断题

1. 汽车的检测与诊断是确定汽车技术状况的技术,不仅要有完善的检测、分析、判断的手段及和方法,而且在检测诊断汽车技术状况时,必须选择具有较高的诊断参数,确定合理的诊断参数标准和最佳诊断周期。（×）

2. 伴随过程参数是伴随工作过程输出的一些可测量的参数,例如振动、噪声、异响、温度等。这些参数可提供诊断对象的局部信息,常用于复杂系统的深入诊断。汽车不工作时,也可测量该参数。（×）

3. 诊断参数中的许用值,诊断参数测量值若在此值范围内,表明诊断对象技术状况虽发生变化,但尚属正常,无须修理,按要求维护即可继续运行,超过此值,应及时进行修理。（√）

4.电子控制系统,均是由传感器、电子控制单元(ECU)和自诊断系统三部分组成。

（×）

## 二、单项选择题

1.(D)包括汽车制造厂推荐的标准、汽车运输企业和汽车维修企业内部制定的标准、检测仪器设备制造厂推荐的参考性标准三种类型。

　　A.国家标准　　　　B.行业标准　　　　C.地方标准　　　　D.企业标准

2.按传感器输出信号分类,有(B)传感器和数字式传感器两种。

　　A.电流式　　　　B.模拟式　　　　C.电子式　　　　D.机械式

3.诊断参数测量值超过(C)后,表明汽车技术状况严重恶化,必须进行修理。此时,汽车的动力性、经济性和环保性大大降低,行驶安全得不到保证,有关机件磨损严重,甚至可能发生机械事故。

　　A.初始值　　　　B.许用值　　　　C.极限值　　　　D.修正值

4.汽车上使用的传感器大多数属于被动型传感器,这种被动型传感器需要外加输入电源,一般为(B)V,它才能输出电信号。

　　A.3　　　　B.5　　　　C.7　　　　D.12

## 三、多项选择题

1.汽车诊断参数包括(ACD)。

　　A.工作过程参数　　B.维修技术参数　　C.伴随过程参数　　D.几何尺寸参数

2.汽车诊断参数标准与其他标准一样,分为(ABCD)。

　　A.企业标准　　　　B.地方标准　　　　C.行业标准　　　　D.国家标准

3.机动车诊断参数标准一般由(ABC)三部分组成。

　　A.初始值　　　　B.极限值　　　　C.许用值　　　　D.测量值

4.在汽车的使用过程中,诊断参数的变化规律与汽车技术状况变化规律之间有一定的关系。能够表征汽车技术状况的参数有很多,为了保证诊断结果的可信性和准确性,在选择诊断参数时应遵循(ABCD)原则。

　　A.灵敏性　　　　B.稳定性　　　　C.信息性　　　　D.经济性

# 第五章 汽车动力性检测

## 第一节 概 述

(本节适用于检测维修工程师)

1. 汽车的动力性的评价指标有最高车速、加速能力、爬坡能力、发动机输出功率、汽车的比功率、汽车底盘输出功率等。

2. GB 7258—2017 规定:低速汽车及拖拉机运输机组的比功率应大于或等于 4.0kW/t,除无轨电车外的其他机动车的比功率应大于或等于 5.0kW/t。

## 第二节 底盘测功机

(1~28 条适用于检测维修士,29~35 条适用于检测维修工程师)

1. 底盘测功机是一种不解体检验汽车性能的检测设备,它是通过在室内台架上模拟道路行驶工况的方法来检测汽车的动力性,而且还可以测量多工况排放指标及油耗。底盘测功机通过滚筒模拟路面,通过功率吸收加载装置来模拟道路行驶阻力,通过飞轮的转动惯量来模拟汽车的直线运动质量的惯量,故能进行符合实际的复杂循环试验,因而得到广泛应用。近年来由于计算机技术的高速发展,为数据的采集、处理及试验数据的结果分析提供了有效的手段,同时为模拟道路状态准备了条件,加速了底盘测功机的发展,加之各类专用软件的开发和应用,使汽车底盘测功机得到了广泛的推广。

2. 底盘测功机按照不同的分类方法,底盘测功机可分为不同的类型。按测功装置中测功器形式不同,底盘测功机可分为水力式、电力式和电涡流式三种;按测功装置中测功器冷却方式不同,底盘测功机可分为风冷式、水冷式和油冷式三种;按滚筒装置承载能力不同,底盘测功机又可分为小型(承载质量小于或等于 3t)、中型(承载质量大于 3t 且小于或等于

6t)、大型(承载质量大于 6t 且小于或等于 10t)和特大型(承载质量大于 10t)四种。

3. 汽车底盘测功机主要由道路模拟系统、数据采集与控制系统、安全保障系统及引导系统等构成。

4. 底盘测功机上利用惯性飞轮的转动惯量来模拟汽车旋转体的转动惯量及汽车直线运动惯量,采用电磁离合器自动或手动切换飞轮的组合,在允许的误差范围内满足汽车惯量模拟。至于汽车在运行中所受的空气阻力、非驱动轮的滚动阻力及爬坡阻力等,则采用功率吸收加载装置来模拟。路面模拟是通过滚筒来实现的,即以滚筒表面取代路面,滚筒的表面相对于汽车作旋转运动。

5. 底盘测功机的滚筒相当于连续移动的路面,被测车辆的车轮在其上滚动。该种检测台有单滚筒(单轴单滚筒式、单轴双滚筒式)和双滚筒(双轴双滚筒式)之分。

6. 双滚筒检测台的滚筒多采用钢质材料制成,采用空心结构。按其表面形状不同,又有光滑式、滚花式、沟槽式和涂覆层式多种形式。

7. 不管哪种类型的滚筒,均要经过动平衡试验,并通过滚动轴承安装在框架上,可以高速旋转而不振动。框架是底盘测功机机械部分的基础,由型钢焊接而成,坐落在地坑内。

8. 车轮与滚筒中心连线与车轮中心的铅垂线间的夹角称为滚筒的安置角,滚筒的安置角大小与滚筒大小、滚筒中心距及轮胎半径有关。滚筒直径越大,车轮直径越大,安装角越小;滚筒中心距越大,安置角越大。所以不同吨位级的汽车底盘测功机,适应有限的车型。《汽车综合性能检测站能力的通用要求》(GB/T 17993—2005)规定,滚筒的安置角不得小于 26°。

9. 测功装置能测量发动机经传动系传至驱动车轮的功率。测功装置也是加载装置,对于滚筒式底盘测功机是十分必要的。这是因为汽车在滚筒式底盘测功机上试验时,试验台应模拟车辆在道路上行驶所受的各种阻力,因此需要对滚筒加载,以使车辆的受力情况如同在实际道路上行驶一样。

10. 滚筒式底盘测功机常用的测功器有水力测功器、电力测功器和电涡流测功器三种。不论哪种测功器,它们都是由转子和定子两大部分组成的,并且转子与主滚筒相连,而定子是可以摆动的。

11. 汽车综合性能检测站和汽车维修企业使用的滚筒式底盘测功机,多采用电涡流测功器。电涡流测功器具有测量精度高、振动小、结构简单和易于调控等优点,并具有宽广的转速范围和功率范围。

12. 电涡流式测功装置的基本结构分为水冷式和风冷式两种。

13. 飞轮机构用于模拟汽车在道路上行驶时的动能,常采用离合器以实现与滚筒的自由接合。飞轮机构通常是一组多个飞轮,飞轮机构的转动惯量及其在各个飞轮上的分配应与所测车型加速能力试验和滑行能力试验的要求相适应。

14. 汽车底盘测功机台架转动惯量是通过飞轮来实现的,目前由于对汽车台架的惯量没有制定相应的标准。因而国产底盘测功机所装配的惯性飞轮的个数不同,且飞轮惯量的大小也不同,飞轮的个数越多,则检测精度越高。

15. 反拖装置是采用反拖电动机带动功率吸收装置、滚筒及车轮以及汽车传动系的一种装置。反拖装置主要由反拖电动机、滚筒、车轮、转矩仪(或电动机悬浮测力装置)等组成。利用反拖装置,可以方便地检测汽车底盘测功机台架的机械损失,还可以检测汽车传动系统、主减速器、车轮与滚筒的阻力损失等。但值得注意的是在检测过程中,主减速器、车轮与滚筒的正向拖动与反向拖动阻力有差异,目前尚未得到广泛应用。

16. 目前国内检测线用的汽车底盘测功机所采用的转速信号传感器可分为光电式、电磁式、霍尔式和测速发电机式等几个类型,目前应用较多是电磁式和测速发电机式两种。

17. 功率吸收装置在工作过程中,无论是水力式、电涡流式,还是电力式功率吸收装置,其外壳都是浮动的。

18. 汽车在行驶过程中存在滚动阻力、加速阻力和坡道阻力,其中加速阻力是通过惯性飞轮来模拟。通过台架模拟道路必须选用加载装置,要想控制它,就必须知道控制电压及电流。

19. 底盘测功机的安全保障系统包括左右轮挡、系留装置、车偎、发动机与风扇等。

20. 底盘测功机使用中规定:环境温度为 0~40℃;环境湿度小于85%;大气压力为 80~110kPa。

21. 车辆在进行动力性检查的过程中,在进入底盘测功机之前被检汽车的准备:
(1)汽车驶上底盘测功机以前,调整发动机供油系统及点火系统至最佳工作状态。
(2)检查、调整、紧固和润滑传动系统及车轮的连接情况。
(3)清洁轮胎,检查轮胎气压是否符合规定。
(4)汽车必须运行至正常工作温度。
(5)排气系统应有排气消声器,系统不得泄漏。
(6)检查空气滤清器状况,允许更换空气滤清器滤芯。
(7)GB 38900—2020 规定,在检测线上,轻型车辆按发动机额定转矩转速工况检测,其他车辆在发动机额定功率转速工况和额定转矩转速工况检测均可。

22. 汽车驱动轮输出功率的检测时引车员应逐级起步换挡、提速至直接挡,并以直接挡的最低车速稳速运转。

23. 运用底盘测功机测试车速在设定车速范围内稳定15s后,计算机连续自动采集实际车速值、驱动轮输出功率及转矩值,在测试全过程中,实际检测车速和设定车速的允许误差为±0.5km/h,转矩波动幅度应小于±4%。

24. 运用底盘测功机测量动力性时,对检测不合格的车辆,允许复测一次。

25. 驱动轮输出功率检测完后,车轮会继续带滚筒旋转,一方面给电涡流测功器散热,同时,可利用该段时间进行 30~0km/h 的车辆滑行距离测试。要注意的是,滑行距离测试应挂接相应的惯性飞轮,只要计算机软件合理,两个参数同时检测完全是可行的。

26. 理论和实践都已证明,不同使用环境的大气压力、温度和空气湿度,都会影响发动机的进气压力,车辆在不同的环境条件下使用,功率值是不一样的,严重时,功率会相差10%~20%。车辆在冬季使用,功率比夏季高温季节使用要高;平原地区使用,功率比在西部高原地带使用要好,这也充分说明不同的环境条件下检测驱动轮输出功率的数值是有差异和变化的。

27. 使用底盘测功机测试汽车滑行性能时,将被检测车辆驱动轮置于底盘测功机滚筒上。

28. 汽车滑行性能的检测时按引导系统提示将车辆逐步换至直接挡并加速至高于规定

车速(30km/h或50km/h)后,变速器置于空挡,利用车－台系统储藏的动能,使其运转直至车轮停止转动。

29. 单滚筒检测台仅适用于汽车制造厂、科研院所和大专院校科研性试验,不适用于汽车维修企业、汽车综合性能检测站等生产性检测。

30. 双滚筒检测台的滚筒直径要比单滚筒小得多,一般为185～400mm。滚筒直径往往随检测台的最大检测车速而定,当最大检测车速高时,直径也大些。由于滚筒直径相对比较小,轮胎与滚筒的接触与在道路上不一样,致使滑转率增大,滚动阻力增大,滚动损失增加,故测试精度较低。据有关资料介绍,在较高检测车速下,轮胎的滚动损失常达到传递功的15%～20%,因此滚筒直径不易太小。

31. 测功装置由测功器和测力装置组成。

32. 电涡流式测功装置的基本结构分为水冷式和风冷式两种。水冷式电涡流测功装置主要由转子和定子组成。因其结构复杂,安装不方便,故应用较少。风冷式电涡流测功装置主要由转子、定子、励磁线圈、支承轴承、冷却风扇叶片、力传感器等组成。

33. 汽车底盘输出最大功率＝测功装置所消耗的功率＋滚动阻力所消耗的功率＋台架机械阻力所消耗的功率＋风冷式测功装置冷却风扇所消耗的功率。

34. 汽车底盘测功台驱动力传感器可分为两种:一种是拉压传感器;另一种是位移传感器。它们一边连接功率吸收装置的外壳,另一边连接测功台框架。

35. 底盘测功台常用的举升装置类型有气压式和液压式两种。

## 第三节  检测结果分析

(本节适用于检测维修工程师)

1. 机动车动力性检测的过程中,检测中容易出现的失误主要有发动机额定转矩功率选择不准确、动力性检测时应选用直接挡和车辆驱动轮轮胎的规格、气压,不符合检测要求。

2. 使用底盘测功机进行动力性检测中检测标准规定检测应使用直接挡,如果引车员没有用直接挡,那检测的数据就不是最大转矩条件下的驱动轮输出功率。

3. 现在不少营运车辆,同轴轮胎的规格、花纹经常不一样,有时连尺寸都不一样,有的轮胎破损严重,这种状况在检测中会增加轮胎和滚筒之间的滑移功率损耗,还会造成车轮在检测中速度的波动变大,轮胎滑移和车速的波动直接影响驱动轮输出功率的真实检测值,造成检测结果值变小而影响动力性检测不合格。

4. 动力性检测中,空气滤清器对动力性的影响应注意空气滤清器的清洁和堵塞问题,检测中曾发现少数车辆空气滤清器非常脏。这样,会严重影响吸入的空气量,影响充气系数或过量空气系数,不但会造成发动机动力不足,还会影响燃料经济性和排气污染物的检测数据。

5. 底盘传动系统故障造成整车动力性不良的主要原因有以下几点:

(1)离合器打滑。

(2)制动器间隙偏小。

(3)传动轴变形弯曲,中间轴承支架松旷,传动轴不平衡等。

(4)后轿装配不良或有故障,如轴承调整较紧,轴承孔不同心,齿轮间隙过大、过小等,除后轮会发烫外还有异响。

(5)轮胎气压不标准,轮辋变形,轮胎花纹规格不符合要求,也会造成滑移损耗增加,影响动力性测试;

(6)传动系统、行驶系统润滑不良。

## 考试模拟题

### 一、是非判断题

1. 底盘测功台是一种解体检验汽车性能的检测设备,它是通过在室内台架上模拟道路行驶工况的方法来检测汽车的动力性,而且还可以测量多工况排放指标及油耗。（×）

2. 汽车在运行中所受的空气阻力、非驱动轮的滚动阻力及爬坡阻力等,则采用测速装置来模拟。（×）

3. 测功装置能测量发动机经传动系统传至驱动轴的功率。（×）

4. 滚筒的安置角大小与滚筒大小、滚筒中心距及轮胎半径无关。（×）

### 二、单项选择题

1. GB 7258—2017 规定:低速汽车及拖拉机运输机组的比功率应大于或等于(C)kW/t,除无轨电车外的其他机动车的比功率应大于或等于 5.0 kW/t。

  A. 3.0     B. 3.5     C. 4.0     D. 4.5

2. 底盘测功台是一种不解体检验汽车性能的检测设备,它是通过在室内台架上模拟道路行驶工况的方法来检测汽车的动力性,而且还可以测量(C)排放指标及油耗。

  A. 简易工况       B. 自由加速工况

  C. 多工况        D. 大负荷工况

3. 底盘测功台通过滚筒(B),通过功率吸收加载装置来模拟道路行驶阻力,通过飞轮的转动惯量来模拟汽车的直线运动质量的惯量,故能进行符合实际的复杂循环试验,因而得到广泛应用。

  A. 模拟驾驶状态   B. 模拟路面   C. 模拟空气阻力   D. 模拟装载质量

4. 汽车底盘测功台驱动力传感器可分为两种:一种是拉压传感器;另一种是位移传感器。它们一边连接功率吸收装置的外壳,另一边连接(C)。

  A. 指定的安装位置   B. 地面     C. 测功台框架   D. 车辆后部

### 三、多项选择题

1. 汽车底盘测功台主要由(ABC)及引导系统等构成。
   A. 道路模拟系统　　　　　　　　　　B. 数据采集与控制系统
   C. 安全保障系统　　　　　　　　　　D. 数据保存系统

2. 按测功装置中测功器形式不同,底盘测功台可分为(ABD)三种。
   A. 水力式　　　B. 电力式　　　C. 燃料式　　　D. 电涡流

3. 滚筒式底盘测功台可分为(ABD)。
   A. 单轴单滚筒式　　B. 单轴双滚筒式　　C. 双轴单滚筒式　　D. 双轴双滚筒式

4. 汽车底盘输出最大功率等于(ABCD)之和。
   A. 测功装置所消耗的功率　　　　　　B. 滚动阻力所消耗的功率
   C. 台架机械阻力所消耗的功率　　　　D. 风冷式测功装置冷却风扇所消耗的功率

# 第六章

# 制动性能检测

## 第一节 概 述

（1～26条适用于检测维修士,27条适用于检测维修工程师）

1. 汽车制动性能检测分台架试验法和道路试验法两种。用五轮仪和制动减速度仪检测汽车制动性能时,需在道路试验中进行,称道路试验法。台架试验法使用制动检测台进行检测。与道路试验法相比,台架试验法具有迅速、准确、经济、安全,不受自然条件的限制,以及试验重复性好和能定量地指示出各车轮的制动力等优点,因而在国内外获得了广泛应用。

2. 利用制动检测台检测汽车制动性能时,检测参数标准是以轴制动力占轴荷的百分比为依据的,因此必须在测得轴荷和轴制动力后才能评价轴制动性能是否符合国家标准要求。用于检测车轴轴载质量的设备称为轴重检测台,轴重检测台又称轴重仪。

3. 电子轴重仪一般由机械部分(包括承载装置和传感器装置)和显示仪表所组成。双载荷台板式轴重仪检测线使用较多,它能测量左、右车轮轮荷。它有左右两个秤体,分别安装在左右框架内,共用一个显示仪表。

4. 单轴反力滚筒式制动检测台由框架、驱动装置、滚筒装置、测量装置、举升装置、指示与控制装置等组成。为使制动检测台能同时检测车轴两端左、右车轮的制动力,反力滚筒式制动检测台的减速器与主动滚筒共用一轴,减速器壳体处于浮动状态。

5. 反力滚筒式制动检测台,在两滚筒之间设置了一根直径比较小的第三滚筒,其上带有转速传感器,当车轮制动接近抱死时,其上的转速传感器送出的电信号,可使滚筒立即自动停止转动,防止轮胎剥伤,延长其使用寿命。

6. 目前检测线制动检测台的控制装置均采计算机控制式,将测力传感器送来的电信号,经处理后,由工位测控计算机及检验程序指示器显示并发往主控计算机。制动过程中,当左、右车轮制动力之和大于500N时,计算机即开始采集数据,采集时间为3s。3s后计算机发出指令使电动机停转,以防止轮胎剥伤。

7. 制动力的诊断参数标准是以轴制动力占轴荷的百分比为依据的,因此必须在测得轴荷和轴制动力后才能评价轴制动性能。所以,反力滚筒式制动检测台需要配备轴重计或轮重仪。有些反力滚筒式制动检测台本身带有内藏式轴重测量装置(称为复合式制动检测台),可不必再单独设置轴重仪或轮重仪。

8. 由于惯性式平板制动检测台具有结构简单、测试方便、不需要模拟转动惯量、测试精度不受车轮直径大小的影响、测试过程更接近实际制动过程等优点,因此在检测设备出现的早期就有所应用。有些惯性式平板制动检测台不仅能检测制动性能,而且能检测轴重、侧滑和悬架的技术状况等,因而又称平板式检测台或平板式底盘检测台。

9. 平板式检测台是由测试平板、数据处理系统和踏板力计等组成的。测试平板一共有6块。其中4块为制动、悬架、轴重测试用,1块为侧滑测试用,还有1块为空板,不起任何测试作用。

10. 测试平板由面板、底板、钢球和力传感器等组成,底板作为底座固定在混凝土地面上,面板通过压力传感器和钢球固定在底板上,其纵向则通过拉力传感器与底板相连。压力传感器用于测量作用于面板上的垂直力;拉力传感器则用于测量沿汽车行驶方向,轮胎作用于面板上的水平力,水平力和垂直力的大小变化分别对应于拉力传感器和压力传感器所输出的电信号的变化。

11. 踏板力计能测得制动时作用在制动踏板上的力,其形式有有线式、无线式和红外线式,可以根据要求选用。

12. 平板式制动台进行车辆制动性能检测时车辆准备:
(1)检查汽车轮胎是否粘有泥、水、砂、石等杂物,若有,则应予以清除。
(2)检查汽车轮胎气压是否符合汽车制造厂的规定,若不符合,则应充气至规定气压。
(3)如果需测制动踏板力,则应将踏板力计固定于制动踏板上(或套装在引车员右脚上)。

13. 使用平板式制动检测台检测汽车制动性时被测汽车以 5~10km/h 的速度驶上测试平板。

14. 使用平板式制动台检测时,当车辆前轮刚进入前平板时,引车员及时踩下安装有踏板力计的制动踏板,使车辆在测试平板上制动并停住。

15. 制动力平衡规定。在制动力增长全过程中同时测得的左右轮制动力差的最大值,与全过程中测得的该轴左右轮最大制动力大者之比,对前轴不应大于20%,对后轴(及其他轴)在轴制动力不小于该轴轴荷的60%时不应大于24%。

16. 在《机动车安全技术检验项目和方法》(GB 38900—2020)中规定,对后轴(及其他轴)制动力小于该轴轴荷的60%时,在制动力增长全过程中同时测得的左右轮制动力差的最大值不应大于该轴轴荷的8%。

17. 在《机动车安全技术检验项目和方法》(GB 38900—2020)中规定,制动协调时间是指在急踩制动踏板时,从脚接触制动踏板(或手触动制动手柄)时起至机动车减速度达到规定的充分发出平均减速度的75%时所需的时间。

18. 在《机动车安全技术检验项目和方法》(GB 38900—2020)中规定,对液压制动的汽车制动协调时间不应大于0.35s,对气压制动的汽车制动协调时间不应大于0.56s。

19. 在《机动车安全技术检验项目和方法》(GB 38900—2020)中规定,车轮阻滞力是指行车制动装置和驻车制动装置处于完全释放状态,变速器置空挡位置时,检测台驱动车轮所需的作用力。汽车各车轮的阻滞力不得大于该轴轴荷的5%。

20. 在《机动车安全技术检验项目和方法》(GB 38900—2020)中规定,制动完全释放时间(从松开制动踏板到制动消除所需的时间)规定,单车不得大于0.80s。

21. 在《机动车安全技术检验项目和方法》(GB 38900—2020)中规定,空载检验时。气压制动系统的气压表指示气压应≤600kPa;液压制动系统的制动踏板力:座位数小于或等于9座的载客汽车应≤400N,对于其他车辆应≤450N。

22. 在《机动车安全技术检验项目和方法》(GB 38900—2020)中规定,满载检验时。气压制动系统的气压表指示气压应≤额定工作气压;液压制动系统的制动踏板力:座位数小于或等于9座的载客汽车应≤500N,对于其他车辆应≤700N。

23. 在《机动车安全技术检验项目和方法》(GB 38900—2020)中规定,当采用制动检测台检测车辆驻车制动力时,车辆空载,乘坐一名驾驶员,使用驻车制动装置,驻车制动力的总和不应小于该车在测试状态下整车质量的20%;对总质量为整备质量1.2倍以下的机动车应不小于15%。

24. 在 GB 7258—2017 中行车制动性能中的制动力规定,摩托车的前、后轴制动力测试时只允许乘坐一名驾驶员。

25. 对于营运车辆等级评定的检测,只有制动力平衡、车轮阻滞力是分级的。

26. 根据国家标准 GB 7258—2017 的规定,机动车可以用制动距离、制动减速度和制动力检测制动性能,检测设备有五轮仪、制动减速度仪和制动检测台。

27. 对于不能进行台试检测制动性能的车辆及对台试检测制动性能的结果有争议时,均需进行路试检测制动性能。

## 第二节 制动装置的基本要求

(本节适用于检测维修工程师)

1. 行车制动装置的主要技术要求,行车制动系统制动踏板的自由行程应符合汽车制造厂规定的该车有关技术条件(制动踏板的自由行程一般为20~40mm)。

2. 行车制动装置的主要技术要求,行车制动装置在产生最大制动作用时的制动踏板力,对于乘用车应不大于500N,对于其他车辆应不大于700N。

3. 行车制动装置的主要技术要求,液压行车制动装置在达到规定的制动效能时,制动踏板行程(包括空行程,下同)不得超过全行程的3/4;制动器安装有自动调节间隙装置的车辆的制动踏板行程,不得超过全行程的4/5,且对于乘用车,制动踏板行程不得超过120mm,其他类型车辆制动踏板行程不得超过150mm。

4. 装备储气筒或真空罐的汽车,均应采用止回阀或相应的保护装置,以保证在筒(罐)与压缩空气源(真空源)连接失效或漏损的情况下,由筒(罐)提供的压缩空气(真空度)不致全部丧失。

5. 行车制动装置的主要技术要求,采用气压制动系统的车辆,发动机在75%的额定功率转速下,4min(汽车列车为6min,城市铰接公共汽车和无轨电车为8min)内,气压表的指示气压应从零开始升至起步气压(未标明起步气压者,按400kPa计)。

6. 车辆的行车制动装置必须采用双回路或多回路。

7. 行车制动装置的主要技术要求,车辆运行过程中,不应有自行制动现象。当挂车与牵引车意外脱离后,挂车能自行制动,牵引车的制动仍然有效。

8. 应急制动应是可以控制的,应急制动系统的布置应使驾驶员容易操作,驾驶员在座位上至少用一只手握住转向盘的情况下,就可以实现制动。它的操作机构可以与行车制动系统的操纵机构结合,也可以与驻车制动系统的操纵机构结合,但三者操纵机构不得结合在一起。

9. GB 7258—2017 中规定驻车制动的主要技术要求,施加于驻车制动操纵装置的力:手操纵时,乘用车应≤400N,其他车辆应≤600N。脚操纵时,乘用车应≤500N,其他车辆应≤700N。

10. 驻车制动的主要技术要求,驻车制动的控制装置的安装位置应适当,其操纵装置应有足够的储备行程(开关类操作装置除外),一般应在操纵装置全行程的2/3以内产生规定的制动效能;驻车制动机构安装有自动调节间隙装置时,允许在全行程的3/4以内,达到规定的制动效能。驻车制动使用电子控制装置时,锁止装置应为纯机械装置,发生断电情况锁止装置仍应保持持续有效。棘轮式制动操纵装置,应保证在达到规定的驻车制动效能时,操纵杆往复拉动次数不允许超过3次。

## 第三节　路试检测汽车制动性的规定

(本节适用于检测维修工程师)

1. 路试检测制动性能应在平坦(坡度不应大于1%)、干燥和清洁的硬路面(轮胎与路面之间的附着系数≥0.7)上进行。

2. 在试验路面上画出规定宽度的试验通道的边线(其中2.5m宽的通道用于检测小型车辆,3.0m宽的通道用于检测大型车辆),被测机动车沿着试验车道的中线行驶至高于规定的初速度后,置变速器于空挡(自动变速的机动车可置变速器于D位),当滑行到规定的初速度时,急踩制动踏板,使机动车停止。

3. 路试检测汽车制动性的规定,用充分发出的平均减速度(MFDD)检验行车制动性能时,采用能够测取充分发出的平均减速度和制动协调时间的仪器测量机动车充分发出的平均减速度和制动协调时间,对除气压制动外的机动车还应同时测取制动踏板力(或手操纵力)。

4. 《机动车安全技术检验项目和方法》(GB 38900—2020)中规定,采用气压制动的车辆,发动机在75%的额定转速下,车载气压表的指示气压从零升至起步气压的时间,汽车列车应不大于6min,其他车辆应不大于4min,未标起步气压,按400kPa计。

## 第四节　路试检测制动性能仪器

(本节适用于检测维修工程师)

1. 路试检测机动车制动性的主要设备有便携式制动性能测试仪、五轮仪、非接触式速度仪。

2. 便携式制动性能测试仪采用高灵敏度、耐冲击的硅微电容式固态加速度传感器和能够满足快速采集及计算要求的微处理机技术,主要由主机、加速度传感器、踏板触点开关、微型打印机、充电器、软件及配套电缆等组成。

3. 检测站在没有相应路试检测设备的情况下,曾采用人工路试的方法检验行车制动。这种方法实际上是依据制动初速度和制动距离来判断汽车制动性能是否合格的一种简化方法。

4. 各检测站日常使用的台架试验装置多数为反力式滚筒试验台,对于后置发动机大客车、三轮汽车以及某些带防抱死制动系统(ABS)的车辆,有误判的可能性,其原因是:制动稳定性好的轿车后轴制动力较小,致使整车制动率小于60%;某些发动机前置前驱的乘用车在滚筒式制动试验台测试前轴制动力时,往往因测试车轮抱死后整车随滚筒滚动而后移,测得的前轴制动率较小达不到要求而被判为不合格;后置发动机大客车空载时后轴质量约为整车质量的2/3,测试时经常出现后轮抱死整车后移,而后轴制动率测不上去的现象,导致整车制动率不合格。三轮汽车的前轮无制动器,测后轴制动时,车轮一旦抱死,整车就会随继续滚动的滚筒向后移出试验台,后轴制动率也不会合格;某些带防抱死制动系统(ABS)的车辆在台架试验时,由于防抱死制动系统(ABS)起作用导致制动力上不去而被判为不合格。

## 第五节　行车制动性能检测仪使用

(本节适用于检测维修工程师)

1. 五轮仪检测制动距离时,按国家标准的有关规定,应在符合要求的道路条件和气候条件下,汽车空载或满载加速行驶,驾驶员根据记录仪上指示的瞬时车速或音响的提示,至预选制动初速度时,用力踩下制动踏板直至汽车停止。制动时的制动踏板力(可安装踏板力计)或制动气压应符合规定要求。

2. 驻车制动检测,将车辆驶上坡度为 20%(总质量为整备质量的 1.2 倍以下的车辆为 15%),附着系数不小于 0.7 的混凝土或沥青路面坡道上,操纵驻车制动,正反两个方向保持固定不动,其时间不少于 5min 为合格。

3.《机动车安全技术检验项目和方法》(GB 38900—2020)中规定,坡道坡度为 20% 和 15%,轮胎与路面间的附着系数不小于 0.7 的混凝土或沥青路面。在不具备试验坡道的情况下,可使用驻车制动检测设备检验驻车制动性能。

4. 采用平板式制动检验台时,应符合以下要求:
(1)单车应采用至少是 4 个制动平板的平板制动检验台检验。
(2)汽车列车应采用适用于多轴车辆的汽车列车制动性能检验台检验。
(3)每一制动平板的制动力及轮质量的采样周期不大于 5ms。
(4)平板式制动检验台应能称取被检车辆各车轮质量,示值单位为千克(kg)。
(5)制动平板测试表面附着系数不低于 0.75。
(6)制动平板应保持水平,各制动平板间的高度差应不超过 5mm。

## 第六节 汽车制动性检测结果的分析

(本节适用于检测维修工程师)

1. 台试制动性能检验结果的分析中的液压制动系统检验结果出现异常,可能的可能原因有:
(1)各车轮制动力均偏低,主要原因为制动踏板自由行程太大,制动液中有空气或制动液变质,制动主缸有故障,增压器或助力器效能不佳或失效。
(2)个别车轮制动力偏小,主要原因是该车轮制动器有故障,若同一制动回路两车轮制动力均偏小,则应检查该制动回路中有无空气或不密封的地方。
(3)同轴左右车轮制动力平衡不符合要求。
(4)各车轮制动协调时间过长,应检查制动踏板自由行程是否过大。

2. 路试制动性能检验中,如果制动距离大于规定值,应对于液压制动系统:需检查系统中有无渗入空气;检查制动主缸,若制动主缸无问题,则再检查制动轮缸;检查制动钳与制动盘或制动蹄摩擦片与制动鼓的间隙是否正常。

3. 路试制动性能检验结果中,液压制动系统中的制动跑偏应检查跑偏一侧制动钳与制动盘或制动蹄片与制动鼓是否变形,检查轮毂轴承是否磨损、松旷,检查前轮定位是否正常;检查悬架固定螺栓有否松动;检查制动轮缸是否发卡或发生气阻。

4. 路试制动性能检查中,气压制动系统中出现制动拖滞现象应检查制动踏板行程是否太小,制动器间隙是否过小;检查制动控制阀的排气阀弹簧、橡胶阀是否有效,检查制动气室膜片复位弹簧弹力;检查制动凸轮轴与轴套,制动蹄与支承销是否卡滞。

# 考试模拟题

## 一、是非判断题

1. 制动力的诊断参数标准是以轴制动力占轴荷的百分比为依据的,因此必须在测得轴荷和轴制动力后才能评价轴制动性能。（√）

2. 在《机动车安全技术检验项目和方法》(GB 38900—2020)中规定,对于气压制动的汽车制动协调时间不应大于 0.85s。（×）

3. 车辆动力性检测的过程中,如果轮胎规格、花纹深度等不合格,也会影响车辆的动力性检测结果。（√）

4. 根据国家标准 GB 7258—2017 的规定,机动车可以用制动距离、制动减速度和制动力检测制动性能,检测设备有五轮仪、制动减速度仪和制动检测台。（√）

## 二、单项选择题

1. 平板式制动检测台,测试平板一共有 6 块。其中 4 块为制动、悬架、轴重测试用,1 块为(D)用,还有 1 块为空板,不起任何测试作用。
   A. 排放测试　　　B. 经济性测试　　　C. 滑行测试　　　D. 侧滑测试

2. 当采用制动检测台检测车辆驻车制动力时,车辆空载,只乘坐一名驾驶员,使用驻车制动装置,测得的驻车制动力总和应不小于该车在测试状态下整车质量的 20%,对总质量为整备质量(B)倍以下的车辆,此值为 15%。
   A. 1.0　　　B. 1.1　　　C. 1.2　　　D. 1.3

3. 使用平板式制动检测台检测汽车制动性能时,被测汽车以(B)的速度驶上测试平板。
   A. 小于 5km/h　　　B. 5~10km/h　　　C. 大于 10km/h　　　D. 无限制

4. 路试检测制动性能应在平坦(坡度不应大于 1%)、干燥和清洁的硬路面,轮胎与路面之间的附着系数≥(C)上进行。
   A. 0.5　　　B. 0.6　　　C. 0.7　　　D. 0.9

## 三、多项选择题

1. 平板式制动检测台是由(ACD)等组成的。
   A. 测试平板　　　　　　　B. 驱动装置
   C. 数据处理系统　　　　　D. 踏板力计

2. 踏板力计能测得制动时作用在制动踏板上的力,其形式有(ABC),可以根据要求选用。
   A. 有线式　　　　　　　　B. 无线式

C. 红外线式　　　　　　　　D. 网络式
3. 平板式制动检测台,测试平板由(ABC)和力传感器等组成。
　　A. 面板　　　　　　　　　　B. 底板
　　C. 钢球　　　　　　　　　　D. 定位装置
4. 路试检测机动车制动性能的主要设备有(ABC)。
　　A. 便携式制动性能测试仪　　B. 五轮仪
　　C. 非接触式速度仪　　　　　D. 速度测试仪

# 第七章 汽车燃料经济性检测

## 第一节 汽车燃料经济性及其评价指标

（本节适用于检测维修工程师）

1. 汽车燃料消耗量除了与燃料供给系统的技术状况有直接关系外，还与曲柄连杆机构、配气机构、点火系统、润滑系统、冷却系统、传动系统、行驶系统、转向系统和制动系统等有关，是一个综合性评价参数。用油耗仪测量汽车燃料消耗量在使用中的变化，不仅可以诊断燃料供给系统的技术状况，而且可以诊断发动机及整车的技术状况。

2. 为了评价汽车的燃料经济性，常用汽车行驶100km所消耗的燃料量(L/100km 或 kg/100km)来评价，在我国及欧洲均采用这一指标来评价汽车的燃料经济性。数值越大，汽车的燃料经济性越差。

## 第二节 汽车燃油消耗量测量方法及仪器设备

（本节适用于检测维修工程师）

1. 汽车燃油消耗量测量方法按是否需要拆卸发动机供油管路串接传感器又可分为直接测量法和间接测量法（又称不拆卸或不解体测量法）。直接测量法直接将测量油耗的传感器串接在发动机供油管路中，实时测出消耗的燃油量，根据传感器的类型分为容积法和质量法。间接测量法通过测取表征燃油消耗的特征参数经计算得出消耗的燃油量，目前比较成熟的方法是碳平衡法。

2. 采用碳平衡法测试过程的排气中的 $CO_2$、$CO$ 和 $HC$ 全部来自燃料燃烧，没有其他来源（如窜入燃烧室的润滑油）。

3. 汽车燃油消耗量碳平衡法检测系统由测试工况模拟子系统、排气含碳化合物浓度测量子系统和排气流量测量子系统构成。

4. 汽车燃油消耗量碳平衡法检测系统的抽气装置具有一个固定的速度范围,以使系统有足够的流量,保证有足够的试验环境空气稀释受试汽车排气,防止采样和测量系统中出现冷凝水。

5. 用于压燃式发动机汽车的 HC 和颗粒物采样装置的采样点设置在稀释通道内。

6. 对于在用汽车,选用排气检测通用的五气分析仪或四气分析仪,采用不分光红外分析法测量 $CO$、$CO_2$、$HC$ 的体积浓度。

# 第三节  车用油耗仪使用

(本节适用于检测维修工程师)

1. 在使用车辆油耗仪对车辆燃料消耗量测试前,测试条件有环境温度:0~40℃,环境湿度:<85%,大气压力:80~110kPa。

2. 车用油耗仪使用中,如果传感器的滤清器被脏物堵塞后,可拆下,用压力小于500kPa的压缩空气吹除脏物。

3. 汽车驶上滚筒式底盘测功台,落下举升器平板,逐挡加速至常用挡位(直接挡或超速挡),同时给滚筒加载,使车辆模拟道路行驶,直至达到规定的测试车速。

4.《机动车安全技术检验项目和方法》(GB 38900—2020)规定,采用等速百公里燃料消耗量作为车辆燃料经济性评价指标,并规定采用本标准规定的检验方法测得的汽车百公里燃料消耗量不得大于该车型原厂规定的相应车速等速百公里燃料消耗量的110%。

5. 汽车底盘技术状况主要包括传动系统的传动效率、轮胎滚动阻力、车轮定位、轮毂轴承的紧度及制动间隙等。

6. 机动车燃料消耗量的测试中,汽车底盘的传动系统的技术状况、轮胎气压、车轮定位参数对汽车燃料经济性有一定的影响。

7. 轮胎气压低于标准时,滚动阻力增加,燃料消耗量增加。资料表明,胎压较标准值低0.05 MPa时,平均燃料消耗量会增加0.6%,还将缩短轮胎的使用寿命。

# 考试模拟题

## 一、是非判断题

1. 汽车燃料消耗量除了与燃料供给系统的技术状况有直接关系外,还与曲柄连杆机构、配气机构、点火系统、润滑系统、冷却系统、传动系统、行驶系统、转向系统和制动系统等有

关,是一个综合性评价参数。　　　　　　　　　　　　　　　　　　　　　　　(√)

2. 为了评价汽车的燃料经济性,常用汽车行驶100km所消耗的燃料量(L/100km或kg/100km)来评价,在我国及欧洲均采用这一指标来评价汽车的燃料经济性。数值越小,汽车的燃料经济性越差。　　　　　　　　　　　　　　　　　　　　　　　(×)

3. 汽车燃油消耗量碳平衡法检测系统由测试工况模拟子系统、排气含碳化合物浓度测量子系统和排气流量测量子系统构成。　　　　　　　　　　　　　　　　(√)

4. 轮胎气压低于标准时,滚动阻力增加,燃料消耗量增加。资料表明,胎压较标准值低0.05 MPa时,平均燃料消耗量会增加0.6%,但是对轮胎的使用寿命无影响。　　(×)

## 二、单项选择题

1. 汽车燃油消耗量碳平衡法检测系统由测试(D)、排气含碳化合物浓度测量子系统和排气流量测量子系统构成。
 A. 循环测试子系统　　B. 制动子系统　　C. 自由加速子系统　　D. 工况模拟子系统

2. 车用油耗仪使用中,如果传感器的滤清器被脏物堵塞后,可拆下,用压力小于(C)kPa的压缩空气吹除脏物。
 A. 300　　　　　　　B. 400　　　　　　　C. 500　　　　　　　D. 600

3. GB 38900—2020规定,采用等速百公里燃料消耗量作为车辆燃料经济性评价指标,并规定采用本标准规定的检验方法测得的汽车百公里燃料消耗量不得大于该车型原厂规定的相应车速等速百公里燃料消耗量的(C)。
 A. 80%　　　　　　　B. 90%　　　　　　　C. 110%　　　　　　　D. 120%

4. 汽车燃油消耗量碳平衡法检测系统的抽气装置具有一个固定的速度范围,以使系统有足够的流量,保证有足够量的试验环境空气稀释受试汽车排气,防止采样和测量系统中出现(D)。
 A. 积炭　　　　　　　B. 沉积物　　　　　　　C. 油污　　　　　　　D. 冷凝水

## 三、多项选择题

1. 等速行驶百公里的燃油消耗量是常用的一种评价指标,指汽车在一定载荷(AD)下,以最高挡在水平良好路面上等速行驶100km的燃油消耗量。
 A. 轿车为半载　　　B. 货车为半载　　　C. 轿车为满载　　　D. 货车为满载

2. 采用碳平衡法测试过程中的(ABC)全部来源于燃料燃烧,没有其他来源(如窜入燃烧室的润滑油)。
 A. $CO_2$　　　　　　B. CO　　　　　　　C. HC　　　　　　　D. $NO_x$

3. 汽车燃油消耗量碳平衡法检测系统由(ABD)构成。
 A. 测试工况模拟子系统　　　　　　B. 排气含碳化合物浓度测量子系统
 C. 安全控制子系统　　　　　　　　D. 排气流量测量子系统

4. 在使用车辆油耗仪对车辆燃料消耗量测试前,测试条件有(ABD)。
 A. 环境温度:0~40℃　　　　　　　B. 环境湿度:<85%
 C. 燃油压力:250~350kPa　　　　　D. 大气压力:80~110kPa

# 第八章
# 机动车环保性检测

## 第一节 汽油车尾气排放污染物检测

（1~27条适用于检测维修士，28~32条适用于检测维修工程师）

1. 怠速工况是反映发动机无负荷运转状态。即离合器处于接合位置，变速器处于空挡位置（对于自动变速器的汽车应处于"P"位）；采用化油器供油系统的车辆，阻风门应处于全开位置；加速踏板处于完全松开位置。

2. 汽油车尾气排放污染物检测工况中简易工况包含稳态工况、瞬态工况和简易瞬态工况三种。

3. 汽车尾气排放污染物监测工况中的稳态工况：是指车辆预热到规定的热状态后，加速至规定车速，根据车辆规定车速时的加速负荷，通过底盘测功机对车辆加载，车辆保持等速运转即为加速模拟工况。

4. 汽油车尾气排放污染物检测工况的简易瞬态工况，测试过程涵盖车辆怠速、加速、减速、匀速等多种工况，经计算机处理得出车辆每行驶1km每种污染物的排放质量。

5. 目前实施的怠速工况测定 CO、HC 两气体的排气检测手段已无法有效反映汽车排气污染物对大气的污染现状，更不能满足生态环境部门对全球环境全面严格监测的要求。因此，除测定 CO、HC 外，还必须测定汽车排气中的 $NO_x$ 和 $CO_2$。

6. 汽车排气中含氧量是安装有电控燃油喷射式发动机的汽车计算机监测空燃比、控制污染物排放量、保护三元催化转化器正常工况的重要信号。因此，现代开发的汽车尾气分析仪又增加了 $O_2$ 的测试功能。

7. 利用化学发光法检测 $NO_x$（NO、$NO_2$）浓度。通过适当的化学物质（如不锈钢或碳化物、钼化物）将排气中的 $NO_2$ 全部还原成 NO。NO 与 $O_3$ 在气态接触时发生化学反应生成某些激化态的 $NO_2*$ 分子。这些激化态的 $NO_2*$ 分子衰减到基本态 $NO_2$ 时会发出波长为 0.59~2.5μm 的光量子。其发光强度与排气中存在的 NO 的质量流量成正比。使用适当波长的光电检测器（如光电二极管）即可根据检测器信号强弱换算出 NO 的含量。这种方法简称 CLD 法。

8. 利用化学发光法检测 $NO_x$ 浓度的设备结构较复杂，所以市场上提供的在线快速检测用的五气体分析仪多采用与 CO、$CO_2$、HC 相同的检测原理,但需说明的是,对 $NO_x$ 来说,这种方法测定的精度较低。

9. 不分光红外线气体分析仪,是一种能够从汽车排气管中采集气样,并对其中所含 CO 和 HC 等气体的浓度进行连续测量的仪器。按其能够测量的气体种类不同,可分为两气体分析仪、四气体分析仪和五气体分析仪。两气体分析仪仅能检测 CO 和 HC 两种气体的含量;四气体分析仪能够检测 CO、HC、$NO_x$ 和 $CO_2$ 四种气体含量;五气体分析仪能够检测 CO、HC、$NO_x$、$CO_2$ 和 $O_2$ 五种气体含量。两气体分析仪由排气取样装置、排气分析装置、排气浓度指示装置和校准装置等组成。

10. 不分光红外线气体分析仪,排气取样装置由取样探头、滤清器、导管、水分离器和泵等组成。它通过取样探头、导管和泵从车辆排气管里采集排气,再用滤清器和水分离器把排气中的炭渣、灰尘和水分等除掉,然后送入分析装置。为了使取样探头具有耐热性和防止导管吸附 HC 气体,它们是用特殊材料制成的。

11. 电容微音器式分析装置,从两个红外线光源发出的红外线,分别通过标准气样室和测量气样室后到达测量室。在标准气样室内充有不吸收红外线的 $N_2$ 气,在测量气样室内充有被测量的发动机排气。测量室由两个分室组成,二者之间留有通道,并在通道上安装有金属膜式电容微音器以作为传感器。为了能够从排气中选择需要测量的成分,在测量室的两个分室内,充入适当含量的与被测气体相同的气体。即在测量 CO 浓度分析装置里的测量室内要充入 CO 气体,在测量 HC 含量分析装置里的测量室内要充入正己烷气体。

12. 不分光气体分析仪内的过滤器脏污时,对测量值有影响,因此要经常观察流量计的指示情况,发现指针进入红色区应及时更换过滤器的滤芯。

13. 不分光尾气分析仪的校准装置是一种为了保持分析仪的指示精度,使之能准确指示测量值的装置。在此装置中,往往既设有用加入标准气样进行校准的装置,也设有用机械方式简易校准的装置。

14. 标准气样校准装置。是把标准气样从分析仪上单设的一个专用注入口直接送到排气分析装置,再通过比较标准气样浓度值和仪表指示值的方法来进行校准的装置。

15. 汽车尾气排放污染检测时,接通电源,对气体分析仪预热 30min 以上。

16. 对于汽油机尾气分析仪,把取样探头和取样导管安装到气体分析仪上,检查取样探头和导管内是否有残留 HC。如果管内壁吸附残留 HC 较多,仪表指针(或数字)远超过零点以上时,要用压缩空气吹洗或用布条等物清洁取样探头和导管内壁。

17. 汽油机的尾气分析仪取样探头、导管分为低含量用和高含量用两种,两者要分别使用。

18. 汽油机的尾气分析仪,检测时导管不要发生弯折现象。

19. 在汽油机尾气检测时,若多辆汽车连续检测,一定要把取样探头从排气管里抽出并待仪表指示回到零点后进行下一辆汽车的测量。

20. 尾气分析仪的取样探头不用时要垂直吊挂,不要平放,以防管内的积水腐蚀取样探头。

21. 气体分析仪不要放置在湿度大、温度变化大、振动大或倾斜的地方。

22. 实施双怠速检测尾气时,必要时在发动机上安装转速计、点火正时仪、冷却液和润滑油测温计等测量仪器。测量时,发动机冷却液和润滑油温度应不低于 80℃,或者达到汽车使用说明书规定的热车状态。

23. 实施双怠速检测尾气时,发动机由怠速工况加速至约70%额定转速,维持60s后降至高怠速。

24. 实施双怠速检测尾气时,将气体分析仪取样探头插入排气管中,深度应≥400mm,并固定于排气管上。

25. 采用双怠速法检测汽油机尾气排放污染物结束后,把取样探头从排气管里抽出来,让它吸入新鲜空气5min左右,待仪器指示回到零点后再关闭电源。

26. 双怠速法排放气体测试仪器技术条件,要求能够测量汽车排气污染物 $CO$、$CO_2$、$HC$(用正己烷当量表示)和 $O_2$ 四种成分的体积分数(或浓度),并能按规定计算过量空气系数($\lambda$)值。

27. 进行尾气排放的测试中,有双怠速法和简易工况法,其中简易工况包含稳态工况、瞬态工况和简易瞬态工况三种。

28. 采用瞬态工况法测量汽油机尾气排放时,试验循环包含了怠速、加速、匀速和减速各种工况。

29. 利用不分光红外线分析法制成的分析仪,既可以制成单独检测 $CO$ 或 $HC$ 含量的单项分析仪,也可以制成能测量这两种气体含量的综合分析仪。排气中 $CO$ 的浓度是直接测量的,而排气中 $HC$ 的成分非常复杂,因此要把各种 $HC$ 成分的浓度换算成正己烷($n\text{-}C_6H_{14}$)的浓度后再作为 $HC$ 浓度的测量值。

30. GB 18285 中规定,在点燃式发动机的机动车尾气排放测试前,应保证被检测车辆处于制造厂规定的正常状态,发动机进气系统应安装有空气滤清器,排气系统应安装有排气消声器,并不得有泄漏。

31. 采用双怠速法测试尾气排放时,若为多排气管,取各排气管测量结果的算术平均值作为测量结果。

32. 对于单一燃料汽车,仅按燃用气体燃料进行排放检测;对于两用燃料汽车,要求对两种燃料分别进行排放检测。

# 第二节　柴油车尾气排放污染物检测

(1~22条适用于检测维修士,23~37条适用于检测维修工程师)

1. 滤纸式烟度计是世界上应用最广泛的烟度计之一,有手动、半自动和全自动三种类型。滤纸式烟度计由排气取样装置、染黑度检测与指示装置和控制装置等组成,一般还配备有微型打印机。

2. 滤纸式烟度计取样装置由取样探头、活塞式抽气泵、取样软管和清洗机构等组成。取样探头分台架试验用和整车试验用两种形式。整车试验用取样探头带有散热片,其上安有夹具以便固定在排气管上。取样探头在活塞式抽气泵的作用下抽取排气,其结构形状应能保证在取样时不受排气动压的影响。

3. 若滤纸式烟度计为波许(BOSCH)式,则抽气泵活塞移动全程的抽气量为(330±15)mL,抽气时间为(1.4±0.2)s,且在1min时间内外界空气的渗入量不大于15mL。

4. 滤纸式烟度计的压缩空气清洗机构能在排气取样之前,用压缩空气吹洗取样探头和取样软管内的残留排气炭粒。清洗用压缩空气的压力为0.3~0.4MPa。

5. 滤纸式烟度计的检测与指示装置由光电传感器、指示电表或数字式显示器、滤纸和标准烟样等组成。光电传感器由光源(白炽灯泡)、光电元件(环形硒光电池)和电位器等组成。电源接通后白炽灯泡发亮,其光亮通过带有中心孔的环形硒光电池照射到滤纸上。当滤纸的染黑度不同时,反射给环形硒光电池感光面的光线强度也不同,因而环形硒光电池产生的光电流强度也就不同。线路中一般配备有可调电阻($R_1$和$R_2$)作为白炽灯泡电流的粗调和细调,以便获得适度的光强,使光源和硒光电池的灵敏度相匹配。

6. 检测装置还备有供标定或校准用的标准烟样和符合规定的滤纸。标准烟样又称烟度卡,应在明度计上标定,精确度为0.5%。当标准烟样用于标定烟度计时,按量程均匀分布不得少于6张;当用于校准烟度计时,每台烟度计3张,标定值选在5Rb左右。当烟度计指示电表需要校准时,只要把标准烟样放在光电传感器下,用调节旋钮把指示电表的指针调整到标准烟样所代表的染黑度数值即可达到目的。这可使指示电表保持指示精度,以得出准确的测量结果。

7. 滤纸式烟度计的烟度卡必须定期标定,在有效期内使用。

8. 滤纸有带状和圆片状两种。带状滤纸在进给机构的作用下能实现连续传送,适用于半自动式和全自动式烟度计;圆片状滤纸,仅适用于手动式烟度计。

9. 根据国家标准GB 3847规定,用光吸收系数来度量可见污染物含量的大小,使用不透光度计测量压燃式发动机和装用压燃式发动机车辆的可见污染物含量。

10. 使用滤纸式烟度计前,必须检查控制用压缩空气和清洗用压缩空气的压力是否符合要求。

11. 使用滤纸式烟度计时,将取样探头固定于排气管内,插入深度为300mm,并使其轴线与排气管轴线平行。

12. 在使用滤纸式烟度计进行实测,将加速踏板与脚踏开关一并迅速踩到底,至4s时立刻松开,维持怠速运转16s,共计20s。在20s时间内应完成排气取样、滤纸染黑、走纸、抽气泵复位、检测并指示烟度、清洗等工作。

13. 用滤纸式烟度计检测排气烟度仪的注意事项:

(1)取样软管的内径和长度有规定,不能随意用其他型号的管子代替。

(2)指示装置不用时,应把测量开关打到关的位置,以免在移动或运输时损坏指示电表。

(3)指示装置应避开有振动和湿度大的地方。

(4)滤纸和校准用标准烟样,不要放置在阳光下暴晒或灰尘多的地方。

(5)标准烟样必须定期检定,在有效期内使用。

(6)滤纸式烟度计指示装置间歇使用时,可关闭光源开关,不关闭电源开关,但启用时,光源开启后应预热5min。

14. 对装配压燃式发动机的在用汽车排气烟度的检验,可以使用加载减速工况法。所使用的检测设备主要包括:底盘测功机、不透光烟度计、发动机转速传感器等,由中央控制系统集中控制。

15. 在用汽车加载减速法检测压燃式发动机的排气烟度时,选择合适的挡位,使加速踏板在最大位置时,受检车辆的最高车速接近70km/h。

16. 在用汽车加载减速法检测压燃式发动机的排气烟度时,使用前进挡驱动被检车辆,选择合适的挡位,使加速踏板处于全开位置时,测功机指示的车速最接近70km/h,但不能超过100km/h。对安装有自动变速器的车辆,应注意不要在超速挡进行测量。

17. 在用汽车加载减速法检测排气烟度时,自动控制系统采集三组检测状态下的检测数据,以判定受检车辆的排气光吸收系数 $k$ 是否达标。三组数据分别为最大功率下的滚筒线速度点、90%最大功率下的滚筒线速度点和80%最大功率下的滚筒线速度点。

18. 在用汽车加载减速法检测排气烟度时,检测开始后,引车员始终将加速踏板踩到底,直到检测系统通知松开加速踏板为止。在检测过程中,引车员应实时监控发动机冷却液温度和机油压力。一旦冷却液温度超出了规定的温度范围,或者机油压力偏低时,都必须立即停止检测。

19. 在用汽车加载减速法检测压燃式发动机的排气烟度时,冷却液温度过高时,引车员应松开加速踏板,将变速器置于空挡,使车辆停止运转。然后,使发动机在怠速工况下运转,直到冷却液温度重新恢复到正常范围为止。

20. 在用汽车加载减速法检测压燃式发动机的排气烟度时,对非全时四轮驱动车辆,应选择后轮驱动方式。

21. 不透光烟度计至少每年检定一次,每次维修后必须进行检定,经检定合格后方可重新投入使用。

22. 在用汽车自由加速试验滤纸烟度法测试的自由加速工况,在发动机怠速下,迅速但不猛烈地踏下加速踏板,使喷油泵供给最大油量。在发动机达到调速器允许的最大转速前,保持此位置。一旦达到最大转速,立即松开加速踏板,使发动机恢复至怠速。

23. 采用稳态工况法测量汽油机尾气排放时,在底盘测功机上的测试运转循环由ASM5025(经预热后的车辆加速至25.0km/h,测功机以车辆速度为25.0km/h、加速度为1.475m/s²时的输出功率的50%作为设定功率对车辆加载,工况计时器开始计时。)和ASM2540(ASM5025工况检测结束后车辆立即加速至40.0km/h,测功机以车辆速度为40.0km/h、加速度为1.475m/s²时的输出功率的25%作为设定功率对车辆加载。)两个工况组成。

24. 采用稳态工况法测量汽油机尾气排放时,测功机吸收装置的要求:测功机功率吸收装置应能满足最大总质量(GVM)小于3500kg的 M 类、N 类车辆进行 ASM 5025 和 ASM 2540 工况时的试验载荷要求。在滚筒转速大于22.5km/h时,功率吸收装置吸收的功率应不少于15kW,稳定的试验状态应不少于5min,每次试验间隔3min,连续试验应不少于10次。

25. 采用稳态工况法测量汽油机尾气排放时,对于底盘测功机应装备双滚筒。滚筒直径为200~530mm,同一地区的检测项目应配备同一直径滚筒的底盘测功机。可采用左右可移动式滚筒或固定式滚筒。固定式滚筒内外跨距要求能满足轻型车工况检测的安全要求。

26.采用稳态工况法测量汽油机尾气排放时,下列是车辆需要准备项目:

(1)根据需要在发动机上安装冷却液和润滑油测温计等测试仪器。

(2)应关闭空调、暖风等附属装备。装备牵引力控制装置的车辆应关闭牵引力控制装置。

(3)车辆预热:进行试验前,车辆各总成的热状态应符合汽车技术条件的规定,并保持稳定。在试验前车辆的等候时间超过20min或在试验前熄火超过5min,应选以下任一种方法预热车辆:

①车辆在无负荷状态使发动机以2500r/min转速运转4min。

②车辆在测功机上按.ASM5025工况运行60s。

(4)变速器的使用。安装自动变速器的车辆应使用前进挡进行试验。安装手动变速器的车辆应使用二挡,如果二挡所能达到的最高车速低于45km/h,则使用三挡。

(5)车辆驱动轮应位于滚筒上,必须确保车辆横向稳定。驱动轮胎应干燥防滑。

(6)车辆应限位良好。对前轮驱动车辆,试验前应使驻车制动器起作用。

(7)在试验工况计时过程中,车辆不允许制动。如果车辆制动,工况起始计时应重新置零($t=0$)。

27.在用汽车加载减速法试验不透光烟度法测试适用于车型范围:装用压燃式发动机、最大总质量大于400kg、最大设计速度大于或者等于50km/h的在用汽车。

28.滤纸式烟度计是用一个活塞式抽气泵,从柴油机排气管中抽取一定容积的排气,使它通过一张一定面积的白色滤纸,排气中的炭烟存留在滤纸上,使其染黑。用检测装置测定滤纸的染黑度,该染黑度即代表柴油车的排气烟度。

29.不透光式烟度计是一种利用透光衰减率来测定排气烟度的典型仪器。烟度计的主要元件有光源、充满排气并有一定长度的光通路(烟气测量管)及放置在光源对面将透光信号转变成电信号的光电元件。光电元件的输出电压与烟气所造成的光通量衰减成正比。

30.在用汽车自由加速试验不透光烟度法时,车辆需要准备有:

(1)车辆在不进行预处理的情况下也可以进行试验。出于安全考虑,必须确保发动机处于热状态,并且机械状态良好。

(2)发动机应充分预热,例如:在发动机机油标尺孔位置测得的机油温度应至少为80℃;如果温度低于80℃,发动机也应处于正常运转温度。因车辆结构,无法进行温度测量时可以通过其他方法使发动机处于正常运转温度,例如,通过控制发动机冷却风扇。

(3)采用至少三次自由加速过程或其他等效方法对排气系统进行吹拂。

31.GB 3847中规定的在用汽车自由加速试验不透光烟度法测试中,测试方法如下:

(1)目测检测车辆的排气系统的相关部件是否泄漏。

(2)发动机包括所有安装有废气涡轮增压的发动机,在每个自由加速循环的起点均处于急速状态。对重型发动机,将加速踏板放开后至少等待10s。

(3)在进行自由加速测量时,必须在1s内,将加速踏板快速、连续地完全踩到底,使喷油泵在最短时间内供给最大油量。

(4)计算结果取最后三次自由加速测量结果的算术平均值。在计算平均值时可以忽略与测量平均值相差很大的测量值。

32. 采用加载减速试验不透光法对尾气进行检测,第一部分是对车辆进行预先检查,以保证受检车辆与证件的一致性和进行检测的安全性;第二部分是检查检测系统和车辆的状况是否适合进行检测;第三部分则是进行排放检测,监测工作由系统控制自动进行,以保证检测过程的一致性和检测结果的可靠性。

33. 采用加载减速试验不透光法对尾气进行检测,每条检测线至少应配备三名检测员,一名检测员操作控制计算机,一名检测员负责驾驶受检车辆,另一名检测员进行辅助检查,并随时注意受检车辆在检测过程中是否出现异常情况。

34. 用汽车加载减速法试验不透光烟度法测试时,在将车辆驶上底盘测功机前,检测员还应对受检车辆进行以下调整:

(1) 中断车上所有主动型制动功能和转矩控制功能(自动缓速器除外),例如中断防抱死制动系统(ABS)、电子稳定程序(ESP)等。

(2) 关闭车上所有以发动机为动力的附加设备,或切断其动力传递机构。

(3) 除检测驾驶员外,受检车辆不能载客,也不能装载货物,不得有附加的动力装置。必要时,可以用测试驱动桥质量的方法来判断底盘测功机是否能承受待检车辆驱动桥的质量。

(4) 在检测准备工作中,应特别注意以下事项:

① 对非全时四轮驱动车辆,应选择后轮驱动方式。

② 对紧密型多驱动轴的车辆,或全时四轮驱动车辆,不能进行加载减速检测,应进行自由加速排气烟度排放检测。

35. 在用汽车加载减速法试验不透光烟度法测试时,检测开始后,检测员始终将节气门保持在最大开度状态,直到检测系统通知松开加速踏板为止。在试验过程中检测员应实时监控发动机冷却液温度和机油压力。一旦冷却液温度超出了规定的温度范围,或者机油压力偏低时,都必须立即暂时停止检测。冷却液温度过高时,检测员应松开加速踏板,将变速器置于空挡,使车辆停止运转。然后使发动机在急速工况下运转,直到冷却液温度重新恢复到正常范围为止。

36. 在用汽车加载减速法试验不透光烟度法测试时,对于轻型车辆测试的底盘测功机要求应能测试最大单轴质量不大于 2000kg 的车辆。功率吸收单元 PAU 的功率吸收范围应保证最大总质量为 3500kg 的汽车能够完成加载减速试验。在测试车速大于或等于 70km/h 时,能够连续稳定吸收 56kW 的功率 5min 以上,在时间间隔不大于 3min 的情况下,能够连续完成 10 次以上对 56kW 的功率吸收。

37. 测功机应该配备自动控制系统进行排气烟度的检测,控制系统应能够直接控制不透光烟度计,按照加载减速工况检测自动操作软件的要求中的规定自动完成检测过程控制,自动控制系统应满足以下要求:

(1) 自动控制系统应配备实时显示器,显示发动机转速和测功机的吸收功率。

(2) 加载减速检测过程一般应在 2min 内完成,最长不能超过 3min。

(3) 自动控制系统应能够随时优先支持手动控制。

(4) 控制系统应配有足够的通道,用于接收不透光烟度计和发动机转速传感器的信号,以及其他过程计算和显示所要求的检测过程参数。

(5)控制系统应能自动进行记录并输出检测数据、检测日期、时间和车辆信息的电子文件打印设备。

(6)分级设置密码以保护控制系统参数和检测结果数据。

## 第三节 汽车排放污染物检测结果的分析

（本节适用于检测维修工程师）

1. 空燃比对废气排放的影响,当空燃比小于 14.7:1 时(混合气变浓),由于空气量不足引起不完全燃烧,一氧化碳(CO)的排放浓度增大。

2. 碳氢化合物与空燃比没有直接关系。碳氢化合物生成的主要原因是:在燃烧室壁温度较低的冷却面附近,形成淬冷区,达不到燃烧温度,火焰消失;电火花微弱,根本未能点燃混合气,导致所谓缺火现象;在进、排气门重叠时漏气等。因此,当空燃比在 16.2:1 以内时,混合气越浓,HC 的排放量就越多。而当空燃比超过 16.2:1 时,由于燃料成分过少,用通常的燃烧方法已不能正常着火,产生失火,使未燃烧的 HC 大量排出。

3. 氮氧化合物是可燃混合气空气中的 $N_2$ 和 $O_2$。在燃烧室内通过高温高压的火焰时化合而成的。因此,在混合气空燃比为 15.5:1 附近燃烧效率最高时,$NO_x$ 生成量达到最大,混合气空燃比高于或低于此值,$NO_x$ 生成量会减小。

4. 二氧化碳是燃烧的必然产物,$CO_2$ 值的大小取决于影响燃烧效率的因素,这里当然包括空燃比的大小,空燃比越接近理论空燃比 14.7:1,燃烧越完全,$CO_2$ 的值也就越高,最大值为 13.5% ~ 14.8%。

5. 氧($O_2$)是一个很好的空燃比指示值,如果混合气浓时,$O_2$ 的值就低,如果混合气稀时,$O_2$ 的值就高。

6. 点火推迟时,HC 排放降低,主要是因为增高了排气温度,促进了 CO 和 HC 的氧化,也由于燃烧时降低了汽缸的面容比,燃烧室内的激冷面积变小了,使排出的 HC 减少。采用推迟点火来降低 HC,是以牺牲燃油的经济性为代价的,所以,得不偿失。

7. 对于压燃式机动车的尾气排放检查结果,若超出排放标准,主要检查发动机以下方面:

(1)检查个别缸喷油量。

(2)检查该缸喷油泵柱塞调节齿扇固定螺钉是否松脱。

(3)检查喷油器是否良好。

(4)检查调速器。若各缸喷油量均过大,应打开调速器盖,检查调节齿杆的刻度是否向喷油泵体内移动过多(刻线应与喷油泵壳后端面平行),同时,还需检查调速器飞块是否卡滞而引起喷油量过大。

8. 柴油机冒黑烟还与柴油质量有关,为使着火性能良好,一般柴油机选用十六烷值为 40 ~ 45 的柴油为宜。若十六烷值超过 65,则柴油蒸发性变差,致使燃烧不彻底,工作时也可发生冒黑烟现象。

## 第四节　汽车噪声检测

（本节适用于检测维修工程师）

1. 根据声级计在标准条件下测量1 000Hz纯音所表现出的精度，20世纪60年代国际上把声级计分为两类：一类叫精密声级计，另一类叫普通声级计，我国也采用这种分类法。20世纪70年代以来，有些国家推行四类分类法，即分为0型、Ⅰ型、Ⅱ型和Ⅲ型，它们的测量精度分别为±0.4dB、±0.7dB、±1.0dB和±1.5dB。0型和Ⅰ型属于精密声级计，Ⅱ型和Ⅲ型属于普通声级计。根据声级计所用电源不同，还可将声级计分为交流式声级计和使用干电池的直流式声级计两类，后者也可以称为便携式声级计。便携式声级计具有体积小、质量轻和现场使用方便等优点。

2. 声级计一般由传声器、放大器、衰减器、计权网络、检波器、指示表头和电源等组成。其工作原理是：被测的声波通过传声器被转换为电压信号，根据信号大小选择衰减器或放大器，放大后的信号送入计权网络处理，最后经过检波并在以dB标度的表头上指示出噪声数值。

3. 计权网络一般有A、B、C三种。A计权声级是模拟人耳对55 dB以下低强度噪声的频率特性，B计权声级是模拟55～85 dB的中等强度噪声的频率特性，C计权声级是模拟高强度噪声的频率特性。三者的主要差别是对噪声低频成分的衰减程度：A衰减最多，B次之，C最少。A计权声级由于其特性曲线接近于人耳的听感特性，因此是目前世界上噪声测量中应用最广泛的一种计权声级，B、C计权声级应用较少。

4. 声级计表头阻尼一般都有"快"和"慢"两个挡。"快"挡的平均时间为0.27s，很接近于人耳听觉器官的生理平均时间。"慢"挡的平均时间为1.05s。当对稳态噪声进行测量或需要记录声级变化过程时，使用"快"挡比较合适；在被测噪声的波动比较大时，使用"慢"挡比较合适。

5. 声级计使用前，打开电源开关，预热仪器10min。

6. 声级计使用中，测量场地应为开阔的、由混凝土、沥青等坚硬材料所构成的平坦地面。其边缘至车辆外廓至少3m。测量场地之外的较大障碍物（例如，停放的车辆、建筑物、广告牌、树木、平行的墙等），距离传声器不得小于3m。除测量人员和驾驶员外，测量现场不得有影响测量的其他人员。

7. 汽车喇叭噪声级的检测时，将声级计安放于汽车前2m处，距地面高度为1.2m。

8. 声级计用"A"计权网络、"快"挡进行测量，按下喇叭开关读取声级计表头最大读数。测量时应注意不被偶然的其他声源峰值所干扰。测量次数宜在2次以上，并注意监听喇叭声是否悦耳。

# 考试模拟题

## 一、是非判断题

1. 汽油车尾气排放污染物检测工况中的高怠速工况是相当于75%发动机额定转速时的工况。　　　　　　　　　　　　　　　　　　　　　　　　　　　　　　（×）

2. 目前实施的怠速工况测定CO、HC两气体的排气检测手段虽无法有效反映汽车排气污染物对大气的污染现状,但基本上能满足生态环境部门对全球环境全面严格监测的要求。　　　　　　　　　　　　　　　　　　　　　　　　　　　　　　　　（×）

3. 不透光式烟度计是一种利用透光衰减率来测定排气烟度的典型仪器。（√）

4. 碳氢化合物与空燃比没有直接关系,故空燃比的大小与尾气排放测试关系不大,影响分析中完全不必考虑空燃比的影响。　　　　　　　　　　　　　　　　　　（×）

## 二、单项选择题

1. 汽车尾气排放污染物监测工况中的稳态工况:指车辆预热到规定的热状态后,加速至规定车速,根据车辆规定车速时的加速负荷,通过底盘测功台对车辆加载,车辆保持等速运转即为(A)工况。
   A. 加速模拟　　　B. 减速模拟　　　C. 怠速模拟　　　D. 匀速模拟

2. 不分光红外线气体分析仪取样探头具有(B)和防止导管吸附HC气体,它们是用特殊材料制成的。
   A. 防腐蚀性　　　B. 耐热性　　　C. 导电性　　　D. 耐油性

3. 滤纸式烟度计,取样装置由取样探头、活塞式抽气泵、取样软管和(D)等组成。
   A. 打印装置　　　B. 驱动装置　　　C. 存储机构　　　D. 清洗机构

4. 柴油机尾气排放颜色中,除了(A)颜色,其他颜色都是不正常的排气颜色。
   A. 无色　　　B. 白色　　　C. 黑色　　　D. 蓝色

## 三、多项选择题

1. 汽油车尾气排放污染物检测工况中简易工况包含(ABD)。
   A. 稳态工况　　　　　　　　B. 瞬态工况
   C. 怠速工况　　　　　　　　D. 简易瞬态工况

2. 汽车排气中含氧量是安装有电控燃油喷射式发动机的汽车计算机监测(ABD)正常工况的重要信号。
   A. 空燃比　　　　　　　　　B. 控制污染物排放量
   C. 加速性能　　　　　　　　D. 保护三元催化转化器

3. 对于不分光尾气分析仪的校准装置分为(AB)。
   A. 机械方式简易校准装置　　　　　B. 标准气样校准装置
   C. 电子校准装置　　　　　　　　　D. 化学校准装置
4. 双怠速法排放气体测试仪器技术条件,要求能够测量汽车排气污染物(ABD)(用正己烷当量表示)和 $O_2$ 四种成分的体积分数(或浓度),并能按规定计算过量空气系数($\lambda$)值。
   A. CO　　　　B. HC　　　　C. $NO_x$　　　　D. $CO_2$

# 第九章

# 机动车前照灯检测

（本章适用于检测维修士）

## 第一节 前照灯的评价指标

1. 前照灯的评价指标有发光强度和光束照射位置的偏移量。
2. 实际检测汽车前照灯时，检测仪均需离开前照灯一定的距离，故前照灯检测仪实际检测的并不是发光强度，而是照度。
3. 可见距离越远，越能得到准确的测量值。但由于受到场地限制，在用前照灯检测仪测量时，通常采用在前照灯前方 3m、1m、0.5m、0.3m 的距离进行测量，并将该测量值换算为前照灯前方 10m 处的照度，再换算成发光强度进行指示。

## 第二节 前照灯检测仪检测原理

1. 目前生产的前照灯检测大多使用光电池法检测远光发光强度。
2. 检测前照灯的光轴偏斜量方法有人工观察法、光电池扫描法、CCD 法和全光电池法。

## 第三节 前照灯检测仪的结构与工作原理

1. 自动追踪光轴式前照灯检测仪是采用使受光器自动追踪光轴的方法来检测发光强度和光轴偏斜量的。自动追踪光轴式前照灯检测仪检测时，检测仪距前照灯有 3m 的距离。
2. 电脑式前照灯检测仪主要由机架、光学机构和电路板组成。机架由上箱、中箱、立板、立柱和下箱组成。

3. 电脑式前照灯检测仪远光的测量采用前置CCD进行定位,用硅光电池检测前照灯的发光强度,于后置CCD拍得前照灯成像图形后,由DSP进行处理计算,得出该前照灯的上下偏差、左右偏差。近光的测量采用前置CCD进行定位,于后置CCD拍得前照灯成像图形后,由DSP进行处理计算,得出该前照灯的明暗截止线拐点、上下偏差、左右偏差。

## 第四节　汽车前照灯检测仪使用

1. 测试前照灯之前必须检查车辆以下项目:
(1) 清除前照灯上的污垢。
(2) 轮胎气压应符合汽车制造厂的规定。
(3) 前照灯开关和变光器应处于良好状态。
(4) 汽车蓄电池和充电系统应处于良好状态。
2. 检测前照灯时,提高发动机转速,使电源系统处于充电状态。
3. 在检查灯光的光轴偏斜量时,规定了在检验前照灯近光光束照射位置时,前照灯照射在距离屏幕10m处,光束明暗截止线转角或中点的高度应为 $0.6H \sim 0.8H$,其水平方向位置向左向右均不得超过100mm。
4. 四灯制前照灯其远光单光束的照射位置,前照灯在距离屏幕10m处,光束中心离地高度为 $0.85H \sim 0.90H$,水平位置要求左灯向左偏不得大于100mm,向右偏不得大于170mm;右灯向左或向右偏均不得大于170mm。
5. 前照灯检测仪使用前的准备工作中,检测仪准备需要进行以下操作:
(1) 在前照灯检测仪不受光的情况下,检查光度计和光轴偏斜量指示计的指针是否对准机械零点。若指针失准,可用零点调整螺钉调整。
(2) 检查聚光透镜和反射镜的镜面上有无污物。若有,可用柔软的布料或镜头纸等擦拭干净。
(3) 检查导轨是否沾有泥土等杂物。若有,应扫除干净。
6. GB 38900—2020 中规定,二灯制最大设计车速≥70km/h的车辆,前照灯远光光束发光强度的最小限值为 15 000cd。

## 考试模拟题

### 一、是非判断题

1. 目前生产的前照灯检测大多使用光电池法检测远光发光强度。　　　　　　　　( √ )

2. 在前照灯检测仪不受光的情况下,检查光度计和光轴偏斜量指示计的指针是否对准机械零点。若指针失准,可用零点调整螺钉调整。 (√)

3. 检查聚光透镜和反射镜的镜面上有无污物。若有,可用专用化学试剂擦拭干净。 (×)

4. 检测前照灯时,必须使车辆电源系统处于充电状态。 (√)

## 二、单项选择题

1. 可见距离越远,越能得到准确的测量值。但由于受到场地限制,在用前照灯检测仪测量时,通常采用在前照灯前方规定的距离进行测量,并将该测量值换算为前照灯前方(A)处的照度,再换算成发光强度进行指示。
　　A. 10m　　　　　B. 50m　　　　　C. 80m　　　　　D. 150m

2. 自动追踪光轴式前照灯检测仪使用时,检测仪距前照灯有(B)的距离。
　　A. 1m　　　　　B. 3m　　　　　C. 5m　　　　　D. 10m

3. 在检查灯光的光轴偏斜量时,规定了在检验前照灯近光光束照射位置时,前照灯照射在距离屏幕10m处,光束明暗截止线转角或中点的高度应为$0.6H \sim 0.8H$,其水平方向位置向左向右均不得超过(D)。
　　A. 30mm　　　B. 50mm　　　C. 80mm　　　D. 100mm

4. 在检查灯光的光轴偏斜量时,规定了四灯制前照灯其远光单光束的照射位置,前照灯在距离屏幕10m处,光束中心离地高度为$0.85H \sim 0.90H$,水平位置要求右灯向左或向右偏均不得大于(C)。
　　A. 100mm　　B. 120mm　　C. 170mm　　D. 200mm

## 三、多项选择题

1. 前照灯评价指标有(BC)。
　　A. 照射距离　　　　　　　　B. 发光强度
　　C. 光束照射位置的偏移量　　D. 前照灯配光方式

2. 可见距离越远,越能得到准确的测量值。但由于受到场地限制,在用前照灯检测仪测量时,通常采用在前照灯前方(ABCD)的距离进行测量。
　　A. 3m　　　　　B. 1m　　　　　C. 0.5m　　　　D. 0.3m

3. 检测前照灯的光轴偏斜量方法有(ABCD)。
　　A. 人工观察法　B. 光电池扫描法　C. CCD法　　　D. 全光电池法

4. 电脑式前照灯检测仪主要由(ABD)组成。
　　A. 机架　　　　B. 光学机构　　　C. 控制装置　　D. 电路板

# 第十章 车轮定位与轮胎平衡检测

（本章适用于检测维修士）

## 第一节 车轮定位检测

1. 常用的四轮定位仪按测量方法分为拉线式、光学式、电脑拉线式和电脑激光式4种。它们的测量原理是一致的,只是采用的测量方法(或使用的传感器的类型)及数据记录与传输的方式有所不同。目前,拉线线四轮定位仪基本淘汰。

2. 光学式四轮定位仪主要由测试投影仪、导轨、转盘、轮镜安装架、轮镜、定位测量卷尺、后轮摆正滑板、主销内倾角测试仪等组成。测试投影仪主要用于读出车轮前束角、外倾角、主销后倾角等。

3. 在进行车辆四轮定位之前,需对车辆的以下项目进行准备。

(1)检查轮胎磨损情况,要求各轮胎磨损基本一致。

(2)检查轮胎气压,使其符合标准值。

(3)作车轮动平衡,动平衡完成后,将车轮装回车上。

(4)检查车身高度,检查车身四个角的高度和减振器技术状况,如果车身不平应先调好,同时检查转向系统和悬架是否松旷,如松旷,则应先紧固或更换零件。

4. 在进行车辆四轮定位时,松开驻车制动器操纵杆,使前、后车轮转动自如。

5. 使用四轮定位仪时,必须对固定在车轮上的传感器按顺序进行,以消除轮辋变形对检测的影响。

6. 四轮定位仪电脑能显示出转向轮的主销后倾角、主销内倾角、转向轮外倾角和前束的数值。电脑将比较各测量数值,得出"无偏差""在允许范围内"或"超出允许范围"的结论。

7. 不同车辆的车轮定位参数值是不同的。四轮定位仪电脑储存有很多车型的车轮定位标准值,可以人工调取,与实测值相比较,对被检车辆的车轮定位状况给出正确的评价。另外,电脑本身也具有自动比较功能,当一个数据测量结束,电脑自动比较,并给出"合格(或显示绿色)""不合格(或显示红色)""符合标准""超出允许范围"等提示。

## 第二节　车轮平衡检测

1. 静不平衡的车轮,其质心与旋转中心不重合,车轮转动中会产生离心力,该离心力可分解为一个水平分力和一个垂直分力,在车轮转动一周中,当不平衡质量处于通过车轮旋转中心的垂直位置上、下点时,垂直分力达到最大值,但是方向相反,引起了车轮的上下跳动。当不平衡质量处于通过车轮旋转中心的水平位置前、后点时,水平分力最大,方向相反,引起了车轮的前后窜动。

2. 车轮动不平衡就车检查前要做好以下检查工作:
(1)用千斤顶支起被测车桥,两边车轮离地间隙应尽量相等。
(2)清除被测车轮上的泥土和石子。
(3)检查轮胎气压,视情充至规定值。
(4)用手转动轮胎,检查轮毂轴承是否松旷,检查车轮的径向圆跳动和横向摆动是否明显,视情作适当调整。
(5)在轮胎外侧面任意位置上用粉笔或白胶布做好标记。

3. 在进行驱动轮平衡检测时,驱动轮转动可由发动机驱动,一般驱动轮车速应达到50~70km/h,并在某一转速下稳定运转。

4. 车轮平衡仪的维护中,每使用3个月应检查制动器磨损情况,调整踏板自由行程;检查调整传动带张紧力和显示器的数据显示时间。

5. 用就车式车轮平衡仪检测车轮动、静不平衡情况,一般其动、静不平衡量在10g以内认为可继续使用,若超过10g则应进行平衡作业。

6. 轮毂、制动鼓(盘)加工时轴心定位不准、加工误差大、非加工面铸造误差大、热处理变形、使用中变形或磨损不均。

7. 并装双胎的充气嘴未相隔180°安装,单胎的充气嘴未与不平衡点标记(经过平衡试验的新轮胎,往往在胎侧标有红、黄、白或浅蓝色的口、◇、○、△符号,用来表示不平衡点位置)相隔180°安装。

8. 近年来生产的车轮动平衡机多为微机式,具有自动判断和自动调校系统,能将传感器送来的电信号通过微机运算、分析、判断后显示出不平衡量及相位。为了使显示的不平衡量恰是轮辋边缘所加平衡块的质量,还必须将测得的轮辋直径 $d$、轮辋宽度 $b$ 和轮辋边缘至平衡机机箱的距离 $a$(轮辋外悬尺寸),通过键盘或选择器旋钮输入微机才行。

9. 安装平衡块后有可能产生新的不平衡,应重新进行平衡试验,直至不平衡量小于5g,指示装置显示"OO"或"OK"时才符合要求。当不平衡量相差10g左右时,如能沿轮辋边缘左右移动平衡块一定角度,将可获得满意的效果。平衡过程中,实践经验越丰富,平衡速度越快。

# 考试模拟题

## 一、是非判断题

1. 在进行四轮定位检测时,必须使用驻车制动器将车辆固定。　　　　　　　　(×)
2. 使用四轮定位仪时,必须对固定在车轮上的传感器按顺序进行轮缘动态补偿操作,以消除轮辋变形对检测结果的影响。　　　　　　　　　　　　　　　　　　　　(√)
3. 车轮动不平衡对车辆运行状况影响不大。　　　　　　　　　　　　　　(×)
4. 对于单胎的充气嘴与不平衡点标记,应该相隔180°安装。　　　　　　　(√)

## 二、单项选择题

1. 对于使用四轮定位仪检测的结果,电脑本身具有自动比较功能,当一个数据测量结束,电脑自动比较,对于"不合格"的结果显示为(A)。
   A. 红色　　　　B. 绿色　　　　C. 黄色　　　　D. 蓝色
2. 对于车轮静不平衡的说法,在车轮转动一周中,当不平衡质量处于通过车轮旋转中心的垂直位置上、下点时,垂直分力达到最大值,但是方向相反,引起了车轮的(A)。
   A. 上下跳动　　B. 前后窜动　　C. 摆阵　　　　D. 侧偏
3. 在进行驱动轮平衡检测时,驱动轮转动可由发动机驱动,一般驱动轮车速应达到(B),并在某一转速下稳定运转。
   A. 30~50km/h　B. 50~70km/h　C. 70~90km/h　D. 90~100km/h
4. 车轮平衡仪,在每使用(B)应检查制动器磨损情况。
   A. 一个月　　　B. 三个月　　　C. 半年　　　　D. 一年

## 三、多项选择题

1. 常用的四轮定位仪按测量方法分为拉线式、(BCD)4种。
   A. 红外线式　　B. 光学式　　　C. 电脑拉线式　D. 电脑激光式
2. 在进行车辆四轮定位之前,需对车辆的(ABCD)进行检查。
   A. 轮胎磨损状况　B. 轮胎气压　　C. 车轮动平衡　D. 车身高度
3. 四轮定位仪能显示车辆转向轮的(ABCD)的数值。
   A. 主销后倾角　B. 主销内倾角　C. 转向轮外倾角　D. 前束
4. 四轮定位仪电脑将比较各测量数值,得出(BCD)的结论。
   A. "正常"　　B. "无偏差"　　C. "在允许范围内"　D. "超出允许范围"

# 第十一章 转向操纵稳定性检测

(本章适用于检测维修工程师)

## 第一节 汽车侧滑量检测

1. 操纵性:汽车能够及时而准确地执行驾驶员的转向指令的能力。实际用检测转向盘自由行程、最大转向角及转向操纵力来评价。

2. 为保证汽车的车轮在直线行驶中无横向滑移,要求车轮的外倾角和前束角匹配适当。当车轮外倾角与前束角匹配不当时,汽车的车轮就有可能在直线行驶过程中不作纯滚动,而产生横向滑移现象。当这种横向滑移现象过于严重时,将会降低车轮的附着能力,减弱汽车定向行驶能力,导致轮胎异常磨损,严重时,还可能引发交通事故。

3. 车轮侧滑量检测,须采用侧滑检测台。侧滑检测台是测量汽车车轮横向滑动量并判断是否合格的一种检测设备,有滑板式和滚筒式之分。其中,滑板式侧滑检测台(以下简称侧滑检测台)在我国获得了广泛应用。

4. 为了保证重载后轮胎胎面能与具有横向拱形的路面平面接触,以减小轮胎磨损,汽车设计有车轮外倾角。

## 第二节 转向盘最大自由转动量与转向操纵力检测

1. 转向盘最大自由转动量的大小主要与最高设计车速有关,最高设计车速越高,其转向盘最大自由转动量越小。转向盘的自由转动量不能过大,过大会使操纵系统反应迟缓。但也不能过小,过小会使路面的反冲作用过大,造成驾驶员驾驶操纵不柔和,容易产生疲劳。随着汽车的使用,转向操纵系统磨损加剧,转向盘最大自由转动量会不断增加,所以,转向盘的最大自由转动量应定期进行检测、调整和维护,使其保持在合适的范围之内。检测转向盘最大自由转动量及转向操纵力需使用转向参数测量仪。

2. 车辆转向盘最大自由转动量与转向操纵力检测时,必须测量车辆的转向轮气压符合标准规定,轮胎表面清洁。

3. 转向操纵力的检测(路试检测)时,引车员驾驶车辆,从起点以 10km/h 的速度,在 5s 之内从直线沿螺旋线过渡到直径为 24m 的圆周线上行驶。

4. GB 7258—2017 中的转向盘的最大自由转动量检测标准:最大设计车速不小于 100km/h 的机动车,转向盘最大自由转动量不得大于 15°;三轮车不大于 35°;其他机动车不大于 25°。

5. 转向盘自由转动量过大的故障原因是:转向系统的齿轮啮合间隙调整不当;转向器齿轮箱安装不良;转向器齿轮磨损;转向轴万向节磨损;横拉杆连接处磨损等。

# 第三节　转向轮最大转向角与转向操纵力检测

1. GB 38900—2020 规定:原地检测转向盘操纵力,在转角台上转动转向盘使车轮达到原厂规定的最大转角时,在全过程中测得的转向力不得大于 120N。

2. 转向轮最大转向角过大或过小的原因:一般是转向轮限位螺钉调整不正确造成的,也可能由于碰撞原因引起转向节、前桥及车身变形造成的。转向轮的最大转向角应在车辆二级维护时予以检查、调整。

# 第四节　悬架装置特性检测

1. 汽车悬架装置最易发生故障的部件是减振器。减振器对汽车行驶平顺性、乘坐舒适性、操纵稳定性和行驶安全性的影响很大。研究表明,大约有 1/4 的在用汽车上至少有一个减振器工作不正常。当减振器工作不正常时,出现汽车行驶中跳跃严重、车轮轮胎接地力减少、汽车转向发飘、弯道行驶时车身晃动加剧、制动时易发生跑偏或侧滑、轮胎磨损异常、乘坐舒适性降低、有关机件磨损速度加快等不良后果。

2. 目前,GB 18565 只对于最大设计车速大于或等于 100km/h、轴载质量小于或等于 1500kg 的载客汽车提出悬架特性检测要求。

3. 研发生产的谐振式悬架装置检测台都是利用检测车轮与道路接地力的原理,来快速评价汽车悬架装置性能的,其评价指标为"吸收率"。吸收率是指在悬架装置检测台上,受检车辆的车轮在受外界激励振动过程中,产生共振时的车轮最小垂直接地力与静止状态下车轮垂直接地力的百分比值。

4. 汽车悬架装置工作性能的检测方法有经验法、路试法和台架检测法,其中台架检测法按检测原理不同又分为按压车体法、跌落法、谐振法和制动法 4 种。在综检线上,目前多用谐振法和制动法。谐振法检测汽车悬架装置性能需使用谐振式悬架装置检测台。

5. 汽车悬架性能检测,准备工作:

(1)按照检测台的说明要求进行检测台的起动、预热等相关准备。

(2)轮胎规格、气压应符合规定值,车辆空载,不乘人。

(3)平板式检测台的平板表面应保持干燥,不能有松散物质或油污。

6. GB 38900—2020 规定:用悬架装置检测台检测时受检车辆的车轮在受外界激励振动下测得的吸收率(被测汽车共振时的最小动态车轮垂直载荷与静态车轮垂直载荷的百分比值)应不小于40%,同轴左右轮吸收率之差不得大于15%;用平板式检测台检测时,受检车辆制动时测得的悬架效率应不小于45%,同轴左右轮悬架效率之差不得大于20%。

7. 在悬架系统中,起主要作用的部件是减振器。对在悬架装置检测中不合格的车辆,其可能的故障原因有:

(1)减振器内部的轴磨损,内部阀片损坏,各密封处漏油,导致减振功能失效。

(2)减振器外部的紧固螺栓磨损、松动、脱落。

(3)减振用螺旋弹簧弹性降低,疲劳或折断,造成早期损坏。

(4)悬架系统各连接部件磨损、松动。

## 第五节 滑板式侧滑检测台

1. 双板联动式侧滑检测台由机械部分、测量装置、指示装置等部分组成。

2. 双板联动式侧滑检测台,滑动板的长度一般有 500mm、800mm 和 1000mm 三种。滑动板的上表面制有"T"形纹或"十"形纹,以增加与轮胎之间的附着力。滑动板的下部安装有滚轮装置和导向装置,两滑动板之间连接有曲柄机构、回位装置和锁止装置。在侧向力作用下,两滑动板只能在左右方向上作等量同向位移,在前后方向上不能位移。

3. 汽车侧滑量用侧滑检测台测试时,检查轮胎气压应符合汽车制造厂的规定,轮胎上粘有油污、泥土、水或花纹沟槽内嵌有石子时,应清理干净。

4. 汽车侧滑检测台使用时,汽车以 3~5km/h 的速度垂直侧滑板驶向侧滑检测台,使前轮(或后轮)平稳通过滑动板。

5. 汽车侧滑检测台使用中,注意以下事项:

(1)不能让超过检测台允许轴荷的车辆通过侧滑检测台。

(2)不能使车辆在侧滑检测台上转向或制动。

(3)保持侧滑检测台内、外及周围环境清洁。

(4)其他注意事项见侧滑检测台使用说明书。

6. GB 38900—2020 规定,前轴采用非独立悬架的汽车,转向轮的侧滑量用侧滑检测台检查时,侧滑量应≤5m/km;前轴采用独立悬架的汽车,可以前轮定位参数符合原厂规定的该车有关技术条件为合格。

# 考试模拟题

## 一、是非判断题

1. 汽车悬架装置最易发生故障的部件是减振器。减振器对汽车动力性、经济性、行驶平顺性、乘坐舒适性、操纵稳定性和行驶安全性的影响很大。（×）

2. 转向操纵力的检测（路试检测）时，引车员驾驶车辆，从起点以 50km/h 的速度，在 5s 之内从直线沿螺旋线过渡到直径为 24m 的圆周线上行驶。（×）

3. 为了保证重载后轮胎胎面能与具有横向拱形的路面平面接触，以减小轮胎磨损，汽车设计有车轮外倾角。（√）

4. 在综检线上，目前多用谐振法和制动法。谐振法检测汽车悬架装置性能需使用谐振式悬架装置检测台。（√）

## 二、单项选择题

1. 操纵性：汽车能够及时而准确地执行驾驶员的转向指令的能力。实际检测（B）项不是评价操纵性的指标。
   A. 转向盘自由行程　　　　　　　B. 转向盘的最大行程
   C. 最大转向角　　　　　　　　　D. 转向操纵力

2. 转向盘最大自由转动量的大小主要与（B）有关。
   A. 最大载质量　　　　　　　　　B. 最高设计车速
   C. 最大转矩　　　　　　　　　　D. 最大输出功率

3. GB 38900—2020 规定：原地检测转向盘操纵力，在转角台上转动转向盘使车轮达到原厂规定的最大转角时，在全过程中测得的转向力不得大于（C）。
   A. 80N　　　　B. 100N　　　　C. 120N　　　　D. 160N

4. 研发生产的谐振式悬架装置检测台都是利用检测车轮与道路接地力的原理，来快速评价汽车悬架装置性能的，其评价指标为（A）。
   A. 吸收率　　　B. 减振率　　　C. 谐振率　　　D. 柔软率

## 三、多项选择题

1. 大约有 1/4 的在用汽车上至少有一个减振器工作不正常。当减振器工作不正常时，出现（ABCD）轮胎磨损异常，乘坐舒适性降低，有关机件磨损速度加快等不良后果。
   A. 汽车行驶中跳跃严重　　　　　B. 汽车转向发飘
   C. 弯道行驶时车身晃动加剧　　　D. 制动时易发生跑偏或侧滑

2. 双板联动式侧滑检测台的结构。由（ACD）等部分组成。
   A. 机械部分　　　B. 驱动装置　　　C. 测量装置　　　D. 指示装置
3. 汽车悬架装置工作性能的检测方法有经验法、路试法和台架检测法，其中台架检测法按检测原理不同又分为按压车体法、跌落法、谐振法和制动法4种。在综检线上，目前多用（CD）。
   A. 压车体法　　　B. 跌落法　　　C. 谐振法　　　D. 制动法
4. 双板联动式侧滑检测台，测量装置中的滑动板的长度一般有（ABC）。
   A. 500mm　　　B. 800mm　　　C. 1000mm　　　D. 2000mm

# 第十二章

# 车速表示值检测

(本章适用于检测维修工程师)

## 第一节 车速表指示误差的检测原理

1. 不管是磁感应式车速表还是电子式车速表,在本身技术状况正常的情况下,轮胎滚动半径的变化是造成车速表误差的主要原因。轮胎滚动半径的变化主要是由于轮胎磨损、气压不足或气压过高等原因造成的。

2. 车轮带动滚筒或滚筒带动车轮转动的同时,汽车驾驶室内的车速表也在显示车速值,称为车速表指示值。将车速表指示值与实际车速值相比较,即可获得车速表指示误差。

## 第二节 车速表检测台结构与工作原理

1. 标准型车速表检测台由速度测量装置、速度指示装置和速度报警装置等组成。

2. 标准型车速表检测台的速度测量装置主要由框架、滚筒装置、举升器和转速传感器等组成。

3. 速度报警装置是在测量中为提示汽车实际车速已达到检测车速(通常为40km/h)而设置的。在车速表检测台的速度指示装置上,一般都设有报警灯或蜂鸣器作为报警装置。在检测过程中,当汽车实际速度达到检测车速时,报警灯亮或蜂鸣器响,提示引车员立即读取驾驶室内车速表的指示值,以便与实际车速对照,判断车速表指示值是否在合格范围之内。

## 第三节 车速表试验台测试

1. 车速表试验台测试前,被检车辆的准备:

(1)检查轮胎气压,应符合汽车制造厂的规定。

(2)轮胎上沾有油、水、泥、砂或花纹内嵌有小石子时,应清除干净。

2. 对于标准型车速表检测台,应汽车挂入最高挡,松开驻车制动器操纵杆,踩下加速踏板,使驱动车轮带动滚筒平稳地加速运转。

3. 对于驱动型车速表检测台进行测试前,应:

(1)接合车速表检测台离合器,使滚筒与电动机连接在一起。

(2)将汽车变速器挂入空挡,松开驻车制动器操纵杆,起动电动机,通过滚筒带动车轮旋转。

(3)当车速表指示值稳定达到检测车速时,读取检测台指示值(或操作遥控器,向工位计算机发出读取数据的指令);或当检测台指示值稳定达到检测车速时,读取车速表指示值。

4. 车速表试验台使用时,要注意以下事项:

(1)检查汽车的轴荷,以保证待检汽车轴荷在检测台允许范围内。

(2)对于前轮驱动的汽车,驶上检测台时应在低速情况下操纵转向盘确保汽车处于直驶状态,然后再加速到检测车速。切忌汽车上检测台就迅速加速。

(3)对驱动型车速表检测台,在不用驱动装置进行测试时,务必分离离合器,使滚筒与电动机脱开。

5. 造成车速表失准的原因,主要有两个方面:一方面是车速表自身的问题;另一方面与轮胎的状况有关。

6. GB 38900—2020 规定,车速表允许误差范围为 +20% ~ -5%。当该机动车车速表的指示值($V_1$)为40km/h 时,车速表检测台速度指示仪表的指示值($V_2$)为 33.3 ~ 42.1km/h 范围内为合格。或者当车速表检测台速度指示仪表的指示值($V_2$)为40km/h 时,该机动车车速表的指示值($V_1$)为 38 ~ 48km/h 范围内为合格。

# 考试模拟题

## 一、是非判断题

1. 车轮带动滚筒或滚筒带动车轮转动的同时,汽车驾驶室内的车速表也在显示车速值,称为车速表指示值。　　(√)

2. 对于前轮驱动的汽车,驶上检测台时应在低速情况下操纵转向盘确保汽车处于直驶状态,然后再加速到检测车速。可以自由加速。　　(×)

3. 当车速表检测台速度指示仪表的指示值($V_2$)为 40km/h 时,该机动车车速表的指示值($V_1$)的读数在 32.8 ~ 40km/h 范围内时为合格。　　(×)

4. 不管是磁感应式车速表还是电子式车速表,在本身技术状况正常的情况下,轮胎滚动半径的变化是造成车速表误差的主要原因。　　(√)

## 二、单项选择题

1. 车速表检测台,该装置是在测量中为提示汽车实际车速已达到检测车速,通常为(B) km/h 而设置的。
   A. 20    B. 40    C. 50    D. 80

2. GB 7258—2017 规定,将被测机动车的车轮驶上车速表检测台的滚筒上使之旋转,当该机动车车速表的指示值($V_1$)为 40km/h 时,车速表检测台速度指示仪表的指示值($V_2$)为(C)km/h 为合格。
   A. 32.8~40    B. 40~48    C. 33.3~42.1    D. 36~40

3. 对于驱动型车速表检测台,应将汽车变速器挂入(A),松开驻车制动器操纵杆,起动电动机,通过滚筒带动车轮旋转。
   A. 空挡    B. 低速挡    C. 直接挡    D. 最高挡

4. 造成车速表失准的原因,主要有两个方面:一方面是车速表自身的问题;另一方面与(C)的状况有关。
   A. 悬架    B. 传动系统    C. 轮胎    D. 制动系统

## 三、多项选择题

1. 标准型车速表检测台的速度测量装置主要由(ABCD)等组成。
   A. 框架    B. 滚筒装置    C. 举升器    D. 转速传感器

2. 车速表误差的形成原因中,轮胎滚动半径的变化主要是由于(ABC)等原因造成的。
   A. 轮胎磨损    B. 气压不足    C. 气压过高    D. 轮胎帘布层损坏

3. 标准型车速表检测台由(ABC)等组成。
   A. 速度测量装置            B. 速度指示装置
   C. 速度报警装置            D. 车辆安全装置

4. 对于驱动型车速表检测台进行测试前,应(ABCD)。
   A. 汽车变速器挂入空挡       B. 松开驻车制动器操纵杆
   C. 起动电动机              D. 通过滚筒带动车轮旋转

# 第十三章 车辆外检和底盘检查

（本章适用于检测维修工程师）

## 第一节 车辆外检

1. 车辆外检即车辆在检测线外（外检工位）检测的意思，外检的项目大多数由人工检查。车辆外检通常分为车辆外观检查、车辆动态检查和车底检查三部分。

2. 车辆外观检查目的是核查非法车辆、保证线内检测秩序、保证线内检测数据的准确性和提高检测效率。

3. 在用车辆检查时，送检人应提供送检机动车的机动车行驶证和有效的机动车第三者责任强制保险凭证。对不能提供以上证件、凭证的送检机动车，机动车检测机构不应予以技术检测。

4. 外检常用工具有专用锤子、手电筒、轮胎气压表（0～1000kPa）、轮胎花纹深度尺（0～15mm）、钢卷尺（20m 和 5m）及铅锤等。

5. 试车道应为干燥、清洁平坦的混凝土或沥青路面，纵向坡度应不超过1%，路面附着系数应不小于0.7，试车道长度应大于100m，宽度应大于6m（双向），试车道路面应划出车道宽2.5m（小车用）和3.0m（大车用）的标线。

6. 综检站车辆外观检视时，送检机动车应停放在指定位置，发动机停转。

7. 乘用车和总质量小于12000kg 的货车（低速汽车除外）应在靠近风窗立柱的位置设置能永久保持的车辆识别代号标识；该标识从车外应能够清晰地识读，且非经破坏性操作应不能被完整取下。并且，对具有发动机电子控制单元（ECU）的乘用车，其 ECU 应记载有车辆识别代号等特征信息，且记载的特征信息应能被读取；但如乘用车至少有一处电子数据接口且通过读取工具能够获得车辆识别代号等特征信息时，应视为满足要求。

8. 目视检查以下各项，必要时应使用轮胎花纹深度尺或量具测量。

（1）同轴两侧是否安装同一型号、规格轮胎。

（2）轮胎不得有暴露出帘布层的破损。胎面和胎壁不得有长度超过25mm 或深度足以暴露出轮胎帘布层的破损和割伤及其他影响使用的缺损、异常磨损和变形。

（3）同轴轮胎的规格和花纹应相同，各轴轮胎的外径磨损应大体一致，轮胎规格应符合原厂规定。

（4）轮胎螺栓、半轴螺栓是否齐全、紧固。

(5)车辆应配备可以使用的备胎。

9. 在车辆的运行检查中,将车速提高至 20~30km/h,点制动或紧急制动时,车辆是否跑偏。气压制动车辆,当空气压缩机停止工作 3min 后,气压降低应不大于 10kPa,踩一次制动踏板(制动踏板踩到底)气压下降不应超过 20kPa。液压制动的车辆,制动踏板踩住后不允许有向下移动的现象。

10. 机动车在空载和满载状态下,转向轴轴荷分别与该车整备质量和总质量的比值不允许小于:乘用车 30%;三轮汽车、正三轮摩托 18%;其他机动车 20%。

11. 车辆外观检查项目中的车轮检查主要有轮胎气压、左右轴距差、轮胎花纹深度。

12. 车辆的外观检查中,分级项有:
(1)左右对称部位高度差。
(2)左右轴距差。
(3)轮胎花纹深度。
(4)检查车架、车身、驾驶室表面。
(5)检查车门、车窗玻璃。

13. 轿车和挂车转向轮轮胎胎冠花纹深度应不小于 1.6mm,其他车辆转向轮胎冠花纹深度不小于 3.2mm,其余轮胎胎冠花纹深度不得小于 1.6mm。

## 第二节 汽车底盘检查

1. 汽车悬架装置和转向系统各部件间隙在使用中会逐渐增大,致使汽车行驶中出现跳动增加、横摆加剧、转向盘自由行程加大、转向轮摆头、轮胎磨损异常和各种冲击增强等现象,严重地影响了汽车操纵稳定性、行驶平顺性、行车安全性和使用寿命。

2. 底盘间隙观察仪一般由电控箱、左测试台、右测试台、泵站和控制器组成。

3. 底盘测量实施前,车辆准备包括:
(1)车辆应运行至正常工作温度。
(2)轮胎气压应符合汽车制造厂的规定。
(3)轮胎上的砂、石、泥、土应清除干净。

## 考试模拟题

一、是非判断题

1. 车辆外检即车辆在检测线外(外检工位)检测的意思,外检的项目大多数由机器自动

检查。　　　　　　　　　　　　　　　　　　　　　　　　　　　　　　　　　　（×）

2. 综检站车辆外观检视时,送检机动车应停放在指定位置,发动机息速运转。　（×）

3. 目视检查以下各项,必要时应使用轮胎花纹深度尺或量具测量。同轴两侧是否安装同一型号、规格轮胎。　　　　　　　　　　　　　　　　　　　　　　　　（√）

4. 目视检查以下各项,必要时应使用轮胎花纹深度尺或量具测量。车辆可以不配备备胎。　　　　　　　　　　　　　　　　　　　　　　　　　　　　　　　　（×）

## 二、单项选择题

1. 试车道应为干燥,清洁平坦的混凝土或沥青路面,纵向坡度应不超过1%,路面附着系数应不小于0.7,试车道长度应不小于(C)m,宽度应大于6m(双向),试车道路面应划出车道。

　　A. 50　　　　　B. 80　　　　　C. 100　　　　　D. 120

2. 在车辆的运行检查中,将车速提高至20～30km/h,点制动或紧急制动时,车辆是否跑偏。气压制动车辆,当空气压缩机停止工作(B)min后,气压降低应不大于10kPa,踩一次制动踏板(制动踏板踩到底)气压下降不应超过20kPa。

　　A. 2　　　　　B. 3　　　　　C. 5　　　　　D. 10

3. 《机动车安全技术检验项目和方法》(GB 38900—2020)以附录A以形式规定了主要特征与技术参数所包含的具体内容。具体内容分为基本信息、(A)和车辆安全装备配备情况3大类。

　　A. 技术参数　　B. 诊断参数　　C. 维修参数　　D. 故障参数

4. 轿车和挂车转向轮轮胎胎冠花纹深度应不小于1.6mm,其他车辆转向轮轮胎冠花纹深度不小于(C)mm,其余轮胎胎冠花纹深度不得小于1.6mm。

　　A. 1.6　　　　B. 2.4　　　　C. 3.2　　　　D. 4.0

## 三、多项选择题

1. 车辆外观检查的目的是(ABCD)。

　　A. 核查非法车辆　　　　　　　　B. 保证线内检测秩序
　　C. 保证线内检测数据的准确性　　D. 提高检测效率

2. 下列(ABC)是车辆外观检查项目。

　　A. 轮胎气压　　　　　　　　　　B. 左右轴距差
　　C. 轮胎花纹深度　　　　　　　　D. 车辆故障码查询

3. 车辆外观检查实施前,在用车辆检查时,送检人应提供送检机动车的(BD)。对不能提供以上证件、凭证的送检机动车,机动车检测机构不应予以技术检测。

　　A. 驾驶员的驾驶证　　　　　　　B. 机动车行驶证
　　C. 购车发票　　　　　　　　　　D. 有效的机动车第三者责任强制保险凭证

4. 外检常用工具有(ABD)、轮胎气压表(0～1000kPa)、钢卷尺(20m和5m)及铅锤等。

　　A. 专用锤子　　　　　　　　　　B. 手电筒
　　C. 汽车故障检测仪　　　　　　　D. 轮胎花纹深度尺

# 第十四章
# 机动车检测与诊断

（本章适用于检测维修士）

1. 机动车诊断技术主要是针对机动车故障而言，机动车检测技术主要是针对机动车使用性能而言。通过对机动车的诊断与检测，可以在不解体情况下判明机动车的技术状况，为机动车继续运行或进厂维修提供可靠依据。

2. 机动车技术状况的诊断是由检查、测试、分析、判断等一系列活动完成的。其基本方法主要分为两种：一种是传统的人工经验诊断法，另一种是现代仪器设备诊断法。

3. 单值性是指机动车技术状况参数从开始值变化到终值的范围内，诊断参数的变化不应出现极值。否则，同一诊断参数将对应两个不同的技术状况参数，给诊断技术状况带来困难。

4. 机动车技术状况：定量测得的表征某一时刻机动车外观和性能的参数值的综合。

5. 机动车综合性能：机动车动力性、安全性、燃料经济性、使用可靠性、排气污染物和噪声，以及整车装备完整性与状态、防雨密封性等多种技术性能的组合。

6. 机动车故障：机动车部分或完全丧失工作能力的现象。

7. 机动车维护：为维持机动车完好技术状况或工作能力而进行的作业。

8. 工作过程参数是机动车、总成、机构工作过程中输出的一些可供测量的物理量和化学量。

9. 伴随过程参数是伴随机动车、总成、机构工作过程输出的一些可测量。例如，工作过程中出现的振动、噪声、异响、过热等，可提供诊断对象的局部信息，常用于复杂系统的深入诊断。机动车不工作（过热除外）时，伴随过程参数无法测得。

10. 机动车诊断标准与其他技术标准一样，分为国家标准、行业标准、地方标准和企业标准四种类型。

11. 行业标准又称部、委、局标准，是部、国家委员会或国务院直属局制定、发布并经国家质量监督检验检疫总局备案的标准，在部、委、局系统内或行业内贯彻执行，一般冠以中华人民共和国某某部、委、局或某某行业标准，也在一定范围内具有强制性和权威性，各级各有关单位和个人也必须贯彻执行。例如《载货机动车燃料消耗量试验方法》（JB 3352—1983）是原中华人民共和国机械工业部标准，《增压柴油机高温清净性评定法》（SY 2625—1982）是原中华人民共和国石油工业部标准，都属于强制性标准。《机动车维护工艺规范》（JT/T 201—1995）、《机动车技术等级评定标准》（JT/T 198—1995）、《机动车检测站计算机控制系统技术规范》（JT/T 478—2002）、《乘用车悬架特性的评价指标和检测方法》（JT/T 497—2004）是中华人民共和国交通行业标准，属于推荐性标准。

12. 地方标准是省(直辖市、自治区)级、市地级、市县级制定并发布的标准,在地方范围内贯彻执行,也在一定范围内具有强制性和权威性,所属范围内的单位和个人必须贯彻执行。省、市地、市县三级除贯彻执行上级标准外,可根据本地具体情况制定地方标准或率先制定上级没有制定的标准。地方标准中的限值可能比上级标准中的限值要求还要严格。

13. 由于操作者的不当而造成的测量误差称为过失误差,又称粗大误差。过失误差主要是人为因素造成的,例如测量人员操作不当、读数错误、记录错误和计算错误等,都会造成过失误差。含有过失误差的测量结果属于坏值或异常值,误差分析时应剔除。

14. 企业标准一般包括机动车制造厂推荐的标准、机动车运输企业和机动车维修企业内部制定的标准和检测设备制造厂推荐的参考性标准三部分。

15. 诊断参数标准的制定与修正,既要有利于机动车技术状况的提高,又要以经济为基础,进行综合考虑。标准制定的严格了,机动车的动力性、经济性、安全性、排气净化性等性能必定得到提高,即机动车整体技术状况得到提高,但机动车维护与修理的费用也会相应提高。

16. 诊断周期是机动车诊断的间隔期,以行驶里程或使用时间(月或日)表示。诊断周期的确定,应满足技术和经济两方面的条件,获得最佳诊断周期。最佳诊断周期,是能保证车辆的完好率最高而消耗的费用最少的诊断周期。

17. 确定最佳诊断周期的工作是非常重要的。它既要使车辆在无故障状态下运行,又要使我国维修制度中"定期检测、强制维护、视情修理"的费用降至最低,因此要在"定期"上做好文章。

18. 制定最佳诊断周期,应考虑机动车技术状况,机动车使用条件,机动车检测诊断、维护修理、停驶损耗的费用等项因素。

# 考试模拟题

## 一、是非判断题

1. 对于机动车诊断标准中行业标准的全部标准,也在一定范围内具有强制性和权威性,各级各有关单位和个人也必须贯彻执行。全部属于强制性标准,一定要按相应标准全部实行。　　　　　　　　　　　　　　　　　　　　　　　　　　　　(×)

2. 机动车诊断技术主要是针对机动车故障而言,机动车检测技术主要是针对机动车动力性能而言。　　　　　　　　　　　　　　　　　　　　　　　　　　(×)

3. 通过对机动车的诊断与检测,可以在不解体情况下判明机动车的技术状况,为机动车继续运行或进厂维修提供可靠依据。　　　　　　　　　　　　　　　　(√)

4. 机动车技术状况:定量测得的表征任意时刻机动车外观和性能的参数值的综合。
　　　　　　　　　　　　　　　　　　　　　　　　　　　　　　　　　(×)

## 二、单项选择题

1. 对于(D)在误差分析中应该剔除。
   A. 绝对误差和相对误差　　　　B. 系统误差
   C. 随机误差　　　　　　　　　D. 过失误差
2. 机动车维护：为维持机动车完好技术状况或(C)而进行的作业。
   A. 维修能力　　B. 动力能力　　C. 工作能力　　D. 制动能力
3. 诊断参数标准的制定与修正，既要有利于机动车技术状况的提高，又要以(D)为基础，进行综合考虑。
   A. 维修　　　　B. 地域　　　　C. 能力　　　　D. 经济
4. 企业标准一般包括(A)、机动车运输企业和机动车维修企业内部制定的标准和检测设备制造厂推荐的参考性标准三部分。
   A. 机动车制造厂推荐的标准　　　B. 机动车设计厂推荐的标准
   C. 机动车检修厂推荐的标准　　　D. 机动车检测站推荐的标准

## 三、多项选择题

1. 机动车诊断标准与其他技术标准一样,分为(ABCD)类型。
   A. 国家标准　　B. 行业标准　　C. 地方标准　　D. 企业标准
2. 诊断周期的确定,应满足(AC)两方面的条件,获得最佳诊断周期。
   A. 技术　　　　B. 费用　　　　C. 经济　　　　D. 成本
3. 确定最佳诊断周期的工作是非常重要的。它既要使车辆在无故障状态下运行,又要使我国维修制度中"(ABD)"的费用降至最低,因此要在"定期"上做好文章。
   A. 定期检测　　B. 强制维护　　C. 注重成本　　D. 视情修理
4. 制定最佳诊断周期,应考虑机动车技术状况,机动车使用条件,(ACD)等项因素。
   A. 机动车检测诊断　B. 维修方案　　C. 维护修理　　D. 停驶损耗的费用

# 第十五章

# 机动车维护

(本章适用于检测维修士)

1. 我国汽车维修的原则是"预防为主、定期检测、强制维护、视情修理",目的为确保车容整洁,及时发现和消除故障与隐患,并防止车辆早期损坏,从而维持车辆技术状况完好。

2. 汽车日常维护的定义。汽车日常维护是指以清洁、补给和安全检视为作业中心内容,由驾驶员负责执行的车辆维护作业。

3. 汽车日常维护作业的内容和要求,主要有三个方面:

(1)清洁要求。对汽车外观、发动机外表进行清洁,保持车容整洁。保持汽车外观和发动机外表的整洁,不仅是文明生产的需要,也是汽车各部分正常工作的需要。

(2)检视补给要求。对汽车各部润滑油(脂)、燃油、冷却液、制动液及液压油等各种工作介质和轮胎气压等进行检视补给。汽车油液是各部分正常工作必不可少的工作介质,必须保证其充足、清洁和性能良好,轮胎气压应符合要求,这是保证汽车正常行驶的基本条件。所以,对油液和轮胎气压等进行检视补给是汽车日常维护的基本作业内容。

(3)安全装置和发动机状况检查要求。对汽车制动、转向、传动、悬架、灯光、信号等安全部位和装置以及发动机运转状态进行检视、校紧,确保行车安全。随着道路条件的改善,汽车运行速度不断提高,对汽车安全行驶的要求也越来越高。保证安全部件始终处于完好状态非常重要,是日常维护检查的重点。发动机的技术状况直接影响汽车的动力性、排放净化性能和燃油消耗,随着环保和节能要求的日益提高,对发动机的技术性能要求也在不断提高,因此,要重点进行检查。

4. 汽车一级维护是一项运行性维护作业,即在汽车日常使用过程中的一次以确保车辆正常运行状况为目的的作业,以清洁、润滑、紧固为主要内容,并检查制动、操纵等安全部件。汽车一级维护是由汽车维修企业负责执行的强制维护作业,目的是使汽车在二级维护周期内能始终保持良好的技术状况,减少磨损,降低故障率,保证车辆正常运行,同时,为汽车二级维护附加作业项目的确定提供依据。

5. 汽车二级维护是汽车维护作业中的最高一级。二级维护要求在维护前进行不解体检测诊断,确定附加作业项目,强调对安全部件的检查、调整,检查调整发动机工况和排气污染控制装置的工作情况。

6. 汽车二级维护首先要进行检测,汽车进厂后,根据汽车技术档案的记录资料(包括车辆运行记录、维修记录、检测记录、总成修理记录等)和驾驶员反映的车辆使用技术状况(包括汽车动力性、异响、转向、制动及燃料、润滑油消耗等),确定所需检测项目,依据检测结果及车辆实际技术状况进行故障诊断,从而确定附加作业。

7. 汽车一级维护项目中的蓄电池检查,主要检查蓄电池的电解液液面高度应符合规定,通气孔畅通,电桩夹头清洁、牢固。

8. 发动机润滑油和机油滤清器。更换润滑油,同时更换机油滤清器。润滑油规格性能指标符合技术要求;液面高度符合规定;机油滤清器密封良好,无堵塞,完好有效。

9. 二级维护基本作业项目中的三元催化转化装置。检查三元催化转化装置的作用,必要时更换。

10. 二级维护竣工要求中,检测发动机功率。无负荷功率不小于额定值的 80%。

# 考试模拟题

## 一、是非判断题

1. 二级维护作业项目的发动机润滑油和机油滤清器。更换润滑油,根据实际情况更换机油滤清器。润滑油规格性能指标符合技术要求;液面高度符合规定;机油滤清器密封良好,无堵塞,完好有效。　　　　　　　　　　　　　　　　　　　　　　　(×)

2. 汽车日常维护是指以清洁、补给和安全检视为作业中心内容,由专业技术员负责执行的车辆维护作业。　　　　　　　　　　　　　　　　　　　　　　　　　　　　　　(×)

3. 汽车二级维护是汽车维护作业中的最高一级。二级维护要求在维护前进行不解体检测诊断,确定附加作业项目,强调对安全部件的检查、调整,检查调整发动机工况和排气污染控制装置的工作情况。　　　　　　　　　　　　　　　　　　　　　　　　　　(√)

4. 汽车二级维护的目的是消除隐患,恢复车辆性能,尤其是排放和安全性能。所以,二级维护作业是针对汽车的某一部分的。　　　　　　　　　　　　　　　　　　　(×)

## 二、单项选择题

1. 二级维护要求在维护前进行不解体检测诊断,确定附加作业项目,强调对安全部件的(A),检查调整发动机工况和排气污染控制装置的工作情况。
　　A. 检查、调整　　　B. 检测、维修　　　C. 检查、维修　　　D. 诊断、更换

2. 二级维护竣工后,检测发动机功率。无负荷功率不得小于额定值的(C)。
　　A. 70%　　　　　B. 75%　　　　　C. 80%　　　　　D. 85%

3. 汽车二级维护作业中的三元催化转化装置。检查三元催化转化装置的作用,必要时(D)。
　　A. 维修　　　　　B. 清洁　　　　　C. 调整　　　　　D. 更换

4. 汽车二级维护首先要进行检测,汽车进厂后,根据车辆技术档案的记录资料,包括车辆运行记录、维修记录、检测记录、(B)等。
　　A. 零部件更换记录　　　　　　　　B. 总成修理记录

C. 作业项目记录　　　　　　　　　D. 附加作业项目确认记录

### 三、多项选择题

1. 我国汽车维修的原则是"(ABCD)"，目的为确保车容整洁，及时发现和消除故障与隐患，并防止车辆早期损坏，从而维持车辆技术状况完好。

　　A. 预防为主　　　B. 定期检测　　　C. 强制维护　　　D. 视情修理

2. 汽车日常维护作业的内容和要求，主要有(ABC)方面。

　　A. 清洁要求(对汽车外观、发动机外表进行清洁,保持车容整洁)

　　B. 检视补给要求[各部润滑油(脂)、燃油、冷却液、制动液及液压油等各种工作介质和轮胎气压等进行检视补给]

　　C. 安全装置和发动机状况检查要求(对汽车制动、转向、传动、悬架、灯光、信号等安全部位和装置以及发动机运转状态进行检视、校紧,确保行车安全)

　　D. 电子控制装置检查要求(对车辆电子控制系统工作状况及时诊断检验,确保运行正常)

3. 汽车一级维护是一项运行性维护作业，即在汽车日常使用过程中的一次以确保车辆正常运行状况为目的的作业，以(ABC)为主要内容，并检查制动、操纵等安全部件。

　　A. 清洁　　　　　B. 润滑　　　　　C. 紧固　　　　　D. 检测

4. 汽车一级维护项目中的蓄电池检查，主要检查蓄电池的(ACD)等项目。

　　A. 电解液液面高度　　　　　　　　B. 电解液密度

　　C. 电极桩清洁、连接牢固　　　　　D. 通气孔状况

# 第十六章

# 机动车技术评估内容和技术要求

（本章基础部分适用于检测维修士）

1. 机动车维修质量评估主要包括对整车大修、发动机大修和车身大修三部分的维修质量评估。

2. 汽车大修检验基本技术文件(简称"三单一证")评定即对汽车大修进厂检验单、汽车大修工艺过程检验单、汽车大修竣工检验单和汽车大修合格证进行评定。

3. 汽车大修质量的评定采用综合项合格率来衡量，分为优等、一等、合格、不合格四级。

4. 汽车技术状况变化的外观症状中的技术性能变差，主要体现在动力下降、可靠性变差和经济性变差。

5. 汽车技术状况变化的外观症状中的技术性能可靠性变差，如制动系统的有关机件磨损过度，则汽车的制动性能下降，甚至失去制动功能。

6. 汽车在各种复杂条件下运行，造成上述各类外观症状而导致故障的因素是多种多样的。有的是因为设计或制造缺陷所致，有的是由于使用不当、维修不良所引起，但大部分是长期运行正常磨损后发生的。

7. 制动效能(brake efficiency)是指使汽车迅速减速直至停车的能力。制动效能是汽车制动性最基本的评价指标，常用制动过程中的制动时间、制动减速度和制动距离来评价。汽车的制动效能除了与汽车技术状况有关外，还与制动时汽车的速度以及轮胎胎面和路面的状况有关。

8. 安全性(safety)是指汽车防止交通事故发生或发生事故后保护乘员和货物不受损害的能力。其中，汽车防止事故发生的能力又称汽车的主动安全性；而不幸发生事故后，汽车保护乘员和货物不受损害或将损害降低到最小的能力，则称为汽车的被动安全性。典型主动安全装置包括照明和信号灯、防炫目后视镜、ABS、ASR、EBD、ESP、横向和纵向测距雷达等。良好的主动安全性要求汽车具有宽阔的视野，可靠灵敏的转向、加速和制动性，具有除霜和除雾功能的风窗玻璃，各种操纵件、指示器和信号装置的标识要醒目统一，避免驾驶员错误识别或错误操作而导致车祸；被动安全装置主要有安全带、安全气囊(SRS)、安全玻璃、载货汽车和挂车侧面及后下部防护装置、可溃缩转向柱以及碰撞吸能区域等。

9. 正常的汽油发动机排出的气体应该是无色的，在严寒的冬季可见白色的水汽；柴油发动机带负荷工作时排出的气体一般是淡灰色的，当负荷较大时，为深灰色。无论是汽油机还是柴油机，如果排气颜色发蓝，说明机油窜入燃烧室。若机油油面不高，最常见的是汽缸与活塞密封出现问题，即活塞、活塞环因磨损与汽缸的间隙过大。如果排气管冒黑烟，说明混合气过浓、汽油发动机点火时刻过迟等。如果排气呈明显的白色，说明发动机内部有漏水处。

10. GB 7258—2017 规定,汽车制动性能和应急制动性能的路试检测应在平坦、硬实、清洁、干燥且轮胎与地面间附着系数不小 0.7 的混凝土或沥青路面上进行,检验时发动机与传动系分离。

11. 旧机动车鉴定评估中的路试检查车辆滑行性能时,在平坦的路面上作滑行试验,将机动车运行到 50km/h 时,踏下离合器踏板,将变速器置于空挡滑行,根据经验,通过滑行距离估计汽车底盘传动系统传动效率,以判定传动系统技术状况。车辆滑行时,注意观察车辆是否有行驶跑偏现象。

12. 旧机动车鉴定中的功能性零部件检查,需要对车身外部件、随车附件和其他功能件检查。

## 第一节 营运车辆技术等级评定

(本节适用于检测维修工程师)

1. 营运车辆技术等级划分为一级和二级。营运车辆评定内容包括:营运车辆整车装备的外观检查、动力性、燃料经济性、制动性、转向操纵性、前照灯发光强度和光束照射位置、排放污染物限值、车速表示值误差等。

2. 营运车辆技术等级的二级:整车装备与标识,车门、车窗,驱动轮输出功率,等速百公里油耗,车轮阻滞力,转向盘最大自由转动量,排放污染物控制,车速表示值误差八个项目中至少有三个项目应达到规定的一级技术要求,其余项目应满足二级要求。

## 第二节 机动车维修质量评估

(本节适用于检测维修工程师)

1. 机动车维修质量评估主要包括对整车大修、发动机大修和车身大修三部分的维修质量评估。

2. 汽车整车大修质量检查评定是对汽车整车大修竣工质量和汽车整车大修基本检验技术文件完善程度的综合评价。

3. 大修汽车进厂时,由汽车维修检验技术人员对送修车技术状况和装备齐全状况进行技术鉴定,并记录填写"汽车大修进厂检验单"。

4. 整车大修对主要性能评定采用路试与台试相结合的方式进行检查;对发动机运转情

况的检查分为:起动性能、怠速运转、运转性能、机油压力等几方面的检查;对传动机构工作情况的检查分为:离合器、变速器、传动轴及中间支撑、差速器、减速器几方面的检查。

## 第三节 事故车鉴定评估

（本节适用于检测维修工程师）

1. 事故车是指在使用过程中,曾经发生过长时间泡水、严重过火或严重碰撞,即使经过很好的修复之后,但仍然存在安全隐患的车辆。

2. 整体式车身结构的碰撞损伤是按弯曲、断裂、增宽和扭转的顺序进行的。

3. 碰撞事故车主要是检查车身是否有"伤",检查车上是否留有修复后的痕迹。因轿车和客车的车身在整个汽车中价值权重较大,维修费用较高,应先从车辆的漆面和钣金看起。

4. 用膜厚仪测量车身涂层厚度,如果涂层厚度大于新车涂层的标准厚度,说明这辆汽车曾经进行过修补涂装。

5. 汽车过火的地方比较容易辨认,过火并烧蚀较严重的金属会出现向排气歧管一样的颜色。凡是燃烧面积较大、燃烧时间较长、过火严重的车修复起来很困难,常应作报废处理,不能再使用了。因为过火的机件,金属变脆、退火,内部金相组织发生变化,不能继续使用,否则会留下严重的安全隐患。

## 考试模拟题

### 一、是非判断题

1. 汽车大修质量的评定采用综合项合格率来衡量,分为优等、一等、二等、不合格四级。（×）

2. 汽车技术状况变化的外观症状中的技术性能可靠性变差,如制动系统的有关机件磨损过度,则汽车的制动性能下降,甚至失去制动功能。（√）

3. 制动性能检测的技术要求。GB 7258—2017 规定,汽车制动性能和应急制动性能的路试检测在一般的路面即可,只要满足轮胎与地面间附着系数不小于0.7的混凝土或沥青路面上进行,检验时发动机与传动系统分离。（×）

4. 汽车整车大修质量检查评定是对汽车整车大修竣工质量和汽车整车大修基本检验技术文件完善程度的综合评价。（√）

## 二、单项选择题

1. 旧机动车鉴定评估中的路试检查车辆滑行性能,将机动车运行到(A)时,踏下离合器踏板,将变速器置于空挡滑行,根据经验,通过滑行距离估计汽车底盘传动系统传动效率,以判定传动系统技术状况。车辆滑行时,注意观察车辆是否有行驶跑偏现象。

  A. 50km/h    B. 60km/h    C. 90km/h    D. 120km/h

2. 汽车大修检验基本技术文件(简称"三单一证")中的一证,指的是(D)。

  A. 汽车大修进厂证      B. 汽车大修出厂证
  C. 汽车大修技术证      D. 汽车大修合格证

3. 汽车在各种复杂条件下运行,造成上述各类外观症状而导致故障的因素是多种多样的。有的是因为设计或制造缺陷所致,有的是由于使用不当、维修不良所引起,但大部分是(C)发生的。

  A. 维护不及时      B. 维修过度
  C. 长期运行正常磨损     D. 交通事故

4. 大修汽车进厂时,由汽车维修检验技术人员对送修车技术状况和装备齐全状况进行技术鉴定,并记录填写(A)。

  A. 汽车大修进厂检验单     B. 汽车大修工艺过程检验单
  C. 汽车大修竣工检验单     D. 汽车大修合格证

## 三、多项选择题

1. 机动车维修质量评估主要包括对(ABD)三部分的维修质量评估。

  A. 整车大修    B. 发动机大修    C. 底盘大修    D. 车身大修

2. 汽车技术状况变化的外观症状中的技术性能变差,主要体现在(ABC)。

  A. 动力下降    B. 可靠性变差    C. 经济性变差    D. 排放性下降

3. 旧机动车鉴定中的功能性零部件检查,需要对(ABCD)单独进行检查。

  A. 车身外部件    B. 驾驶舱内部件    C. 随车附件    D. 其他功能件

4. 整体式车身结构的碰撞损伤是按(ABCD)的顺序进行的。

  A. 弯曲    B. 断裂    C. 增宽    D. 扭转

# 第十七章

# 机动车质量检验与评估

(本章适用于检测维修工程师)

1. 发动机大修竣工验收中的发动机性能检查,包括发动机运转状况及检查、起动性能、怠速运转性能、进气歧管真空度、增压发动机的增压压力及温度、机油压力、额定功率和最大转矩、最低燃料消耗率和机油消耗量、排放性能、噪声、电子控制燃油喷射系统。

2. 汽油发动机大修竣工验收中规定,发动机在正常环境温度和低温255K(-18℃)时,都能顺利起动。允许起动3次。

3. 载客汽车大修竣工检验中,自动变速器的操纵装置除位于P、N外的任何挡位,发动机均应不能起动;当位于P位时,应有驻车锁止功能;车辆行驶中能按规定的换挡点进行升、降挡;换挡平顺、不打滑、无冲击、无异响。正常情况下不过热。

4. 载客汽车大修竣工检验中的行驶机构规定,最大设计车速不小于100km/h的汽车,车轮应进行动平衡试验,其动不平衡质量应不大于10g。

5. 载货汽车大修竣工检验中,主要结构参数应符合原设计规定,由修理改变的整备质量,不得超过新车出厂额定值的3%。

6. 载货汽车大修竣工检验中,全车电气线路应布置合理、连接正确;线束包扎良好、牢固可靠;线束通过孔洞处应有防护装置,且距离排气管不小于300mm;导线规格及线色符合规定,接头牢固、良好;熔断丝、熔断线及继电器的使用应符合原设计规定;裸露的电气接头及电气开关应距燃油箱的加油口和通气口200mm以上。

7. 汽车在维修企业进行二级维护后,必须进行竣工检验;各项目参数符合国家标准或行业标准及地方标准;竣工检验合格的车辆填写维护竣工出厂合格证后方可出厂。检验不合格的车辆应进行进一步的检验、诊断和维护,直到达到维护竣工技术要求为止。

8. 二级维护竣工中,对于发动机二级维护中的要求,发动机功率的要求是无负荷功率不小于额定值的80%。

9. 汽油发动机大修竣工验收中,对于发动机外观要求:

(1)发动机的外观应整洁、无油污。发动机外表应按规定喷漆,漆层应牢固,不得有起泡、剥落和漏喷现象。

(2)发动机点火、燃料供给、润滑、冷却和进排气等系统的附件应齐全,安装正确、牢固。

(3)发动机各部分应密封良好,不得有漏油、漏水、漏气现象;电器部分应安装正确、绝缘良好。

10. 汽油发动机大修竣工验收,发动机运转状况及检查中要求:发动机在各种工况下运转应稳定,不得有过热现象;不应有异常响声;突然改变工况时,应过渡圆滑,不得有突爆、回火、放炮等异常现象。

11. 在正常工作温度下,发动机怠速运转稳定,其怠速转速应符合原设计规定,并能保证向其他工况圆滑过渡。

12. 汽油发动机大修竣工验收,进气歧管真空度检验中要求:在正常工作温度和标准状态下,发动机怠速运转时,进气歧管真空度符合原设计规定,其波动范围:6 缸汽油发动机一般不超过 3kPa;4 缸汽油发动机一般不超过 5kPa。

13. 汽油发动机大修竣工验收中,对于质量保证中的规定为:维修单位对大修工出厂的发动机应给予质量保证,质量保证期自竣工之日起,不少于半年或行驶里程为 20000km(以先到者为准)。送修方应按技术文件要求进行使用和维护。

14. 柴油发动机大修竣工验收中,对发动机的额定功率和最大转矩要求为:在标准状态下,发动机额定功率和最大转矩不得低于原设计标定值的 90%。

15. 柴油发动机大修竣工验收中,对最低燃料消耗率不得大于原设计标定值的 105%;机油消耗量符合原设计规定。

16. 整车大修竣工出厂检验中,对于载客汽车大修的竣工检验要求:左右轴距差不得大于原设计轴距的 1/1000。

17. 载客汽车大修竣工检验中,对于传动机构检验要求:离合器接合平稳、分离彻底、操作轻便、工作可靠,不得有异响、打滑或发抖现象;踏板力不大于 300N。

18. 载客汽车大修竣工检验中的制动机构规定:装有排气制动的柴油车,当排气制动装置关闭 3/4 行程时,联动机构应使喷油泵完全停止供油;而当排气制动装置开启时,又能正常供油。

19. 大修竣工出厂的汽车,经检验合格,应签发"汽车大修出厂合格证"及有关技术文件。

20. 载货汽车大修竣工检验中,主要结构参数应符合原设计规定,由修理改变的整备质量,不得超过新车出厂额定值的 3%。

# 考试模拟题

## 一、是非判断题

1. 维修单位对大修竣工出厂的发动机应给予质量保证,质量保证期自竣工之日起,不少于一年或行驶里程为 20000km(以先到者为准)。送修方应按技术文件要求进行使用和维护。（×）

2. 在车辆的竣工检验中,自动变速器的操纵装置除位于 P、N 外的任何挡位,发动机均应不能起动;当位于 P 位时,应有驻车锁止功能;车辆行驶中能按规定的换挡点进行升、降挡;换挡平顺、不打滑、无冲击、无异响。正常情况下不过热。（√）

3. 轮胎胎冠上的花纹深度应符合 GB 7258—2017 中有关条款的要求;同轴上装用的轮胎型号、品种、花纹应一致;汽车转向轮不得装用翻新轮胎;轮胎气压应符合原设计规定;用滚型工艺制作的轮辋损坏后必须换装相同的轮辋。（√）

4. 载货汽车大修竣工检验，主要结构参数应符合原设计规定，由修理改变的整备质量，不得超过新车出厂额定值的 10%。　　　　　　　　　　　　　　　　　　( × )

## 二、单项选择题

1. 汽油发动机大修竣工验收中规定，发动机在正常环境温度和低温 255K（-18℃）时，都能顺利起动。允许起动(B)次。
   A. 2　　　　　　B. 3　　　　　　C. 4　　　　　　D. 5

2. 载客汽车大修竣工检验中的行驶机构规定：最大设计车速不小于 100km/h 的汽车，车轮应进行动平衡试验，其动不平衡质量应不大于(B)g。
   A. 5　　　　　　B. 10　　　　　C. 15　　　　　D. 20

3. 载货汽车大修竣工检验中，主要结构参数应符合原设计规定，由修理改变的整备质量，不得超过新车出厂额定值的(B)。
   A. 1%　　　　　B. 3%　　　　　C. 5%　　　　　D. 10%

4. 二级维护竣工中，对于发动机二级维护中的要求，发动机功率的要求是无负荷功率不小于额定值的(B)。
   A. 70%　　　　B. 80%　　　　C. 90%　　　　D. 100%

## 三、多项选择题

1. 发动机大修竣工验收中的发动机性能检查，包括(ABCD)。
   A. 起动性能　　　　　　　　B. 怠速运转性能
   C. 机油压力　　　　　　　　D. 增压发动机的增压压力及温度

2. 汽油发动机大修竣工验收中，对于发动机外观要求(ABC)。
   A. 发动机的外观应整洁、无油污。发动机外表应按规定喷漆，漆层应牢固，不得有起泡、剥落和漏喷现象
   B. 发动机点火、燃料供给、润滑、冷却和进排气等系统的附件应齐全，安装正确、牢固
   C. 发动机各部分应密封良好，不得有漏油、漏水、漏气现象；电器部分应安装正确、绝缘良好
   D. 发动机外观有明显标识，正确反映发动机生产年限、排量、型号等基本信息

3. 汽油发动机大修竣工验收，发动机运转状况及检查中要求，(ABCD)。
   A. 发动机在各种工况下运转应稳定
   B. 不得有过热现象
   C. 不应有异常响声
   D. 突然改变工况时，应过渡圆滑，不得有突爆、回火、放炮等异常现象

4. 载货汽车大修竣工检验中，全车电气线路应(ABCD)等。
   A. 布置合理、连接正确
   B. 线束包扎良好、牢固可靠
   C. 线束通过孔洞处应有防护装置，且距离排气管不小于 300mm
   D. 导线规格及线色符合规定，接头牢固、良好

# 第十八章 机动车节能技术

（本章适用于检测维修士）

1. 节能的目的是：减少国家整个经济发展对能源的需求，以尽可能少的能源消耗来获得尽可能多的经济效益。

2. 稀燃技术是指发动机可以燃用汽油蒸气含量很低的可燃混合气，空燃比可达到18，甚至更低。

3. 从理论上讲，混合气越稀，越接近空气循环，等熵指数 $k$ 值越大，热效率越高。但事实上，当过量空气系数 $\Phi_a > 1.05 \sim 1.15$ 之后，油耗反而增加。这是由于混合气过稀时，燃烧速度过于缓慢，等容燃烧速度下降，补燃增加，热功转换的有效性下降；燃烧速度下降，混合气发热量和分子改变系数减小，指示功减小，机械效率下降；混合气过稀，发动机对混合气分配的均匀性和汽油、空气和废气三者的混合均匀性变得更加敏感，循环变动率增加，个别缸失火概率增加等。

4. 稀薄燃烧汽油机是一个范围很广的概念，只要 $\alpha > 17$，且保证动力性能，就可以称为稀薄燃烧汽油机。

5. 稀燃汽油机可分为两大类：一类是均质稀燃；另一类为分层稀燃。而分层稀燃又可分为：进气道喷射分层稀燃方式和缸内直喷分层稀燃方式。

6. 缸内直喷发动机具有以下优点：

(1) 由于燃油在缸内汽化吸热使压缩终点温度降低，因而爆燃可能性减小，压缩比可以提高，由此可使燃油消耗率改善5%以上。

(2) 由于稀混合气燃烧时 $N_2$ 和 $O_2$ 双原子分子增多，气体的比热容比增大，可使理论循环热效率有较大提高。

(3) 由于燃烧放热速率提高等，可使燃油消耗率改善 2%～3%，而怠速改善 10% 以上。

(4) 由于取消了进气节流阀，泵气损失可降低15%。

(5) 中小负荷时，周边区域参与燃烧的程度较小，气体温度降低，使传热损失减小。

7. 柴油发动机排气污染和噪声：

(1) 由于增压柴油机有较充足的过量空气系数，有害气体排放量（HC、CO）一般为非增压柴油机的 $1/3 \sim 1/2$。

(2) 由于增压适当加大了过量空气系数 $\Phi_a$，使燃烧过程得到一定改善，其指示热效率 $\eta_{it}$ 往往也会有所提高。

(3) 如果采用增压中冷技术，可显著减少 $NO_x$ 排放。

(4)由于增压后,柴油机着火延迟期缩短,压力上升率降低,可以使燃烧噪声减少。

(5)由于涡轮增压器的设置,使进、排气噪声也有所减少。

8. 增压技术对汽油发动机影响,存在的主要问题:汽油机增压后,压缩终点和温度都加大,爆燃倾向加剧,热负荷更加严重。若燃料辛烷值不提高,就必须采取降低压缩比、推迟点火等相应措施,其结果会导致热效率的下降。此外,汽油机增压同样存在低速转矩特性和加速性能下降的问题。

9. 电控汽油喷射系统(Electronic Fuel Injection,EFI)是汽油发动机取消化油器而采用的一种先进的喷油装置,从汽油机上普及电控汽油喷射技术,汽油机混合气形成过程中,液体燃料的雾化得到改善,更重要的是可以根据工况的变化精确地控制燃油喷射量,使燃烧得更充分,从而提高功率,降低油耗,并满足排放法规的要求。

10. 柴油机电控系统的控制内容包括:喷油量控制;喷油正时控制;怠速控制;各缸喷油量不均匀的修正;废气再循环;起动预热控制;故障自诊断功能;故障保护功能。

11. 电控柴油发动机的最佳喷油提前角受发动机转速、负荷、冷却液温度、燃油温度、进气温度及压力等多种因素的影响。

12. 应选择最佳的轮胎工作气压,一般取轮胎压缩系数为10%时的气压。

13. 轮胎对整车燃油经济性的影响,由于发动机输出功率的30%~40%消耗在轮胎的滚动阻力上,而轮胎变形阻力占其滚动阻力总值的90%以上(轮胎空气阻力、轮胎与路面滑动阻力占10%左右)。

14. 多挡变速器是降低油耗的方式之一。变速器挡位数增加,其传动比级差减小,可选择合适的变速器传动比,使发动机的负荷率在80%~90%最大功率范围内,提高了发动机的动力性,此时发动机的比油耗也最低,又减少整车的燃料经济性。发动机过低负荷和全负荷时比油耗都将会增加。

15. 对底盘各部分调节的目的是提高底盘的滑行能力,以提高整车的燃油经济性。为了获得更好的燃油经济性,必须加强对各部总成和部件的保修、调整与润滑。

16. 发动机的比油耗是随汽车发动机负荷和转速的变化而变化。在发动机负荷为80%左右时最低。

17. 装载质量对载货汽车和公共汽车影响很大。一般情况下,满载时的百公里油耗比空驶多25%~30%,但百公里油耗却大大下降,对企业降低成本、提高运输经济效益有重大意义。

18. 复合动力电动汽车有两种基本的工作方式,即串联式、并联式和串并联(或称混联)式。

19. 混合动力电动汽车的动力系统主要由控制系统、驱动系统、辅助动力系统和电池组等部分构成。

20. 纯电动汽车,相对燃油汽车而言,主要差别在于四大部件:驱动电机、调速控制器、动力电池、车载充电器。相对于加油站而言,它有公用超快充电站。纯电动汽车的品质差异取决于这四大部件,其价值高低也取决于这四大部件的品质。纯电动汽车的用途也与四大部件的选用配置直接相关。

# 考试模拟题

## 一、是非判断题

1. 在发动机节能技术中的稀燃技术,发动机可以燃用汽油蒸气含量很低的可燃混合气,空燃比可达到18,甚至更低。所以说,空燃比越低对发动机节能效果越为明显。（×）

2. 由于柴油机使用了废气涡轮增压系统,当涡轮增压器工作时,必将增加发动机的排气噪声。（×）

3. 节能的目的是:减少国家整个经济发展对能源的需求,以尽可能少的能源消耗来获得尽可能多的经济效益。（√）

4. 对底盘各部分调节的目的是提高底盘的通过能力,以提高整车的燃油经济性。为了获得更好的燃油经济性,必须加强对各部总成和部件的保修、调整与润滑。（×）

## 二、单项选择题

1. 多挡变速器是降低油耗的方式之一。变速器挡位数增加,其传动比级差减小,可选择合适的变速器传动比,使发动机的负荷率在（C）最大功率范围内,提高了发动机的动力性,此时发动机的比油耗也最低,又减少整车的燃料经济性。发动机过低负荷和全负荷时比油耗都将会增加。
   A. 60%～70%　　　B. 70%～80%　　　C. 80%～90%　　　D. 90%～100%

2. 纯电动汽车,相对燃油汽车而言,主要差别在于四大部件:驱动电机、（B）、动力电池、车载充电器。
   A. 控制单元　　　B. 调速控制器　　　C. 各传感器组件　　　D. 各执行器组件

3. 柴油发动机如果采用增压中冷技术,可显著减少（C）排放。
   A. CO　　　B. $CO_2$　　　C. $NO_x$　　　D. $O_2$

4. 应选择最佳的轮胎工作气压,一般取轮胎压缩系数为（B）时的气压。
   A. 5%　　　B. 10%　　　C. 20%　　　D. 30%

## 三、多项选择题

1. 汽油发动机的缸内直喷技术具有（ABCD）优点。
   A. 燃油消耗率降低　　　　　　B. 循环热效率提高
   C. 提高发动机进气效率　　　　D. 降低传热损失

2. 电控汽油喷射系统使汽油机混合气形成过程中,液体燃料的雾化得到改善,更重要的是可以根据工况的变化精确地控制燃油喷射量,使燃烧得更充分,从而（ABC）的要求。
   A. 提高功率　　　　　　　　B. 降低油耗

C. 满足排放法规　　　　　　　　D. 提升车辆舒适性
3. 稀燃汽油机可分为(AC)两大类。
　　A. 均质稀燃　　　B. 混合稀燃　　　C. 分层稀燃　　　D. 高温稀燃
4. 电控柴油发动机的最佳喷油提前角受发动机(ABC)、燃油温度、进气温度及压力等多种因素的影响。
　　A. 转速　　　　B. 负荷　　　　C. 冷却液温度　　　D. 节气门开度

# 第十九章
# 机动车污染防治技术

（本章适用于检测维修士）

1. 汽油车排放控制技术：

（1）所有轻型汽油车应采用闭环电控燃油供给系统，安装三元催化转化器等排放控制装置；发动机改型设计时尽量采用多点燃油喷射技术。

（2）重型汽油车暂时不能采用电控技术的，宜采用稀燃加废气再循环系统，安装氧化型催化转化器来削减一氧化碳（CO）、碳氢化合物（HC）的污染排放。

（3）改善燃料和空气混合系统，采用多气门可变配气相位和进气涡流等技术，优化燃烧室结构。

（4）改进点火系统，采用高能电子点火技术。

（5）采用先进的发动机管理系统，尽快推广使用车载诊断系统技术，对汽车排放控制系统进行自动监控。

（6）鼓励开发稀薄燃烧（包括缸内直喷）发动机技术。

2. 使用压缩天然气（CNG）或液化石油气（LPG）为燃料的汽车，经过系统合理的匹配调整，其碳氢化合物（HC）和一氧化碳（CO）的排放量要比同等技术水平的汽油车（未装备尾气净化系统）低。

3. 机动车噪声控制关系环境保护、机动车行驶的平顺性和耐久性，因此噪声控制是非常重要的。

4. 就噪声控制来说，一般包括声源、传递途径和接受者控制措施。

5. 与发动机转速有关的噪声源主要有：进气噪声、排气噪声、冷却系统风扇噪声和发动机表面辐射噪声。

6. 根据噪声产生和传播的机理，可以把噪声防治技术分为以下三类：一是对噪声源的控制；二是对噪声传播途径的控制；三是对噪声接受者的保护。其中对噪声源的控制是最根本、最直接的措施，包括降低噪声的激振力及降低发动机部位对激振力的响应等，即改造振源和声源。

7. 发动机的噪声是由燃料燃烧、配气机构、正时齿轮及活塞的敲击噪声等合成的。

8. 进气噪声是发动机的主要噪声源之一，是发动机的空气动力噪声，随发动机转速的提高而增强。

9. 进气消声器与空气滤清器结合起来就成为最有效的进气消声器，消声量可超过20dBA。

10. 传动系统噪声来源于变速齿轮啮合引起的振动和传动轴旋转振动。一般采取的措施是：一是选用低噪变速器；二是发动机与变速器及后桥主减速器等部件与底盘用橡胶垫进行柔性连接，从而达到隔振的目的；三是控制转动轴的平衡度，降低扭转振动。

11. 随着车速的提高，车身的噪声也越来越大，主要起因是空气动力噪声。因此，提出了如下方案来改善车身噪声：一是对车身进行流线型设计，实现光滑过渡；二是在车身与车架之间采用弹性元件连接；三是进行室内软化，如在顶篷及车身内蒙皮间使用吸声材料。

12. 机动车在高速行驶时，轮胎也是产生噪声的一个来源。实车惰行法已经测得：轮胎的轮距越大，则噪声越大。

13. 轮胎的花纹与噪声的产生也有很大的关系，选用有合理花纹的钢丝帘布子午线轮胎是降低轮胎噪声的有效方法。

# 考试模拟题

## 一、是非判断题

1. 汽油车排放控制技术中，改进点火系统，可以减低尾气排放。　　　　　　（√）
2. 机动车在高速行驶时，轮胎也是产生噪声的一个来源。实车惰行法已经测得：轮胎的轮距越大，则噪声越小。　　　　　　（×）
3. 轮胎的花纹与噪声的产生也有很大的关系，选用有合理花纹的钢丝帘布子午线轮胎是降低轮胎噪声的有效方法。　　　　　　（√）
4. 传动系统噪声来源于变速齿轮啮合引起的振动和轮胎旋转振动。　　　　　　（×）

## 二、单项选择题

1. 汽油车排放控制技术中，所有轻型汽油车应采用闭环电控燃油供给系统，安装（D）等排放控制装置。

  A. 空气流量计　　　　　　　　B. 进气压力传感器
  C. 冷却液温度传感器　　　　　D. 三元催化转化器

2. 与发动机转速有关的噪声源主要有：进气噪声、排气噪声、冷却系统风扇噪声和（C）。

  A. 运转振动　　　　　　　　　B. 燃烧振动
  C. 发动机表面辐射噪声　　　　D. 其他元件接触噪声

3. 进气消声器与空气滤清器结合起来就成为最有效的进气消声器，消声量可超过（B）dBA。

  A. 10　　　　B. 20　　　　C. 30　　　　D. 50

4. 就噪声控制来说，下面（D）项不是控制措施。

  A. 声源　　　　B. 传递途径　　　　C. 接受者控制　　　　D. 噪声环境

## 三、多项选择题

1. 汽油车排放控制技术中,改善燃料和空气混合系统,采用(BC)等技术,优化燃烧室结构。
   - A. 特殊类型气门
   - B. 多气门可变配气相位
   - C. 进气涡流
   - D. 新型火花塞

2. 使用压缩天然气(CNG)或液化石油气(LPG)为燃料的汽车,经过系统合理的匹配调整,其(BD)的排放量要比同等技术水平的汽油车(未装备尾气净化系统)低。
   - A. $CO_2$
   - B. CO
   - C. $O_2$
   - D. HC

3. 根据噪声产生和传播的机理,可以把噪声防治技术分为(ABD)三类。
   - A. 对噪声源的控制
   - B. 对噪声传播途径的控制
   - C. 对噪声辐射的控制
   - D. 对噪声接受者的保护

4. 随着车速的提高,车身的噪声也越来越大,主要起因是空气动力噪声。因此,提出了如下方案来改善车身噪声:(ABC)。
   - A. 对车身进行流线型设计,实现光滑过渡
   - B. 在车身与车架之间采用弹性元件连接
   - C. 进行室内软化
   - D. 实用新型特殊材料,改变车身结构

机动车检测评估与运用技术考试用书

# 第二十章
# 机动车辆技术管理

(本章适用于检测维修工程师)

## 第一节 机动车技术管理的任务和原则

1. 机动车技术管理的基本任务是保持运输车辆技术状况良好,保证安全生产,充分发挥运输车辆的效能和降低运行消耗,遵循的是原交通部颁发的《汽车运输业车辆技术管理规定》(13号部令)。部令是对营运车辆的综合性技术管理,适用于所有从事汽车运输的单位和个人。

2. 机动车技术管理的原则:
(1)坚持两个相结合,实施全过程综合管理。
(2)依靠先进科技,采用现代化管理方法。
(3)确保运输车辆使用中的良性循环。

## 第二节 车辆技术档案的建立和管理

1. 车辆技术档案的格式由各省、自治区、直辖市交通厅(局)统一制定。以确保其内容和格式的统一,便于管理。同时,车辆技术档案应作为发放、审核营运证的依据之一。交通运输管理部门要督促指导运输单位和个人建立车辆技术档案。对未建档或档案不完整的车辆,不予发放营运证。

2. 车辆技术档案的建立与管理,是将车辆从购置到报废全过程的技术管理活动,系统扼要地记入车辆技术档案。运输单位和个人必须逐车建立车辆技术档案,做到有车即有档。新车未建档或档案不完整,不允许运行。技术档案随车调动,车辆报废后应上缴。

## 第三节 汽车技术状况变化的原因、规律及影响因素

1. 汽车技术状况变化的根本原因是零件的损坏。零件损坏的具体原因有:因零件间的摩擦产生的磨损;有害物质对零件腐蚀;交变载荷作用使零件疲劳;外载、温度等内应力使零件变形;非金属件、电器元件因长时间作用而老化;偶然事件造成零件损伤、损坏等。
2. 老化是因时间、温度效应,或与其他物质的相互作用,零件发生聚合、降解、晶格重组等物化变化,失去其原有机械物理性质;橡胶件(轮胎、油封、膜片等)和电器元件变脆等。自然老化不可抗拒,但可延缓。

## 第四节 汽车折旧、更新与报废的有关规定

1. 汽车折旧是指在汽车随时间的推移或在使用过程中,由于耗损而转移到产品中去的那部分价值,对于营运车辆,当这部分价值随着车辆产生收益的回收、积累,形成折旧基金。
2. 以新车辆或高效率、低消耗、性能先进的车辆更换在用车辆,称为车辆更新。
3. 汽车从开始使用到不能使用的整个时期称为汽车使用寿命。影响车辆使用寿命的因素很多,基本上可分为技术上的和经济上的两大类。技术因素:车辆本身的制造和维修质量;车辆的运行条件,如道路条件、货物种类、装卸方法、驾驶操作水平、车速和装载质量等;有形损耗等。经济因素:大修费、维修费和运行材料费等;基本折旧率的规定等。
4. 从技术角度上看,车辆在使用中,机件会不断地磨损、腐蚀、疲劳和老化。随着车龄的增长,整车、总成和部件的性能会逐渐恶化,直到不能保持正常的运行技术状况为止,这之间的年限称为汽车的技术寿命。

## 考试模拟题

### 一、是非判断题

1. 车辆技术档案的格式由国家部委统一制定。以确保其内容和格式的统一,便于管理。同时,车辆技术档案应作为发放、审核营运证的依据之一。交通运输管理部门要督促指导运

输单位和个人建立车辆技术档案。对未建档或档案不完整的车辆,不予发放营运证。（×）

2. 机动车技术管理的基本任务是保持运输车辆技术状况良好,保证安全生产,充分发挥运输车辆的效能和降低运行消耗,遵循的是原交通部颁发的《汽车运输业车辆技术管理规定》(13号部令)。部令是对营运车辆的综合性技术管理,适用于所有从事汽车运输的单位和个人。（√）

3. 老化是因时间、温度效应,或与其他物质的相互作用,零件发生聚合、降解、晶格重组等物化变化,失去其原有机械物理性质;橡胶件(轮胎、油封、膜片等)和电器元件变脆等。自然老化不可抗拒,无法延缓。（×）

4. 以新车辆或高效率、低消耗、性能先进的车辆更换在用车辆,称为车辆更新。（√）

## 二、单项选择题

1. 交通运输管理部门要督促指导运输单位和个人建立车辆技术档案。对未建档或档案不完整的车辆,(D)。
   A. 限时整改　　　B. 暂时可以营运　　　C. 特定区域营运　　　D. 不予发放营运证

2. 橡胶件(轮胎、油封、膜片等)和电器元件变脆等。自然老化不可抗拒,但可(C)。
   A. 维护　　　　　B. 提前　　　　　　　C. 延缓　　　　　　　D. 保持

3. 车辆技术档案应作为发放、审核(D)的依据之一。
   A. 驾驶证　　　　B. 准驾证　　　　　　C. 行车证　　　　　　D. 营运证

4. 汽车技术状况变化的根本原因是(D)。
   A. 不按期维护　　B. 制造质量　　　　　C. 使用不当　　　　　D. 零件的损坏

## 三、多项选择题

1. 机动车技术管理的原则是(ABC)。
   A. 坚持两个相结合,实施全过程综合管理
   B. 依靠先进科技,采用现代化管理方法
   C. 确保运输车辆使用中的良性循环
   D. 保证车辆能始终处于良好使用状态

2. 车辆技术档案的格式由各(ABC)统一制定。
   A. 省　　　　　　　　　　　　　　　　B. 自治区
   C. 直辖市交通厅(局)　　　　　　　　　D. 县及处室

3. 影响车辆使用寿命的因素很多,经济因素包含(ABCD)。
   A. 大修费　　　　B. 维修费　　　　　　C. 运行材料费　　　　D. 基本折旧率

4. 从技术角度上看,车辆在使用中,机件会不断地(ABCD)。
   A. 磨损　　　　　B. 腐蚀　　　　　　　C. 疲劳　　　　　　　D. 老化

# 第二十一章 机动车辆检测维修设备管理

(本章适用于检测维修工程师)

1. 汽车维修设备管理是以汽车维修企业生产经营目标为依据,通过一系列的技术、经济和组织措施,对设备的设计制造、购置、安装、使用、维护、修理、改造、更新,直至报废的全过程进行的管理。

2. 汽车维修设备管理是对设备从选型、采购计划开始,直至设备报废为止的全过程管理。设备管理的全过程涉及选型采购、安装、使用等许多部门和单位,所以客观上设备全过程管理是社会管理。

## 第一节 汽车维修设备的分类

1. 设备的分类主要依据设备的结构、性能和工艺特征。凡设备性能基本相同,又属于各行业通用的,列为通用设备;设备结构、性能只适用于某一行业专用,列为专用设备。

2. 汽车维修设备也同样分为两大类,即汽车维修通用设备和汽车维修专用设备。

## 第二节 检测维修设备技术档案的建立和管理

1. 设备技术档案是用以反映设备技术性能和基本状况的重要资料。

2. 配备与设备相适应的操作人员,充分发挥设备的性能,使设备经常处于最佳的工作状态。

3. 工人在独立使用汽车维修设备之前,必须经过专业培训,掌握设备的构造和操作要领,使其具备"三好"(管好、用好、维护好)、"四会"(会使用、会维护、会检查、会排除故障)的基本功,方可独立使用汽车维修设备。

4. 一般来说,安装汽车维修设备的厂房应清洁、宽敞、明亮。

5. 汽车维修企业的领导和设备管理部门,应积极组织职工开展正确使用和爱护汽车维修设备的竞赛活动,使设备操作人员养成维护设备的良好习惯。

6. 汽车维修设备使用的岗位责任制是本着设备谁使用、谁管理、谁负责的原则,明确规定了保管的责任。

7. 实行定人定机的好处是:把设备的使用、保管责任落实到操作者本人,使设备使用、保管工作建立在群众管理的基础上。

8. 汽车维修设备凡有下列情况之一者均可更新:

(1)经过大修已不能达到维修生产工艺要求的汽车维修设备。

(2)技术性能落后,经济效益很差的汽车维修设备。

(3)耗能大或严重污染环境,危害人身安全与健康,进行技术改造又不经济的汽车维修设备。

# 考试模拟题

## 一、是非判断题

1. 一般来说,安装汽车维修设备的厂房应清洁、宽敞、明亮,对于湿度基本无特殊要求。（×）

2. 配备与设备相适应的操作人员,充分发挥设备的性能,使设备经常处于最佳的工作状态。（√）

3. 汽车维修企业的领导和设备管理部门,应积极组织职工开展正确使用和爱护汽车维修设备的竞赛活动,使设备操作人员养成维护设备的良好习惯。（√）

4. 实行定人定机的好处是:把设备的使用、保管责任落实到操作者本人,使设备使用、保管工作建立在群众管理的基础上。（√）

## 二、单项选择题

1. 汽车维修设备管理是对设备从选型、采购计划开始,直至设备报废为止的全过程管理。设备管理的全过程涉及选型采购、安装、使用等许多部门和单位,所以客观上设备全过程管理是(D)。

    A. 专业管理    B. 普通管理    C. 定期管理    D. 社会管理

2. 汽车维修设备使用的岗位责任制是本着设备谁使用、谁管理、谁负责的原则,明确规定了(C)的责任。

    A. 维护    B. 使用    C. 保管    D. 更新

3. 汽车维修设备下列(D)种情况不是设备更新的原则。

    A. 经过大修已不能达到维修生产工艺要求的汽车维修设备

    B. 技术性能落后,经济效益很差的汽车维修设备

C. 耗能大或严重污染环境,危害人身安全与健康,进行技术改造又不经济的汽车维修设备

D. 设备使用年限过长,与新型设备比较,比较笨重

4. 汽车维修设备维护作业中的一级维护,以设备(B)为主,设备维修工辅导,按维修计划对汽车维修设备进行局部或重要部位拆卸和检查,彻底清洗设备外表面和设备内部,疏通油路,清洗或更换滤油器,调整各部间隙,紧固各部位,并做好维护记录。

  A. 保管人员    B. 操作人员    C. 专业维修人员    D. 指定人员

## 三、多项选择题

1. 汽车维修设备也同样分为两大类,即(BC)。

  A. 汽车维修特殊设备    B. 汽车维修通用设备

  C. 汽车维修专用设备    D. 汽车维修主要设备

2. 设备技术档案是用以反映设备(AB)的重要资料。

  A. 技术性能    B. 基本状况    C. 主要性能    D. 操作范围

3. 工人在独立使用汽车维修设备之前,必须经过专业培训,掌握设备的构造和操作要领,使其具备"三好"(ABD)。

  A. 管好    B. 用好    C. 记录好    D. 维护好

4. 工人在独立使用汽车维修设备之前,必须经过专业培训,掌握设备的构造和操作要领,使其具备"四会"分别为(ABD)和会排除故障。

  A. 会使用    B. 会维护    C. 会修理    D. 会检查

# 第二十二章

# 机动车电气故障检测与诊断工具

（本章适用于检测维修工程师）

1. 起动机起动电流测量。测试项目选择开关置于400mV挡（1mV相当于1 A的电流，即用测量电流传感器电压的方法来测量起动机起动电流），把霍尔式电流传感夹夹到蓄电池线上，其引线插头插入电流测量座孔，按下最小/最大功能按钮，然后拆下点火高压线，用起动机转动曲轴2~3s，显示屏即显示起动电流。

2. 使用万用表进行氧传感器测试，拆下氧传感器线束连接器，将测试项目选择开关置于"4V"挡，按下DC功能按钮，使显示屏显示"DC"，再按下最小/最大功能按钮，将黑线搭铁，红线与氧传感器相连，然后以快怠速（2000r/min）运转发动机，使氧传感器工作温度达360℃以上。此时，如混合气浓，氧传感器输出电压约为0.8V；如混合气稀，氧传感器输出电压为0.1~0.2V；当氧传感器工作温度低于360℃时（发动机处于开环工作状态），氧传感器无电压输出。

3. 万用表使用过程中，测试项目选择开关置于频宽比挡，测出喷油器工作脉冲频率的频宽比后，再把测试项目选择开关置于频率（Freq）挡，测出喷油器工作脉冲频率（Hz），然后通过计算得出喷油脉宽。

4. 在汽车电控系统故障排除后，需要对车辆系统中的故障码进行清除；清除故障码时，将点火开关置于ON位或起动发动机。

5. 使用电脑故障诊断仪对汽车进行测试结束后，应先切断电源，然后将电缆插头拆下。

6. 汽车用示波器具有波形显示、数字万用表和诊断数据库等功能。

7. 汽车用示波器的诊断数据库资料，可提供传感器、动作执行元件、控制信号的测试以及制造商和各系统的信息，如一般元件的工作原理、技术参数、接头位置和正常波形等。

8. 使用示波器对元件测试时，需要选择待测车型、车型生产年份、发动机形式和元件选项。

9. 发动机综合性能分析仪的基本功能中无外载测功，而采用加速法测功。

10. 无外载测功的理论依据尚需斟酌，首先这一方法所测得的是发动机的加速性能，仅仅是动力性能的一个侧面，而不是全部。众所周知，功率指标高的发动机其加速性能不一定优良。但因无外载测功法简单易行，在没有测功设备或无须严格要求最终测试结果的情况下，例如作为同一台发动机调整前后或维修前后的质量判断，这种方法是十分有效的。

11. 现在车辆的点火系统大体分为触点式点火系统、无触点点火系统、ECU控制的点火系统和无分电器点火系统。

12. 汽缸的密封性与汽缸体、汽缸盖、汽缸垫、活塞、活塞环和进排气门等零件的技术状况有关。在发动机使用过程中,由于这些零件磨损、烧蚀、结焦或积炭,导致汽缸密封性下降。

13. 在不解体的条件下,检测汽缸密封性的常用方法有:测量汽缸压缩压力;测量曲轴箱窜气量;测量汽缸漏气量或汽缸漏气率;测量进气管负压等。在就车检测时,只要进行其中的一项或两项,就能确定汽缸密封性的好坏。

14. 发动机正常运转,使冷却液温度达75℃以上。停机后,拆下空气滤清器,用压缩空气吹净火花塞或喷油器周围的灰尘和脏物,然后拆下全部火花塞或喷油器,并按汽缸次序放置。对汽油发动机,还应把分电器中央电极高压线拔下并可靠搭铁,以防止电击和着火,然后把汽缸压力表的橡胶接头插在被测汽缸的火花塞孔内,扶正压紧。节气门置于全开位置,用起动机转动曲轴3~5 s(不少于4个压缩行程),待压力表头指针指示并保持最大压力后停止转动。取下汽缸压力表,记下读数,按下止回阀使压力表指针回零。按上述方法依次测量各汽缸压力,每缸测量次数不少于两次。

15. 汽缸压缩压力标准值一般由汽车厂商提供。按照《营运车辆综合性能要求和检验方法》(GB 38900—2020)的规定,在用汽车发动机各汽缸压力应不小于原设计值的85%,每缸压力与各缸平均压力的差:汽油机应不大于8%,柴油机应不大于10%。根据《汽车修理质量检查评定标准 发动机大修》(GB/T 15746.2—2011)附录B的规定:大修竣工发动机的汽缸压力应符合原设计规定,每缸压力与各缸平均压力的差:汽油机不超过8%,柴油机不超过10%。

16. 一般汽车每行驶20000~40000km或1~2年,应更换燃油滤清器。更换燃油滤清器时,应首先释放燃油系统压力,并注意燃油滤清器壳体上的箭头标记为燃油流动方向。

17. 柴油机主要传感器包括燃油温度传感器、进气管绝对压力和温度传感器、加速踏板位置传感器、喷油器针阀升程传感器、凸轮轴/曲轴位置传感器和空气流量传感器。

# 考试模拟题

## 一、是非判断题

1. 对于汽车的动力性能来说,功率指标高,发动机的加速性能不一定优良。　　　(√)

2. 由于发动机综合性能分析仪采用的测试发动机动力性的方法具有一定的局限性,故不能全面的反应发动机动力性;但是,对于同一台发动机调整前后或维修前后的质量判断,这种方法是十分有效的。　　　(√)

3. 使用万用表测试起动机起动电流时,把霍尔式电流传感夹夹到蓄电池线上,其引线插头插入电流测量座孔,按下最小/最大功能按钮,起动发动机运行2~3s,显示屏即显示起动电流。　　　(×)

4. 对于万用表的使用,可以使用万用表直接检测喷油器喷油脉宽。　　　(×)

## 二、单项选择题

1. 测量起动机起动电流,测试项目选择开关置于(D)挡(1mV 相当于 1 A 的电流,即用测量电流传感器电压的方法来测量起动机起动电流),把霍尔式电流传感夹夹到蓄电池线上,其引线插头插入电流测量座孔,按下最小/最大功能按钮,然后拆下点火高压线,用起动机转动曲轴 2~3s,显示屏即显示起动电流。

    A. 20mV          B. 50mV          C. 100mV          D. 400mV

2. 测试汽缸压力时,每缸测量次数不能少于(B)次。

    A. 1             B. 2             C. 3             D. 4

3. 在汽车电控系统故障排除后,需要对车辆系统中的故障码进行清除;清除故障码时,应在发动机(D)时进行。

    A. 不起动                      B. 怠速运行

    C. 高速运行                   D. 不起动但要将点火开关置于 ON

4. 使用万用表进行氧传感器测试,拆下氧传感器线束连接器,将测试项目选择开关置于"4V"挡,按下 DC 功能按钮,使显示屏显示"DC",再按下最小/最大功能按钮,将黑线搭铁,红线与氧传感器相连,然后以快怠速(2000r/min)运转发动机,使氧传感器工作温度达(C)以上。

    A. 100℃          B. 200℃          C. 360℃          D. 450℃

## 三、多项选择题

1. 汽车用示波器具有(ABD)等功能。

    A. 波形显示      B. 数字万用表      C. 故障分析      D. 诊断数据库

2. 汽车用示波器的诊断数据库资料,提供传感器、动作执行元件、控制信号的测试以及制造商和各系统的信息,如一般元件的(ABCD)等。

    A. 工作原理      B. 技术参数      C. 接头位置      D. 正常波形

3. 使用示波器对元件测试时,需要选择(ABCD)。

    A. 待测车型      B. 车型生产年份      C. 发动机形式      D. 元件选项

4. 在不解体的条件下,检测汽缸密封性的常用方法有:(ABC);测量进气管负压等。在就车检测时,只要进行其中的一项或两项,就能确定汽缸密封性的好坏。

    A. 测量汽缸压缩压力             B. 测量曲轴箱窜气量

    C. 测量汽缸漏气量或汽缸漏气率      D. 排气压力

# 第二十三章 机动车电子控制技术

## 第一节 发动机电子控制技术

(1~5条适用于检测维修士,6~15条适用于检测维修工程师)

1. 在汽油机电控燃油喷射(EFI)系统中,喷油量控制是最基本的也是最重要的控制内容。电控单元(ECU)主要根据进气量确定基本喷油量,再根据其他传感器(如冷却液温度传感器和节气门位置传感器等)信号对喷油量进行修正,使发动机在各种运行工况下均能获得最佳浓度的混合气,从而提高发动机的动力性、经济性和排放性。除喷油量控制外,汽油机电控燃油喷射系统的功能还包括喷油正时控制、断油控制和燃油泵控制。

2. 失效保护系统的功能主要是当传感器或传感器线路发生故障时,控制系统自动按ECU中预先设定的参考信号值工作,以便发动机能继续运转。例如:冷却液温度传感器电路有故障时,可能会向ECU输入低于-50℃或高于139℃的冷却液温度信号,失效保护系统将自动按设定的标准冷却液温度信号(80℃)控制发动机工作,否则会引起混合气过浓或过稀,导致发动机不能工作。

3. 应急备用系统的功能是当控制系统ECU发生故障时,自动启用备用系统(备用集成电路),按设定的信号控制发动机转入强制运转状态,以防车辆停驶在途中。应急备用系统只能维持发动机运转的基本功能,但不能保证发动机性能。

4. 进气温度传感器的功用是给ECU提供进气温度信号,作为燃油喷射控制和汽油机点火控制的修正信号。

5. 汽油机燃料供给系统基本相同,都是由电动燃油泵、燃油滤清器、燃油压力调节器、脉动阻尼器及输油管等组成。

6. 电控燃油喷射发动机装用的空气滤清器一般都是干式纸质滤芯式,其结构与工作原理和普通发动机上的空气滤清器相同。

7. 空气流量传感器是用来测定发动机进气量的传感器。电控汽油喷射发动机为了在各种工况下都能获得最佳浓度的混合气,必须正确地测定每一瞬间吸入发动机的空气量,以此作为ECU控制喷油量的主要依据。

8. 在汽油机上,通常用节气门来控制发动机的负荷(即进气量)。节气门位置传感器

(TPS)是用来检测节气门开度及变化的传感器。发动机工作时,ECU 主要根据节气门位置传感器信号判断发动机负荷的大小及变化情况,以便根据发动机负荷的大小及变化情况进行燃油喷射控制及其他辅助控制(如 EGR 控制、开/闭环控制等)。

9. 检查节气门体内腔的积垢和结胶情况,必要时用清洗剂进行清洗。注意:绝对不允许用砂纸或刮刀等清理积垢和结胶,以免损伤节气门体内腔,导致节气门关闭不严或改变怠速空气道尺寸,影响发动机正常工作。

10. 燃油滤清器安装在燃油泵之后的高压油路中,其功用是滤除燃油中的杂质和水分,防止燃油系统堵塞,减小机械磨损,以保证发动机正常工作。

11. 燃油压力调节器的功用是调节燃油压力,使喷油压差保持恒定。

12. 点火线圈可将火花塞跳火所需的能量储存在线圈的磁场中,并将电源提供的低压电转变为足以在电极间产生击穿点火的 15~20kV 高压电。在有分电器式电控点火系统中,只有一个点火线圈,而无分电器式点火系统中则有多个点火线圈。

13. 爆燃控制系统实际就是增加了爆震传感器的电控点火系统,ECU 根据爆震传感器的信号对点火提前角实行反馈控制。

14. 提高柴油的喷射压力,使燃油雾化质量提高,有利于改善柴油机的燃烧过程,从而降低排放和噪声。为此,继直列柱塞泵电控系统和分配泵电控系统之后,喷油量的时间控制被应用在具有较高喷射压力的柴油机 P-T 燃料供给系统中,形成了泵喷嘴电控系统。

15. 滤清器串联安装在燃油系统的低压油路中,其功用是滤除柴油中的杂质和水分。轿车常用的柴油滤清器一般为整体不可拆式,它旋装在滤清器座上。柴油流经滤清器时,杂质和水分被滤芯滤除,杂质黏附在滤芯上,水分则沉积到壳体下部的集水腔中,清洁的柴油经出油口流出。

## 第二节　底盘电子控制技术

(1~4 条适用于检测维修士,5~8 条适用于检测维修工程师)

1. 底盘电子控制技术按照汽车结构和总成控制功能可分为驱动控制、制动控制、转向控制、车身姿态控制和综合控制。

2. 电子稳定系统(ESP)通过对不同车轮独立地实施制动,使车辆产生相应的回转力矩,来避免"漂出"和"甩尾"的产生。ESP 通过横摆角度传感器,识别车辆绕垂直于地面轴线方向的旋转角度,侧向加速传感器识别车辆实际运动方向,若 ESP 判定为出现过度转向,ESP 将制动前轮,防止出现甩尾并减弱过度的转向趋势稳定车辆,若 ESP 判定为出现不足转向,将制动内测前轮,使车辆进一步沿驾驶员转弯方向偏转从而稳定车辆。

3. 电控驱动防滑控制系统(ASR)的基本功能:防止汽车在加速过程中打滑,特别是防止汽车在非对称路面或在转弯时驱动轮的空转,以保证汽车行驶方向的稳定性,操纵性和维持汽车的最佳驱动力以及提高汽车的平顺性。由于驱动防滑转系统是通过调节驱动车轮的牵引力来实现驱动车轮滑转控制的,因此也被称为牵引力控制系统(简称TCS)。

4. 为了改善整车的转向特性和响应特性,低速时改善车辆的机动性,高速时改善车辆的稳定性,四轮转向控制开始出现。

5. 自动变速器的电子控制系统包括传感器及开关、电子控制单元(ECU)和执行器三部分。

6. 无级变速器(CVT)工作传动比范围宽,容易与发动机形成理想的匹配,从而改善燃烧过程,降低油耗和排放。

7. 汽车防抱死制动系统(Anti-locked Braking System,ABS)是一种安全控制制动系统,目前已经成为轿车及客车的标准配置。ABS既有普通制动系统的制动功能,又能防止车轮制动抱死,保证汽车的制动方向稳定性,防止产生侧滑和跑偏。

8. 电动动力转向系统的基本原理是根据汽车行驶速度(车速传感器输出信号)及转矩、转向角信号,由ECU控制电动机及减速机构产生助力转矩,使汽车在低速、中速和高速下都能获得最佳的转向效果。

## 第三节 车身电气电子技术

(1~2条适用于检测维修士,3~9条适用于检测维修工程师)

1. 汽车的行驶安全系统主要有安全气囊、雷达防撞系统、安全带控制系统和前照灯控制系统。

2. 安全气囊系统(Supplemental Restraint System,SRS)又称辅助乘员保护系统。它是一种当汽车遭到冲撞而急剧减速时能很快膨胀的缓冲垫,通常它与座椅安全带配合使用,可以为乘员提供十分有效的防撞保护。

3. 汽车空调制冷系统的作用,就是人为地对驾驶室及车厢内的空气温度、空气湿度、空气流动速度和空气洁净度等全部或部分地进行调节,将其控制在合适范围内,从而创造一个合适的工作及乘坐环境。汽车空调的主要调节内容包括温度、湿度、空气洁净度、空气流动速度等。

4. 制冷循环系统主要由压缩机、冷凝器、膨胀阀、蒸发器、储液干燥器及连接管路等部件组成。

5. 发动机带动压缩机运转,将蒸发器送来的低温低压的制冷剂蒸气吸入压缩机内进行压缩后,变成高温高压的气体,送给冷凝器使气态制冷剂液化并放出热量,成为中温高压的液态制冷剂。

6. 蒸发器与膨胀阀、鼓风机等组成蒸发箱,是整个空调系统产生制冷作用的中心。由鼓风机吹来的暖气流通过散热器的散热片和管子,从膨胀阀喷出的低温低压制冷剂进入蒸发器后,从暖气流中吸收大量的热量而沸腾,转变成气态制冷剂,从而使流过散热器的暖气流冷却,达到车内降温的目的。

7. 节流膨胀装置将从冷凝器出来的高压液态制冷剂进行减压处理,从而变成低压的容易蒸发的雾状制冷剂。常用的节流元件主要是热力膨胀阀和节流膨胀管。

8. 电控空调控制单元的输入信号有 3 种:第一种,车内温度传感器、车外环境温度传感器、阳光辐射温度传感器等各种传感器传来的信号;第二种,驾驶员设定的温度信号、选择功能信号;第三种,由电位计检测出的空气混合风门的位置信号。

9. 汽车空调自动控制系统的执行器主要是对风机电动机、压缩机、风门伺服电动机等动作部件的控制。

# 考试模拟题

## 一、是非判断题

1. ESP 通过横摆角度传感器,识别车辆绕垂直于地面轴线方向的旋转角度,侧向加速传感器识别车辆实际运动方向。　　　　　　　　　　　　　　　　　　　　　　(√)

2. 由于驱动防滑转系统是通过调节驱动车轮的牵引力来实现驱动车轮滑转控制的,因此也被称为牵引力控制系统(简称 TCS)。　　　　　　　　　　　　　　　　　　(√)

3. 进气温度传感器(IATS)的功用是给 ECU 提供进气温度信号,作为燃油喷射控制和汽油机点火控制的主控信号。　　　　　　　　　　　　　　　　　　　　　　　(×)

4. 失效保护系统的功能主要是当传感器或传感器线路发生故障时,控制系统自动按 ECU 中预先设定的参考信号值工作,以便发动机能继续运转。　　　　　　　　　(√)

## 二、单项选择题

1. 汽车的行驶安全系统主要有安全气囊、雷达防撞系统、安全带控制系统、(D)。
　　A. 动力控制系统　　　　　　　　　　B. 转向控制系统
　　C. 辅助行车系统　　　　　　　　　　D. 前照灯控制系统

2. 冷却液温度传感器电路有故障时,可能会向 ECU 输入低于 -50℃或高于 139℃的冷却液温度信号,失效保护系统将自动按设定的标准冷却液温度信号(C)℃控制发动机工作,否则会引起混合气过浓或过稀,导致发动机不能工作。
　　A. 60　　　　　B. 70　　　　　C. 80　　　　　D. 90

3. 电控燃油喷射发动机装用的空气滤清器一般都是(A)滤芯式,其结构与工作原理和普通发动机上的空气滤清器相同
　　A. 干式纸质　　B. 湿式纸质　　C. 油浴式　　D. 复合式

4. 发动机工作时,ECU 主要根据(D)信号判断发动机负荷的大小及变化情况,以便根据发动机负荷的大小及变化情况进行燃油喷射控制及其他辅助控制(如 EGR 控制、开/闭环控制等)。

A. 进气温度传感器　　　　　　　　B. 冷却液温度传感器
C. 空气流量传感器　　　　　　　　D. 节气门位置传感器

## 三、多项选择题

1. 现在车辆的点火系统大体分为以下(ABCD)。
   A. 触点式点火系统　　　　　　　B. 无触点点火系统
   C. ECU控制的点火系统　　　　　D. 无分电器点火系统
2. 汽油机燃料供给系统由电动燃油泵、燃油滤清器、(ACD)等组成。
   A. 燃油压力调节器　　　　　　　B. 油水分离器
   C. 脉动阻尼器　　　　　　　　　D. 输油管
3. 一般汽车每行驶(AC),应更换燃油滤清器。
   A. 20000~40000km　　　　　　B. 40000~50000km
   C. 1~2年　　　　　　　　　　　D. 3~4年
4. 在汽油机电控燃油喷射(EFI)系统中,除喷油量控制外,汽油机电控燃油喷射系统的功能还包括(ACD)。
   A. 喷油正时控制　　　　　　　　B. 喷油器开启时间控制
   C. 断油控制　　　　　　　　　　D. 燃油泵控制

# 第二十四章

# 机动车电子控制系统故障诊断

(本章适用于检测维修工程师)

1. 电控燃油喷射系统(Electronic Fuel Injection,EFI),设有故障自诊断系统。故障自诊断系统是由ECU(Electronic Control Unit)控制的,能时刻监测电控系统各部件工作情况并将发现的故障以代码的形式存入微机存储器内的一种自我诊断系统,具有故障诊断和处理功能。

2. 故障自诊断系统在检测到故障后,一方面通过一定的显示方式通知汽车驾驶员,告知发动机电控系统出现了故障,另一方面立即启用应急备用系统,对喷油、点火等按预先编好的程序进行简单控制,以利驾驶员把汽车驶到(带故障运行)汽车修理厂或驻地。

3. 电控燃油喷射发动机出现故障时,在进行必要的倾听用户意见和外观检查之后,只要显示诊断代码,就应首先按诊断代码的含义和指示的方法进行快速诊断。

4. 发动机电控系统工作时,电子控制器(ECU)输入、输出信号的电平是在规定范围内变化的。如果某一输入信号超出规定范围,ECU就判定该路信号出现故障。

5. 微机系统一般不容易发生故障,但偶尔发生故障时会影响控制程序正常运行,使汽车不能正常行驶。

6. 在微机系统中还设有应急回路,当该回路收到监视回路发出的异常信号时,立即启用应急备用系统,使汽车保持一定的运行能力。

7. 有时,即使冷却液温度传感器本身没有故障,但线路开路,自诊断系统同样会显示冷却液温度传感器有故障。因此,在判断故障时,除了检查传感器本身外,还要检查线束、接插件(连接器)和传感器与ECU之间的电路。

8. 需要指出的是,自诊断系统对于偶尔出现一次的不正常信号,并不立即判定是故障,只有不正常信号保持一定时间或次数后才被视为故障。

9. 执行器是在ECU不断发出各种指令情况下工作的。如果执行器出现了问题,监视回路把故障信息传输给ECU,ECU会作出故障显示、故障存储,并采取应急措施,确保发动机维持运转或停止运转。

10. 由于汽车厂牌、车型和生产厂家的不同,因而进入发动机故障自诊断系统的方法也不相同,但是绝大多数汽车都可以通过解码器等专用或通用的检测设备进入自诊断系统并解读诊断代码。诊断故障的测试模式一般有静态和动态两种。

11. ECU的检测方法中的电压测量,点火开关置ON,蓄电池电压不低于11V,用汽车万用表电压挡测量ECU导线连接器在接插状态下每个接头的电压。

12. 电控单元主要传感器检测方法有电压法、电阻法和波形测试。

13. 检测汽车空调系统工作压力时,需配备一套压力表组和三根连接用的橡胶软管。其中,压力表组分高、低压力表两种,其读数应有米制或英制两种;三根连接用的橡胶软管,应耐冷冻剂、耐压,并具有多种不同的颜色。为了降低压缩机排泄阀的压力,软管上安装有弯成45°旋回接头,它直接与压缩机排泄阀相连接,用螺母紧固。

14. 汽车空调系统压力检测作业需要的压力表组,一只表用于检测空调系统高压侧的压力,另一只表用于检测低压侧的压力。低压侧压力表,既用于显示压力,也用于显示真空度,一般真空读数绝对压力范围为0~101.3 kPa,而压力刻度从0 MPa开始,量程应≥1.5 MPa。高压侧压力表测量的压力范围从0 MPa开始,量程应≥3 MPa。

15. 空调系统工作压力的测试时,将压力表组的高压表与汽车空调系统的高压侧排气阀相连接,低压表与系统低压侧排气阀相连接,压缩机转速为1 500 r/min的条件下,空调系统高、低压侧的正常压力需对照本车型手册进行对比。

# 考试模拟题

## 一、是非判断题

1. 电控燃油喷射发动机出现故障时,在进行必要的倾听用户意见和外观检查之后,只要显示诊断代码,就应首先按诊断代码的含义和指示的方法进行快速诊断。 (√)

2. 微机系统一般不容易发生故障,但偶尔发生故障时会影响控制程序正常运行,对汽车正常行驶影响不大。 (×)

3. 在微机系统中还设有应急回路,当该回路收到监视回路发出的异常信号时,立即启用应急备用系统,使汽车保持一定的运行能力。 (√)

4. 需要指出的是,自诊断系统对于偶尔出现一次的不正常信号,并不立即判定是故障,只有不正常信号保持长时间,直至导致车辆出现故障后才被视为故障。 (×)

## 二、单项选择题

1. 故障自诊断系统是由(B)控制的,能时刻监测电控系统各部件工作情况并将发现的故障以代码的形式存入微机存储器内的一种自我诊断系统,具有故障诊断和处理功能。
   A. 传感器　　　　B. 电控单元(ECU)　　C. 诊断电脑　　　　D. 执行器

2. 发动机电控系统工作时,电子控制器(ECU)输入、输出信号的电平是在规定范围内变化的。如果某一(A)超出规定范围,ECU就判定该路信号出现故障。
   A. 输入信号　　　B. 处理信号　　　　　C. 诊断信号　　　　D. 输出信号

3. ECU的检测方法中的电压测量,点火开关置ON,蓄电池电压不低于(C) V,用汽车万用表电压挡测量ECU导线连接器在接插状态下每个接头的电压。
   A. 9　　　　　　　B. 10　　　　　　　　C. 11　　　　　　　　D. 12

4. 空调系统工作压力的测试时,将压力表组的高压表与汽车空调系统的高压侧排气阀相连接,低压表与系统低压侧排气阀相连接,压缩机转速为(C) r/min 的条件下,空调系统高、低压侧的正常压力需对照本车型手册进行对比。

　　A.800　　　　　B.1100　　　　　C.1500　　　　　D.2000

### 三、多项选择题

　　1.故障自诊断系统在检测到故障后,一方面通过一定的显示方式通知汽车驾驶员,告知发动机电控系统出现了故障,另一方面立即启用应急备用系统,对(BC)等按预先编好的程序进行简单控制,以利驾驶员把汽车驶到(带故障运行)汽车修理厂或驻地。

　　A.进气　　　　　B.喷油　　　　　C.点火　　　　　D.排放

　　2.有时,即使冷却液温度传感器本身没有故障,但线路开路,自诊断系统同样会显示冷却液温度传感器有故障。因此,在判断故障时,除了检查传感器本身外,还要检查(ABC)。

　　A.线束　　　　　　　　　　　　B.接插件(连接器)
　　C.传感器与ECU之间的电路　　　D.控制单元(ECU)

　　3.由于汽车厂牌、车型和生产厂家的不同,因而进入发动机故障自诊断系统的方法也不相同,但是绝大多数汽车都可以通过解码器等专用或通用的检测设备进入自诊断系统并解读诊断代码。诊断故障的测试模式一般有(CD)。

　　A.测试模式　　　B.工作模式　　　C.静态模式　　　D.动态模式

　　4.电控单元主要传感器检测方法有(ABD)。

　　A.电压法　　　　B.电阻法　　　　C.电流法　　　　D.波形测试

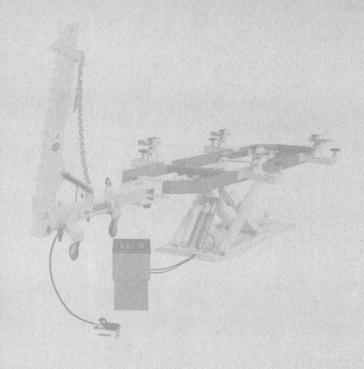

# 第三篇　实务篇

# 第一章
# 实操考试系统介绍

1.机动车机电维修技术实操考试采用人机对话的形式完成考试操作,该考试系统具有以下技术特点:

(1)实操考试系统的组题功能按照维修士、工程师、高级工程师三个级别划分考试类别、考试科目及考试内容。

(2)该系统采用三级 DES 加密技术,对题库和考生信息、考试信息、考试成绩等进行加密,确保考试的公平性和公正性。

(3)系统能够实现汽车专业的无纸化、局域网化、自动化的考试,集成零部件检测、机电考试、车身修复、车身涂装、检测评估与运用等多套题组。

(4)支持考试有效时间安排、考试倒计时等功能,支持考试成绩保密、答卷保密、防舞弊等安全设定。

(5)题目类型支持单选题、多选题、模拟互动实操题、图表等题型。

(6)导入试卷,可设置试卷的难度等级,可按照知识点设置考试题目数量、题型、分值等参数。

(7)创建与修改,包括考试有效日期、考试时间、考试人员、试卷。

(8)执行考试,考生登录、考生信息输入;考生信息确认,考试列表,显示该考生未进行的考试;选择考试,显示考试说明、考试时间、考试规则等考试须知;答题是通过鼠标点击选项进行。

(9)考试终止功能,在考试过程中,若出现考生违反考试纪律等情况,监考员可通过系统终止考试。

(10)考试结束后,考生无法进行任何操作,考试成绩自动形成数据包存储在局域网服务器上,同时进行安全加密,考务人员下载本次考试成绩的加密数据包拷贝或刻录光盘移交至交通运输部职业认证中心。

2.实操考试使用过程中根据专业不同会有不同的题目要求,其操作界面和操作要求基本相同。

(1)考试系统登录。考生打开考试系统,分别输入准考证号和登录密码,并点击"登录"按钮进行系统登录。

(2)考生信息确认及考题选择。输入准考证号及登录密码并点击"登录"后,出现考生信息界面,核对考生信息是否准确,包括姓名、考号、证件编号、考试专业、考试级别等,若有错误需要和监考人员核对。在确认考生信息无误之后需要选择考试试题的类型,点击页面底部的"下拉选择"按钮,选择相对应的试题类型,之后点击底部的"进入考试"按钮,开始考试过程的操作。

(3)实操考试界面。进入实操考试界面后,系统会根据考生选择的试卷类别给出相应的考试题目。考生要根据系统的提示进行相关的操作,在试题的页面上部会显示相关的信息包括"实操考试的倒计时的结束时间""正在进行的是第一题(蓝色标识)""考生姓名"和"考试时间"等信息。

(4)考试答题完毕可以点击"提交按钮"提交试卷并结束考试过程。进入考试后系统默认从第一题开始作答,考生个人也可点选第二题、第三题、第四题等进行操作答题。考生通过观看左侧系统提供的考试信息,在右侧题目框进行题目作答。作答之后点击"下一题"继续作答,已作答题目序号外边框为绿色边框。

(5)交卷并结束考试界面。在考生完成所有的考试题目并确认无误的情况下或者部分完成题目均可以点击"交卷"按钮,进行交卷操作,此时系统界面会提示考生未完成的题目题号,但不影响提交试卷。系统会提示输入识别码,当考生正确地输入了识别码后,系统提示"已成功交卷,考试已经结束,请离开考场"考试结束。

# 第二章 实操考试系统操作

## 第一节 零部件检测

1. 零部件检测项目的考核主要有曲轴形位误差检验、继电器性能检验、冷却液温度传感器性能检验、节气门位置传感器性能检验、进气压力传感器性能检验、霍尔传感器性能检验等汽车上的基本部件，要求考生按照系统的提示进行相关的操作和测量，记录测量的数据并分析测量数据，最后给出自己结论，判断被测元器件的技术状况。

2. 曲轴形位误差检验的考核知识点：掌握曲轴形位误差检验流程；掌握工具、量具正确的使用方法；掌握曲轴轴颈圆度和圆柱度检测、曲轴弯曲度检测、曲轴扭曲度检测、曲轴半径的检测方法；计算曲轴轴颈修理尺寸；确定轴颈修理级别。

3. 在"曲轴形位误差检验操作"的主界面上由三部分组成，屏幕左侧上部分是测量工具的读数区域，下部分是展示区；屏幕中间上部是曲轴的标准数据表格，表格中的数据可以作为测量数据的参考，下部是被测量的曲轴；右侧为题目要求。

(1) 读数区的测量工具(千分尺)可以利用鼠标操作移动到题目要求的相应的位置，当千分尺移动到测量的部位上时，读数区将显示千分尺的刻度。

(2) 展示区此时显示的是千分尺和曲轴的相互位置，可以通过点击屏幕中上部的"旋转套管上的上下按键"改变千分尺的顶杆的进度，以此改变量具和曲轴轴颈的相对位置。

(3) 曲轴测量轴颈的截面可以通过使用鼠标移动曲轴右侧放大的千分尺的部分选择"左侧"位置、"中侧"位置和"右侧"位置进行测量。当观察不清晰时，可以将鼠标移动到屏幕左侧上部的百分表刻度盘的读数区，则能够放大百分表刻度盘便于观察表盘读数。

4. 曲轴形位误差检验的考核项目有曲轴轴颈测量及修理尺寸的确定、曲轴修理级别的确定、测量工具的合理使用以及曲轴扭曲的检验。

(1) 圆度：每一测量截面中，任意角度方向上主轴颈直径误差最大值和最小值的差值的一半，即为该截面的圆度。

(2) 主轴颈的每一个测量截面均有各自的圆度，取两个规定测量截面中圆度最大的一个作为该轴颈的圆度。

(3) 圆柱度：两个测量截面中任意角度方向上的轴颈最大值和最小值的一半，即为该轴颈的圆柱度。

5.进气压力传感器检验考核点:掌握进气压力传感器性能检验流程;掌握进气压力传感器性能检验项目所需设备的正确使用方法;掌握进气压力传感器的性能检测和判断性能的方法等。

6.在"进气压力传感器检验操作"的主界面上由三部分组成。屏幕左侧是进气压力传感器检验调整、测量面板;中间部分为万用表,用来测量传感器的数据;右侧为题目要求。

(1)在左侧的进气压力传感器调整、测量面板上"电源开关""电压调节"和"真空调节"旋钮是可以操作的,当操作"真空调节"旋钮时,面板中间部的真空表指针就会指向相对应的真空度。

(2)"电压调节"开关下部是进气压力传感器的示意图和三个测量孔,分别标有"+5V""-"和"输出"字样,测量孔是用来测量相应数据位置,中间位置的万用表是用来测量使用的,可以选择测量的类型有直流电压、交流电压、电阻、直流电流、交流电流、二极管等选项,万用表表笔可以根据测量要求选择测量位置,并利用鼠标移动到相应的位置,测量结果在万用表显示屏上显示,需要注意的是在利用鼠标移动表笔的过程中,当万用表表笔线变成黄色时,可以松开鼠标。

(3)在万用表的下部有一个需要填写测量数据的表格,可以根据题目的要求进行相关的测量,测量的结果可以使用键盘填入表格中,有利于分析数据。

7.进气压力传感器检验的考核项目有进气压力传感器信号连续性检验、进气压力传感器供电电压测量、进气压力传感器信号值测量等题目。

8.如果进气压力传感器的供电电压正常,信号输出电压随着进气压力的改变而线性的增大或减小,则该进气压力传感器为线性式。该进气压力传感器的输出信号电压实测值可以对照在不同的进气真空度下在标准范围值内,故可以判断该进气压力传感器性能状态。

9.节气门位置传感器的检验考核点:掌握节气门位置传感器的性能检验流程;掌握节气门位置传感器的检测项目所需设备的正确使用方法;掌握节气门位置传感器的性能检测和判定方法等。

10.在"节气门位置传感器检验操作"的主界面上由三部分组成,屏幕左侧是节气门位置传感器检验调整、测量面板;中间部分为万用表,用来测量传感器的数据;右侧为题目的具体要求。

(1)在左侧的节气门位置传感器调整、测量面板上"电源开关"和"开度调节"旋钮是可以使用鼠标进行操作的,当操作"开度调节"旋钮时,面板下部的指针就会指向相对应的节气门位置开度,可以分别指向0%、25%、50%、75%、100%五个位置。

(2)中间位置的万用表是用来测量使用的,可以选择测量的类型有直流电压、交流电压、电阻、直流电流、交流电流、二极管等选项,万用表表笔可以根据测量要求选择测量位置,利用鼠标移动到相应的位置,测量结果在万用表显示屏上显示。

11.节气门位置传感器检验的考核项目有节气门位置传感器信号连续性检验、输出信号电压测量、节气门位置传感器电阻测量、节气门位置传感器类型及性能判定等题目。

12.如果节气门位置传感器的电阻值随着节气门的开度的增大而成比例的增大或减小,则该节气门位置传感器为线性可变电阻式传感器。

13.若该节气门位置传感器输出的信号电压值和电阻值均在标准范围内,而且输出的电阻的连续性良好,全打开和全关闭状态下的输出的信号电压均符合标准范围,则可以判定节气门位置传感器性能良好,可以继续使用。

14. 霍尔传感器检验考核知识点:掌握霍尔传感器性能检验流程;掌握仪器设备的正确使用方法;掌握霍尔传感器的性能检测和判定方法。

15. 在"霍尔传感器检验操作"的主界面上由三部分组成,屏幕左侧是霍尔传感器检验调整、测量面板,在调整测量面板上分别布置有"电源开关"用来控制传感器的供电电源、"电源指示灯""电源调节"旋钮以及 1 号、2 号、3 号三种不同类型的霍尔传感器,在 3 个传感器的下部分别有"电源""−"和"信号输出"的三个测量孔;中间部分为万用表,用来测量传感器的数据;右侧为题目要求。

(1)在每个传感器的右下角分别有一个"顺时针旋转"的旋钮,当旋钮显示蓝亮色时表示:旋钮可以操作。传感器信号盘可以按照顺时针的方向旋转,以此可以改变不同的信号电压输出。

(2)中间位置的万用表是用来测量使用的,可以选择测量的类型有直流电压、交流电压、电阻、直流电流、交流电流、二极管等选项,万用表表笔可以根据测量要求选择测量位置。并利用鼠标移动到相应的位置,测量结果在万用表显示屏上显示。

(3)霍尔传感器检验的考核项目有霍尔传感器供电电压测量、霍尔传感器信号电压检测以及霍尔传感器性能判断等。

(4)该 3 号霍尔传感器的输出高电位的标准值为$(9.0 \pm 0.2)$V,低电位标准值为$(0.1 \pm 0.1)$V,实测的 3 号霍尔传感器的输出高电位为 9.16V,输出的低电位为 0.1V 均在标准值的范围内,另外该霍尔传感器在工作过程中为"开关特性",判断 3 号霍尔传感器性能良好,可以继续使用。

16. 冷却液温度传感器性能检验的考核知识点:掌握冷却液温度传感器性能检验流程;掌握仪器设备的正确使用方法;掌握冷却液温度传感器的类型分类、性能检测和判断方法。

17. 在"冷却液温度传感器检验"的主界面上由三部分组成,分别是左侧冷却液温度传感器的控制和测量区域,中间部分为万用表区域,右侧为题目要求和选项区域。

(1)左侧上部分别有电源开关、电源指示灯、状态指示灯、温度调节旋钮和冷却液温度显示器,可以调整和显示冷却液温度传感器的状态,当电源开关打开时,其左侧的电源指示灯点亮;当调节冷却液温度的"温度调节"旋钮时,可以改变冷却液的温度,并在左侧的冷却液温度显示器上显示。

(2)左侧下部按照顺序分布着 1 号、2 号、3 号冷却液温度传感器,在每一个冷却液温度传感器的下面布置有红色和黑色两个测量接口,可以使用万用表在此测量冷却液温度传感器的数据。

(3)屏幕中间部分为万用表操作区域,万用表使用鼠标拖动表笔到相应的测量接口测量数据,可以测量的类型有直流电压、交流电压、直流电流、交流电流、电阻、二极管的基本参数,测量时需要选择合适的测量参数类型和量程,确保测量读数准确。

(4)测量结果可以通过万用表的屏幕读取。在移动万用表表笔的过程中,当导线部分颜色变为橙色时表示:表笔已经到某一测量位置,可以松开鼠标。

18. 冷却液温度传感器检验的考核项目有冷却液温度传感器不同温度下电阻测量检查、冷却液温度传感器工作电压值测量、冷却液温度传感器类型及性能状态判断等。

19.如果冷却液温度传感器的电阻值随着温度的升高而降低,则为 NTC(负温度系数)热敏电阻;相反,电阻值随着温度的升高而增加,则为 PTC(正温度系数)热敏电阻式传感器。

20.根据实测值,可以判断 1 号冷却液温度传感器为 NTC 热敏电阻式温度传感器,因为各温度下的电阻值均在标准范围内,可以判定 1 号冷却液温度传感器性能状态良好。

21.继电器性能检验考核知识点有:掌握继电器性能检验流程;掌握仪器设备的正确使用方法;掌握继电器类型的判定方法;继电器线圈电阻、吸合电压、释放电压、触点电阻的检验方法;掌握继电器性能判定方法。

22.在"继电器性能检验"的主界面上由三部分组成,分别是左侧车用继电器的控制和测量区域,中间部分为万用表区域,右侧为题目要求和选项区域。

(1)左侧区域的右上部靠近万用表的区域有一个红色接口和一个灰色接口,这是用来给车用继电器提供工作电源和搭铁的,左侧中间部分别有电源开关、电源指示灯、状态指示灯、电压调节旋钮和电压表,可以调整和显示继电器的状态。

(2)当电源开关打开时,其左侧的电源指示灯点亮,当车用继电器吸合时"状态指示灯"点亮(绿色);当调节继电器的工作电压时"电压表"上会显示即时的继电器工作电压。左侧中间部分为继电器的型号(DC32V 30A)和继电器的内部线路连接关系并标注具体的针脚号码分别为 30 号、87 号、87a 号、86 号和 85 号,下部位置分布着与继电器各个针脚号码相对应的测量接口,可以使用万用表表笔在此测量各项数据。

23.继电器性能检验的考核项目有继电器电磁线圈电阻值测量、继电器触点吸合最小电流值测量、继电器触点接触电阻值测量、继电器工作性能判断等。

(1)观察继电器的内部线路连接关系,确定 85 号和 86 号针脚为继电器线圈,在其两端加载一定的电压后,触点 30 号和 87 号就会吸合,当触点吸合之后使用万用表测量触点的接触电阻值(触点 30 号和 87 号之间的电阻值)。

(2)此时需要使用鼠标拖动电源连接线的两端分别到电源接口(红色)和继电器的 85 号接口,为继电器线圈提供电源,拖动黑色电源连接线的两端分别接到继电器的 86 号针脚和电源接口搭铁端子(棕色),然后使用鼠标拖动万用表的红/黑表笔分别移动到 30 号测量接口和 87 号测量接口,使万用表并联到继电器触点。

(3)旋转"电源调节"旋钮,逐渐加大供电电压,当电压值增加到 15V 左右时,继电器触点 30 号和 87 号将会吸合,此时"状态指示灯"点亮(绿色)。在继电器触点吸合的状态下,测量触点接触电阻值。

## 第二节 综合试卷实操考试

1.机动车检测评估与运用专业的实操考核的另一种试卷考核的内容主要有:机动车性能检验与检测设备、车辆技术状况评估、车辆运用于管理、机动车维修质量检验、发动机零部件磨损检验以及发动机电控系统故障诊断等共六个部分的题目。

2.这部分考试要求考生掌握发动机综合性能、汽油机排气、柴油机排气、底盘输出功率、车轮平衡、四轮定位、悬架特性和机动车行驶噪声的检测方法和标准;掌握机动车制动性、机动车动力性和机动车燃油经济性道路试验方法及标准;掌握营运车辆技术等级评定和事故车技术鉴定与评估的有关内容;掌握二手车技术状况评估和汽车大修竣工出厂检验;掌握检测设备的管理、掌握检测设备的维护和常见问题的处理;掌握发动机、变速器、制动和空调电子控制系统的检测、诊断和故障排除;掌握配件库存管理;掌握机械零部件、电器零部件的检验程序和方法。

3.考生点击"考试程序"按钮进入考试界面,在考试开始界面输入考生的准考证号,进入考生信息界面,需要考生核准信息是否正确,包括姓名、准考证号、证件号、测试专业、测试级别等,若有问题,请联系监考人员。在屏幕的最下方选择试卷类型,并点击"进入考试"按钮,开始考试。

4.机动车性能及检测设备考核知识点:掌握机动车性能检测的流程;掌握性能检测的检测设备使用方法;掌握检测设备的工作原理。

5.进入操作界面,选择第一个题目,操作系统会提示该题目的考核专业、考核内容为"机动车性能检测与检测设备"以及题目要求,在该考核题目下共有若干个问题需要操作。

(1)不透光计显示仪表不能显示的计量参数是( )。
  A.空燃比  B.光吸收系数  C.不透光度  D.排气温度

①不透光烟度计不仅可以检测柴油机排气中的黑烟,而且可以检测蓝烟和白烟排放,对低浓度的可见污染物有较强的测量能力,可以实现排气烟度的连续测量,因而不透光烟度计可以用来研究柴油机的瞬态炭烟和其他可见污染物的排放特性,同时也满足排放法规中自由加速烟度的测量要求。

②常见的机动车尾气不透光烟度计一般可以显示光吸收系数$K$、不透光度$N$、排气温度、燃油温度、发动机转速等参数,其中光吸收系数$K$、不透光度$N$为设备测量的主要参数。

(2)不透光计铭牌是否需要标出光通道的有效长度:( )。

①国家质量监督检验检疫总局发布的中华人民共和国国家计量检定规程《透射式烟度计检定规程》(JJG 976—2010)的关于铭牌的标准要求在第6部分"通用技术要求"中规定如下:烟度计应有清晰的铭牌,标明名称、型号、生产单位、出厂编号、制造计量器具许可证标志和制造日期。

②并且规定:应标明光通道有效长度;仪表显示应清晰无影响测量的缺损;各种调节旋钮、按钮操作灵活、平稳、锁定可靠不应有影响使用的缺陷。

(3)《透射式烟度计检定规程》(JJG 976—2010)规定光吸收系数$K$的分辨率为( )。

①国家质量监督检验检疫总局发布的中华人民共和国国家计量检定规程《透射式烟度计检定规程》(JJG 976—2010)的关于光吸收系数$K$的分辨率的标准要求在第5部分"计量性能要求"中规定如下:计量性能要求吸收比示值范围0~98.6%;分辨力0.1%;要求最大允许误差±2.0%;重复性1.0%;零点漂移在30min中,烟度计的漂移不超过1.0%。

②另外规定:光吸收系数$K$示值范围0~9.99/m;分辨力0.01/m指仪器的光吸收系数$K$的示值与按仪器的吸收比$N$的示值计算得到的光吸收系数$K$值之间的差值不得大于0.05/m,烟度计的烟气温度示值误差不超过±5℃。

(4)检测烟度计的稳定性要求时,应该连续测量的次数为( )。
   A.12次　　　　　B.8次　　　　　C.10次　　　　　D.15次

(5)不透光度计的检定周期为( )。
   A.1年　　　　　B.2年　　　　　C.3年　　　　　D.4年

(6)不透光度计检定时,在1h中仪器的光吸收系数零位飘移不超过( )。
   A.0.08/m　　　B.0.05/m　　　C.0.1/m　　　　D.1/m

(7)不透光度计显示的光吸收比显示值误差不超过( )。
   A. ±2.0%　　　B. ±5.0%　　　C. ±3.0%　　　D. ±6.0%

(8)下列不是柴油发动机自由加速烟度超标原因的是( )。
   A.未使用防冻液　　　　　　　　B.活塞磨损严重
   C.柴油品质不好　　　　　　　　D.供油系统调整不当

(9)柴油发动机排放烟度的测量结果,应为重复测量值的( )。
   A.算术平均值　　B.最大值　　　C.最小值　　　D.加权平均值

6. 车辆技术状况评估考核的知识点:掌握机动车技术状况评估的流程;掌握车辆检测报告的分析方法;掌握车辆技术评估的标准和原理。

7. 选择第二个题目,操作系统会提示该题目的考核专业、考核内容为"车辆技术状况评估"以及题目要求。在"车辆技术状况评估"部分的考核内容主要为根据一份完成的检测报告分析车辆的技术状态,如图3-2-1所示,回答系统提出的问题,并选择正确的选项。

检测报告分析

| 车辆资料 | | 厂牌型号 | 松花江 HFC1010G | 燃油类型 | 汽油 |
|---|---|---|---|---|---|
| | | 车辆类型 | 微型货车 | 驱动形式 | 两轴后驱 |
| | | 前照灯制 | 两灯 | 出厂日期 | 1998.03 |
| 检测项目 | | | 检测结果 | | |
| 燃油经济性 | | | 等速百公里油耗:6.6L/100km(测试速度:50km/h) | | |
| 发动机性能诊断 | 转速下降(r/min) | 1缸:95 | 2缸:110 | 3缸:70 | 4缸:100 | 5缸: | 6缸: |
| | 汽缸压力(kPa) | 1缸:8.2 | 2缸:8.5 | 3缸:6.0 | 4缸:8.0 | 5缸: | 6缸: |
| | 点火系统 | 高压(kV) | 1缸:11 | 2缸:9 | 3缸:8.5 | 4缸:9 | 5缸: | 6缸: |
| | | 提前角 | 低速:8° | | 中速:15° | | 高速:25° | |
| | | 分电器 | 触点闭合角:55° | | 分电器重叠角:1.5° | | 点击图 | |
| | 起动系统 | 蓄电池电压:12.5V | | 起动电流:95A | | 起动电压:10.5V | |
| | 柴油机喷油系统 | 喷油压力:　MPa | | | | 喷油提前角:　° | |
| | 充电系统 | 充电电流:2.0A | | | | 充电电压:13.8V | |
| | 汽缸密封性 | 汽缸漏气率:　% | | | | 曲轴箱窜气量:　ml/min | |
| 动力性 | 额定转矩功率 | 30kW/5200r/min | | | | | |
| | 底盘输出功率 | 13kW(测功速度:60km/h) | | | | | |
| | 加速时间 | 8s(初速:30km/h~终速:80km/h) | | | | | |

图3-2-1 系统提供的检测报告

(1)根据发动机单缸转速降检测结果,可以判断发动机(　　)相对工作不良。
　　A.第3缸　　　B.第1缸　　　C.第2缸　　　D.第4缸
(2)第一缸的点火高压比其他汽缸高,原因可能是(　　)。
　　A.火花塞间隙大　B.火花塞间隙小　C.高压线短路　D.该缸密封性好
(3)根据汽缸压力检测数据,该发动机(　　)。
　　A.3缸密封性较差　　　　　　　B.所有汽缸密封性良好
　　C.4缸气门密封不好　　　　　　D.3缸和1缸密封性较差
(4)该车发动机的分电器重叠角是否符合要求(　　)。
　　A.是　　　　　　B.否
(5)该车点火性能是否合格(　　)。
　　A.合格　　　　　B.不合格
(6)该车起动性能是否正常(　　)。
　　A.正常　　　　　B.不正常
(7)该车的底盘输出功率是否合格(　　)。
　　A.合格　　　　　B.不合格
(8)发动机的起动时蓄电池的电压降为(　　)。
　　A.2V　　　　　B.1.5V　　　　C.2.5V　　　　D.1V
(9)如果发动机的曲轴箱窜气量过大,可能的原因是(　　)。
　　A.活塞组与汽缸的密封性差　　　B.气门与气门座的密封性差
　　C.气门与气门导管密封性差　　　D.活塞与活塞环密封性差

8.车辆运用与管理考核的考核知识点有:掌握机动车运用于管理的基本知识;掌握车辆的合理运用过程;掌握车辆的科学的管理方案;掌握车辆运用与管理相关法律法规。

9.选择第三个题目,操作系统会提示该题目的考核专业(机动车检测评估与运用)、考核内容(车辆运用与管理)以及题目要求。

(1)一般情况下,汽车运行材料的消耗,占汽车运输成本的(　　)。
　　A.25%~30%　　B.10%~20%　　C.30%~40%　　D.50%~60%
(2)运输企业制订燃料消耗定额的试验依据是(　　)。
　　A.典型道路情况下的平均运行燃料消耗特性
　　B.典型道路下的百公里油耗
　　C.典型道路下的百吨公里油耗
(3)在进行平均运行燃料特性道路试验时,试验路线长度通常要求不少于(　　)。
　　A.100km　　　B.80km　　　　C.60km　　　　D.50km
(4)关于汽车的经济车速,以下叙述不正确的是(　　)。
　　A.任何条件下汽车的经济车速是不变的
　　B.采用经济车速可以提高燃油经济性
　　C.采用经济车速会降低运输效率
　　D.当汽车以直接挡位行驶时,燃油消耗最低的车速称为经济车速
(5)一般情况下,轮胎在运行中的消耗,占运输成本的(　　)。

A. 10%~15%　　　B. 1%~10%　　　C. 5%~10%　　　D. 15%~20%

(6)关于轮胎的换位,以下叙述不正确的是(　　)。
　　A. 轮胎换位是不包括备胎
　　B. 轮胎换位一般结合车辆的二级维护进行
　　C. 轮胎换位有交叉换位和循环换位
　　D. 轮胎换位是为了保证全车轮胎磨损均匀

(7)某车在以往轮胎换位时采用交叉换位法,但这次二级维护人员采用了循环换位法,请问这样做是否可行(　　)。
　　A. 否　　　　　B. 是　　　　　C. 不确定

(8)对于胎体良好,轮胎花纹磨损严重的轮胎因该(　　)处理。
　　A. 进行翻新　　B. 直接报废　　C. 用作备胎　　D. 放在后轮

(9)运输公司有30辆同型号的大客车,最近2个月以来陆续发现8辆车出现前轮异常磨损现象,请问合理的处理方案是(　　)。
　　A. 找出原因,并对其他车辆进行检查
　　B. 分析原因,提出解决方案,进行轮胎换位
　　C. 对出现异常磨损的车辆进行轮胎换位
　　D. 与车辆生产厂家联系,要求更换轮胎

(10)某载货汽车配有5条轮胎,在二级维护时发现后轴两条轮胎侧面出现裂口需要更换,前轴两条轮胎状况良好,你认为经济合理的处理方案是(　　)。
　　A. 更换两条翻新胎安装在后轴,前轴轮胎不动
　　B. 更换两条新胎在前轴,原前轴轮胎安装在后轴
　　C. 更换两条翻新胎在前轴,原前轴轮胎安装在后轴
　　D. 更换两条新胎在后轴,原前轴轮胎不动

10. 机动车维修质量检验考核的考核知识点有:掌握机动车维修质量检验基本流程;掌握机动车维修质量检验的项目及要求;掌握机动车维修质量检验档案管理规定;掌握机动车维修质量检验相关法律法规。

11. 选择第四个题目,操作系统会提示该题目的考核专业(机动车检测评估与运用)、考核内容(机动车维修质量检验)以及题目要求。

(1)汽车大修竣工道路试验过程中,以下是必检项目有(　　)。
　　A. 动力性检查　　　　　　　　B. 制动性检查
　　C. 离合器踏板自由行程检查　　D. 转向盘自由转动量检查

(2)汽车大修竣工外观检视不包括(　　)。
　　A. 转向性能　　B. 仪表及指示值　　C. 后视镜　　D. 灯光信号标志

(3)"汽车大修竣工后要进行验收,包括路试前外部视检、路试中和路试后检查及全车综合性能检测"。以上说法是否正确(　　)。
　　A. 是　　　　　B. 否　　　　　C. 不能确定

(4)汽车大修竣工后,质量小于4500kg的汽车转向盘的转动量不大于(　　)。
　　A. 15°　　　　B. 25°　　　　C. 20°　　　　D. 30°

(5)关于滑行性能路试,叙述不正确的是( )。
　　A.车辆应满载　　　　　　　　　　B.车辆应空载
　　C.滑行初速度为30km/h　　　　　　D.用五轮仪测量滑行距离
(6)以下属于汽车竣工验收路试试验项目是( )。
　　A.转向操纵性　　　　　　　　　　B.喇叭音质
　　C.灯光性能　　　　　　　　　　　D.离合器踏板自由行程
(7)汽车竣工时,转向性检查不包括的是( )。
　　A.最大转弯半径　　　　　　　　　B.最小转弯半径
　　C.转向轻便性　　　　　　　　　　D.有无跑偏和摇摆
(8)关于车辆的技术档案,甲说:"技术档案的内容由运输单位自行规定";乙说:"技术档案一般由车队的车管技术员负责填写和管理"。说法正确的是( )。
　　A.乙正确　　　B.甲正确　　　C.甲乙都正确　　　D.甲乙都不正确
(9)汽车发动机大修后,最大功率的最大转矩不允许低于原设计额定值( )。
　　A.0.9　　　　B.0.8　　　　C.0.85　　　　D.0.95
(10)如果某一客车大修后实测的轴距:左侧为5560mm;右侧为5570mm。则该车可能会存在( )。
　　A.向左跑偏　　　　　　　　　　　B.向右跑偏
　　C.转向时方向沉重　　　　　　　　D.行驶时方向摆振

12.发动机故障诊断的考核知识点有:掌握汽缸磨损的检验流程;掌握工具、量具正确的使用方法;掌握汽缸的直径、汽缸的圆度和圆柱度的检测方法;计算汽缸修理尺寸,确定汽缸修理级别。

13.选择第五个题目,操作系统会提示该题目的考核专业(机动车检测评估与运用)、考核内容(发动机故障诊断)以及题目要求。

14.在"汽缸磨损检验操作"的主界面上由三部分组成,屏幕左侧上部分是测量工具(量缸表)区域,量缸表可以使用鼠标进行拖动到需要的位置,下部分是量缸表相对于汽缸深度位置表示区域,汽缸模型边有刻度尺,可以用来测量量缸表的具体深度值;屏幕中间上部左侧是该汽缸的标准数据表格,表格中的数据可以作为测量数据的参考,标准数据表格的右侧为汽缸测量间隔角度选择按钮,每个角度间隔为30°;下部是被测的汽缸,汽缸从左至右分别为1号、2号、3号和4号汽缸;右侧为题目要求。

15.读数区的测量工具(量缸表),可以利用鼠标操作移动到题目要求的相应的位置,当量缸表移动到测量的部位上时,读数区(表盘位置)将显示量缸表的表盘刻度;"深度表示区"此时显示的是量缸表和缸径的相互位置,此时可以通过滑动屏幕中上部左侧的"导航块"来改变量缸表在汽缸内的垂直位置(当相对位置为50%时,表示相互垂直)。

16.汽缸测量的截面可以通过使用鼠标移动量缸表的深度位置来选择"上部"位置、"中部"位置和"下部"位置进行测量,当前选择的是"上部"位置。可以在一个截面内选择多个测量间隔角来分别进行测量,以确保测量数据的准确性和可靠性。
(1)发动机汽缸形位误差检验的测量截面选择方法为( )。
　　A.汽缸上、中、下三个截面　　　　B.在汽缸内任选测量点
　　C.汽缸上、下两截面　　　　　　　D.汽缸上、中、下三个测量点

(2)同一截面上的圆柱度的计算方法为(　　)。
　　A.最大值和最小值的差的一半　　　B.最大和最小直径差
　　C.相互垂直位置两直径差　　　　　D.相互垂直位置两直径差的一半

(3)拖动屏幕左上角的量缸表,进行标准测量并计算第3汽缸(套)的圆度,其数据最接近哪个答案(　　)。
　　A.0.02mm　　　B.0.03mm　　　C.0.04mm　　　D.0.05mm

(4)操作量缸表,测量并计算汽缸体上的第三缸套的圆柱度,其数据最接近哪个答案(　　)。
　　A.0.02mm　　　B.0.03mm　　　C.0.04mm　　　D.0.05mm

(5)操作左上侧的量缸表对汽缸体上的第三汽缸套进行测量,并确定汽缸的修理尺寸(加工余量取0.15mm),其修理尺寸为(　　)。
　　A.0.180mm　　B.0.200mm　　C.0.230mm　　D.0.280mm

17.圆度,每一测量截面的汽缸直径误差的最大值和最小值的一半即为这个截面的圆度。发动机汽缸的每一个截面均有各自的圆度值,取三个规定测量截面中最大的一个作为该汽缸的圆度。

18.汽缸的圆度和圆柱度误差值大于标准值时,均需要使用修理尺寸法或镶套法修理。汽缸的修理级别的通常为0.25mm为一级,共分为4级,对于需要修理的汽缸,若计算出的修理尺寸$d_x$不是标准分级尺寸(0.25mm的整数倍),则调整到下一修理级别上。

19.发动机电控系统故障诊断的考核知识点:掌握发动机电控系统故障的诊断流程;掌握诊断工具、设备的正确的使用方法;掌握测量数据的分析能力;能够根据测量数据判断故障原因。

20.在"模拟试卷"主界面下,当点击"第二题"按钮情况下,屏幕上会出现"电器故障诊断"的提示说明,考生阅读此界面的提示说明之后可以点击"确定"按钮,进入答题操作界面。

21.进入"电气故障诊断"答题界面后,将在屏幕界面上显示一些重要信息。在最上部导航区域从左至右依次设置有"试卷""维修工具""维修资料"和"返回主界面"共四个可操作按钮。

(1)目前显示的是"试卷"的界面可以通过按钮的颜色来确定,显示当前界面内容的按钮颜色为橙色,而其他按钮颜色为褐色。

(2)点击"维修工具"按钮时,界面会切换到维修工具界面,在"维修工具"按钮下部会显示诊断仪、万用表和示波器三种诊断测量设备,考生可以根据需要选择合适的设备进行相关的测量和诊断。

(3)当考生根据题目要求需要选择某种工具时,可以点击具体的工具名称按钮进行选择,选择诊断仪、万用表和示波器时屏幕界面会出现相关的工具界面,就可以对所选的工具进行操作。

(4)本考试平台上配置的诊断仪具有一般诊断仪的基本功能和特殊功能,使用过程中只需要选择"诊断仪"按钮,点击开关按钮,选择车型的厂牌型号、进入功能操作即可,操作完毕关闭起动开关,点击"X"按钮退出诊断仪操作界面,诊断仪的详细的操作过程在具体的题目中有相关的介绍。

(5)示波器是显示被测电信号瞬间值轨迹变化情况的仪器,利用示波器可以观察各种不同的信号幅度随着时间变化的波形曲线,还可以用它测量各种不同的电量,如电压、电流、频率、相位差、幅度等。按照工作方式的不同可以将示波器分为模拟示波器、数字示波器和混合示波器等,在本考试操作平台上,示波器的使用主要是用来测量元器件的信号波形,操作比较简单。

(6)万用表操作功能比较简单,万用表具有测量直流电压、交流电压、直流电流、交流电流、电阻、二极管等功能,使用时需要选择合适的测量类型和量程,同过使用鼠标移动红黑表笔到被测元件的相关位置上,通过显示器读取测量值。(移动表笔过程中当表笔导线显示"橙色"时表示可以松开鼠标,表笔已经移到规定的位置处)。

(7)在"维修资料"主界面的左侧部分为维修资料的系统目录,在资料库里分别提供车身系统、HVAC(空调系统)、制动器、发动机/推进系统以及电源和信号分布部分的系统资料。

(8)在每一个系统里存在相关的子目录,提供该系统的车型维修资料,包括规格、力矩要求、安装位置、电路图、示意图和布线图、连接器型号、操作说明、诊断信息和程序、故障码说明等信息,方便操作者在电气相关诊断过程中查找阅读。中间部分为维修资料的相关内容,右侧部分设有三个按钮,分别是"放大""缩小"和"正常默认显示",考生可以根据需要选择合适的按钮进行操作。

(9)最上部导航栏的右侧为"返回主界面"按钮,点击此按钮,将会自动返回"电气诊断主界面"方便操作。导航栏的下部为实操考试时间信息以及实操考试相关车型信息,左侧显示实操考试的总时间为60min,右侧显示的是考试的剩余时间。

(10)中间部分为试卷内容,要求考生按照试卷内容要求,完成相关的操作(诊断、测量等),选择正确的选项。

(11)主界面的最下部是"场景导航"按钮和汽车"点火开关"按钮,点击"场景导航"按钮,屏幕将切换到发动机舱、驾驶室、底盘、全部车门以及行李舱位置,再一次点击"场景切换"按钮将返回主界面。

(12)点击右侧下部的"点火开关"按钮,将会在屏幕上显示汽车点火开关的状态和显示驾驶室仪表上的信息状态,其中点火开关按钮、加速踏板和制动踏板是模拟实车设计,分别可以利用鼠标进行操作(起动发动机进行模拟操作时,注意噪声较大避免干扰他人,需要使用耳机)。

(13)在切换场景界面下,使用鼠标点击每一个位置的场景,屏幕会进一步切换到选择的场景并进行了放大处理,以利于观察和操作;通过点击右侧上部的"X"按钮,可以关闭点火开关界面,返回到主界面。

22.考生需要登录系统界面,按照题目要求进入相关的工作场景,进行具体的操作完成考核要求。发动机电控系统诊断考核的具体项目有以下相关题目:

(1)起动发动机迅速踩下加速踏板,观察仪表上转速有何异常。

(2)起动发动机后,观察仪表上指示灯是否异常。

(3)选择合适的工具读取故障码然后清除故障码,再重新读取存在的故障码的含义;

(4)不起动发动机,点击"场景导航"中的发动机舱,选择维修工具测量蒸发排放吹洗电磁阀(EVAP)的供电端到搭铁的电压。

(5)选择合适的工具测量蒸发排放清洗电磁阀(EVAP)的线圈电阻。

(6)选择合适的测量工具测量并判断蒸发排放吹洗电磁阀(EVAP)的线路是否正常。

(7)通过检查确定蒸发排气吹洗电磁阀(EVAP)供电线连接状态并通过以上检查确认的故障原因。

23. 当全部题目完成或者确定提交答卷时可点击上半部分右侧的"交卷"按钮,系统会提示未完成题目,但是并不影响提交答卷,输入验证码即可交卷,考核结束。

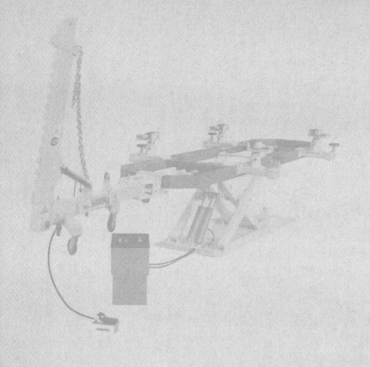

# 第四篇 案例分析篇

案例分析考试模拟题(每个案例后有若干小题,每道小题有多个选项。除了在题干中标注"多项选择"的小题之外,其余均为单项选择题。单项选择题只有一个正确选项,多项选择题有两个或两个以上正确选项)

1.一辆轿车原来只有在高速时前部有振动感。最近跑了一次长途后发现,无论车速高低,前部均有振动感。到检测站检测后其数据见下表。

| 悬架特性 | 振幅:m | | 频率:55 次/min | |
|---|---|---|---|---|
| 吸收率(%) | 左前 30 | 右前 50 | 左后 63 | 右后 65 |
| 动不平衡量(g) | 左前:30 右前:35 左后:5 右后:10 | | | |
| 侧滑值 | +7.0m/km | | | |

(1)该车跑长途前,前部高速抖振,你认为可能的原因是(A)。
　　A.前轴左右轮悬架吸收率太小　　B.转向轮胎磨损不均匀
　　C.悬架减振弹簧变软　　D.转向轮胎气压过大
(2)下列关于该车悬架系统吸收率的说法中,正确的是(C)。
　　A.前轴悬架特性优于后轴悬架特性
　　B.前轴、后轴的悬架特性均较差
　　C.吸收率是用悬架装置检测台检测悬架特性的评价参数
　　D.吸收率是用平板式制动台检测悬架特性的评价参数
(3)根据该车悬架特性检测数值,你认为该车故障发生的可能部位是(D)。
　　A.右前轮悬架系统　　B.左后轮悬架系统
　　C.右后轮悬架系统　　D.左前轮悬架系统
(4)为消除该车的抖振现象,你认为应采取的措施是(B)。
　　A.对车轮进行动平衡,并检修左前轮减振器
　　B.对车轮进行动平衡,并检修左前轮悬架系统
　　C.对车轮进行动平衡,并将侧滑量调到最小
　　D.调换前后轮的位置
(5)根据有关标准要求,下列关于悬架特性的叙述,正确的是(D)。
　　A.该车前轴右轮悬架吸收率合格
　　B.该车后轴左轮悬架吸收率不合格
　　C.该车后轴左右轮悬架吸收率之差不合格
　　D.该车前轴左右轮悬架吸收率之差不合格

2.一辆 2005 年 8 月出厂的桑塔纳轿车进入尾气检测工位,检测仪器已处于正常状态,请对其按标准进行双怠速检测。
(1)以下对车辆检测前的要求正确的有(ABD)(多项选择题)。
　　A.处于制造厂规定的正常状态　　B.有消声器且不泄漏
　　C.发动机预热至冷却液温度不低于60℃　D.各类仪表正常
(2)按标准对双怠速检测程序的要求,以下的操作不正确的有(ABDE)(多项选择题)。
　　A.发动机由怠速加速至 70% 额定转速
　　B.运转 20s 后降到高怠速

C. 将探头插入消声器 300mm,并固定

D. 维持 2500r/min,15s 后读数

E. 发动机由高怠速降到怠速,维持 15s 后读数

(3)下列排放污染物读数方法正确的有(AC)(多项选择)。

A. 取高怠速 30s 内尾气排放的平均值为高怠速的检测结果

B. 取高怠速 30s 内尾气排放的最高值为高怠速的检测结果

C. 取怠速 30s 内尾气排放的平均值为怠速的检测结果

D. 取怠速 30s 内尾气排放的最高值为怠速的检测结果

(4)该车的检测结果:高怠速 HC 为 $80 \times 10^{-6}$,CO 为 0.5%;低怠速 HC 为 $105 \times 10^{-6}$,CO 为 0.7%。试判断该车排放是否合格(B)。

A. 合格　　　　　　B. 不合格

(5)该车的尾气排放中除了需要测试以上两项数据之外还需要测试(A)。

A. $\lambda$　　　　B. NO　　　　C. $CO_2$　　　　D. $O_2$

3. 某检测站需对车辆的动力性能测试进行设计,请你对该工位进行合理布置。

(1)需配置以下(D)设备。

A. 底盘测功机、大气压力表、风速仪

B. 底盘测功机、温度计、湿度计、风速仪

C. 底盘测功机、温度计、大气压力表、风速仪

D. 底盘测功机、温度计、湿度计、大气压力表

(2)该工位应合理布置在(C)。

A. 车间出口　　　B. 车间中间　　　C. 车间进口　　　D. 单独布置

(3)登录被检车辆的以下参数信息,对于检验机构数据库或车辆行驶证无法提供的参数,应从以下等处查取。其中不正确的为(D)。

A. 车辆登记证　　　B. 产品说明书　　　C. 发动机铭牌　　　D. 车辆购置发票

(4)进行动力性检测时,对底盘测功机的基本要求满足以下方面,其中不正确的为(C)。

A. 应采用符合 JT/T 445 要求的底盘测功机进行检验

B. 安装双驱动轴车辆的检验采用三轴六滚筒式底盘测功机

C. 底盘测功机的静态力示值误差为 ±10.0%

D. 车速示值误差为 ±0.2km/h 或 ±1.0%

(5)对于动力性测试的基本操作步骤正确的为(ABC)(多项选择题)。

A. 被检车辆驱动轮置于底盘测功机滚筒上,根据车型调整侧移限位和系留装置,在非驱动轮加装停车楔

B. 底盘测功机设置为恒力控制方式,力、速度等参数示值调零

C. 底盘测功机不加载的条件下,起动被检车辆

D. 当最高稳定车速大于 95km/h(对于危险货物运输车辆,其最高稳定车速大于 80km/h)时,应采用直接挡,并重新测取最高稳定车速

4. 一辆小型载货(液压制动系统)汽车,驾驶员在车辆行驶过程中,发现车辆制动距离有明显增加的迹象,感觉制动力不足,驾驶员建议车主对车辆进行检测,请问到检测机构进行

哪些检测,如何进行?

| | 车轴 | 水平称重轮荷(N) | | 行车制动力(N) | | 驻车制动力(N) | |
|---|---|---|---|---|---|---|---|
| 制动性 | | 左轮 | 右轮 | 左轮 | 右轮 | 左轮 | 右轮 |
| | 原始数据 一轴 | 2890 | 2630 | 1990 | 2080 | | |
| | 二轴 | 3080 | 2830 | 2660 | 2020 | 2770 | 2100 |
| | 单车 | 水平称重:11430N | | 整车制动率:76.6% | | 驻车制动率42.6% | |
| | 车轴 | 轴制动率(%) | 制动不平衡率(%) | 过程差最大点(N) | | 车轮阻滞率(%) | |
| | 单轴 | | | 左轮 | 右轮 | 左轮 | 右轮 |
| | 一轴 | 73.7 | 18.8 | 2600 | 2990 | 3.1 | 3.1 |
| | 二轴 | 79.2 | 7.5 | 2820 | 3020 | 2.7 | 3.0 |

(1)对于该车的制动力要求,技术标准中正确的为(A)。

A.采用液压制动的车辆,发动机在怠速运转状态下,将制动踏板踩下,保持550N的踏板力并持续1min,制动踏板应有向地板移动的现象

B.采用液压制动的车辆,发动机在怠速运转状态下,将制动踏板踩下,保持550N的踏板力并持续1min,制动踏板不应有向地板移动的现象

C.采用真空辅助的系统,当残留的真空耗尽且在制动踏板上持续施加220N(乘用车为110N)的力,在发动机起动时制动踏板应轻微地上升

D.采用真空辅助的系统,当残留的真空耗尽且在制动踏板上持续施加220N(乘用车为110N)的力,在发动机起动时制动踏板应保持不动

(2)对于该车制动力测试前的轮胎检查中正确的是:(ABD)(多项选择题)。

A.检车辆轮胎表面干燥、清洁无油污

B.胎冠花纹中及并装轮胎间无异物嵌入

C.驱动轴轮胎的花纹深度不小于3.2mm

D.气压符合规定

(3)检测汽车列车制动时序和制动协调时间,应安装(B)。

A.制动踏板锁止器  B.制动踏板开关

C.加速踏板信号显示器  D.制动器时间显示装置

(4)采用滚筒反力式制动检验台检验方法中,下列(C)项操作错误。

A.测取被检车辆各轴的静态轮质量

B.将被测车轮置于制动台两滚筒之间

C.变速器为直接挡

D.对于多轴及并装轴车辆还应采用复合式轴重仪测取被检轴的静态轴质量

(5)该车的整车制动率应(A)。

A.空载≥60  B.满载≥40  C.满载≥20  D.空载≥30

5.某新款桑塔纳轿车,前桥为麦弗逊式独立悬架,后桥为复合扭力梁式非独立悬挂,行驶3万km后,前轴左轮胎内侧出现严重偏磨损,右轮胎正常;期间车辆行驶过程中,驾驶员发现车辆的尾气排放明显异常。

| 简易瞬态工况 | | | | 判定 |
|---|---|---|---|---|
| CO(g/km) | HC(g/km) | NO(g/km) | HC+NO(g/km) | |
| 4.6 | 0.1 | 0.1 | 0.2 | |

(1) 前轴左侧轮胎内侧出现严重偏磨损,可能原因为(BC)(多项选择题)。
  A. 前束值出现问题       B. 主销外倾角过小
  C. 主销外倾角几乎没有     D. 主销外倾角过大

(2) 下列(D)项不是四轮定位参数。
  A. 车辆外倾角   B. 主销外倾   C. 车轮前束   D. 车辆轴距

(3) 该车按照要求方法进行尾气排放测试过程中,关于车辆状况的叙述中正确的为(ACD)(多项选择题)。
  A. 车辆机械状况应良好,无影响安全或引起试验偏差的机械故障
  B. 车辆排气系统不得有任何泄漏,而对于进气系统无相关要求
  C. 车辆的发动机、变速器和冷却系统等应无液体渗漏
  D. 进行试验前,车辆工作温度应符合出厂规定,过热车辆不得进行测试

(4) 点燃式发动机汽车简易瞬态工况污染物排放试验设备包括(AB)。它可以实时地分析车辆在负荷工况下排气污染物的排放质量。(多项选择题)
  A. 一个至少能模拟加速惯量和匀速负荷的底盘测功机
  B. 一个五气分析仪和一个气体流量分析仪组成的采样分析系统
  C. 经过省级以上检定部门认定的不透光烟度计
  D. 制动踏板开关

(5) 对于该车按要求进行的排放检测时,采用的底盘测功机的滚筒技术要求中,(D)项是错误的。
  A. 测功机应装备双滚筒。滚筒直径介于 200~530mm 之间
  B. 滚筒表面处理应保证轮胎不打滑,滚筒表面干燥
  C. 能保证测试距离、速度精度
  D. 轮胎磨损和噪声无要求

6. 一辆 2008 年生产的普通家庭用车(汽油),发现动力不足,同时尾气排放也有异常,应进行哪些检测,请对以下问题进行回答。

| | 达标功率(kW) | 额定车速(km/h) | 加载力(N) | 稳定车速(km/h) | 判定 |
|---|---|---|---|---|---|
| 动力性 | | 52.5 | 529 | 56.2 | |

(1) 根据该车的实际情况进行测试,正确的要求为(BC)(多项选择题)。
  A. 额定功率工况   B. 额定转矩工况   C. $V_w \geq V_m$   D. $V_w \geq V_e$

(2) 该车进行此项检测时,对设备的基本要求中错误的是(B)。
  A. 应采用符合 JT/T 445 要求的底盘测功机进行检验
  B. 并装双驱动轴车辆的检验采用单滚筒式底盘测功机
  C. 底盘测功机的静态力示值误差为 ±1.0%
  D. 滚筒上母线应保持水平,各滚筒两端点间的高度差应不大于 ±5mm

(3) 该车进行此项检测时,测试过程中正确的是(D)。

　　A. 被检车辆驱动轮置于底盘测功机滚筒上,根据车型调整侧移限位和系留装置,在非驱动轮加装停车楔

　　B. 底盘测功机设置为恒力控制方式,力、速度等参数示值调零

　　C. 底盘测功机不加载的条件下,起动被检车辆,逐步加速,选择变速器第3挡位

　　D. 踩下加速踏板使车速超过 $V_m$,底盘测功机逐步进行恒力加载至($F_M±20N$)范围内并稳定 10s 后,开始测取车速,当 10s 内的车速波动不超过 ±5km/h 时,该车速即为驱动轮轮边稳定车速 $V_w$,检测结束

(4) 该车进行尾气排放检测时,对测试中错误的是(C)。

　　A. 预热车辆　　　　　　　　　　B. 检查发动机的进气系统是否符合规范

　　C. 在底盘测功机上进行　　　　　D. 先进行怠速测试

(5) 该车进行尾气排放检测时,需要对以下(ABC)排放数据进行记录(多项选择题)。

　　A. CO　　　　B. HC　　　　C. λ　　　　D. $SO_x$

7. 一辆 2008 年 10 月生产的从事长途运输的大型载货柴油汽车,近期驾驶员发现车辆动力不足,同时尾气排放烟度非常大,需要进行哪些测试。

(1) 该车的动力性测试,应在以下(B)工况下进行。

　　A. 最大功率工况　　B. 额定功率工况　　C. 额定转矩工况　　D. 最大转矩工况

(2) 该车的动力性测试,按 GB 7258—2017 规定汽车动力性技术状况下降的最低允许限值:发动机功率应大于或等于标牌或产品使用说明书中标明的发动机功率的(B)。

　　A. 60%　　　　B. 75%　　　　C. 80%　　　　D. 90%

(3) 该车的动力性测试,底盘测功机的技术要求达到以下条件中的(ABCD)项目。(多项选择题)

　　A. 底盘测功机的静态力示值误差为 ±1.0%

　　B. 恒力控制误差为 ±20N

　　C. 车速示值误差为 ±0.2km/h 或 ±1.0%

　　D. 滚筒上母线应保持水平,各滚筒两端点间的高度差应不大于 ±5mm

(4) 该车的尾气排放可以采用下列(A)项对其进行测试。

　　A. 自由加速不透光烟度计　　　　B. 自由加速滤纸式烟度计

　　C. 双怠速　五气体分析仪　　　　D. 稳态工况　四气体分析仪

(5) 针对采用以上的测试方法,测试过程中正确的是(ABC)(多项选择题)。

　　A. 目测检测车辆的排气系统的相关部件是否泄漏

　　B. 在每个自由加速循环的起点均处于怠速状态。对重型发动机,将加速踏板放开后至少等待 10s

　　C. 在进行自由加速测量时,必须在 1s 内,将加速踏板快速、连续地完全踩到底,使喷油泵在最短时间内供给最大油量

　　D. 计算结果取最后三次自由加速测量结果中的最小值

8. 一辆设计车速最大为 120km/h 的道路运输车辆(双非独立悬架转向桥),行驶过程中转向盘操纵不够灵活,而且在行驶转向过程车辆经常出现侧倾,过坑洼路面感觉舒适度明显

减低,请问该车进行哪些相应测试。

(1)针对该车的实际情况,对车辆进行了转向轮横向侧滑量检测,技术要求为转向轮(含双转向桥的转向轮)的横向侧滑量应在(C)范围内。

  A. ±1m/km     B. ±3m/km     C. ±5m/km     D. ±10m/km

(2)针对该车的实际情况,对车辆进行了转向轮横向侧滑量检测,当车轮通过检验台时,向内移动侧滑量值为负,如若该车的检测值为 -12m/km。则引起此结果的原因可能为(BC)(多项选择题)。

  A. 前束值过大

  B. 两前轮前束值偏小或为负值

  C. 前轮外倾角过大

  D. 前轮外倾角与该车外倾角基准值相比偏小

(3)针对该车的实际情况,也对该车的转向盘自由转动量进行测试,该车的转向盘自由转动量应为(B)。

  A. 10°     B. 15°     C. 20°     D. 25°

(4)针对该车的实际情况,其轮胎在激励振动条件下测得的悬架吸收率应不小于40%,同轴左、右轮悬架吸收率之差不得大于(C)。

  A. 5%     B. 10%     C. 15%     D. 30%

(5)针对该车的实际情况,在悬架系统中,起主要作用的部件是减振器。对在悬架装置检测中不合格的车辆,其可能的故障原因有(ABCD)(多项选择题)。

  A. 减振器内部的轴磨损,内部阀片损坏,各密封处漏油,导致减振功能失效

  B. 减振器外部的紧固螺栓磨损,松动,脱落

  C. 减振用螺旋弹簧弹性降低,疲劳或折断,造成早期损坏

  D. 悬架系统各连接部件磨损,松动

9. 一辆1999年生产的载客用柴油汽车,最近行驶中经常出现倾斜并伴有振动,而且尾气排放也出现了异常,请对车辆的相关性能进行测试。

(1)该车在行驶中,出现了倾斜并伴有振动,应对车辆的(D)进行测试。

  A. 制动系统     B. 传动系统     C. 转向系统     D. 行驶系统

(2)该车的倾斜及振动,在测试中下列操作正确的为(ABCD)(多项选择题)。

  A. 将被检车辆各轴车轮依次驶上悬架装置检测台,并使轮胎位于检测台面的中央位置,测量左、右轮的静态轮荷

  B. 分别起动悬架检测台的左、右电动机,使汽车悬架产生振动,增加振动频率并超过振动的共振频率

  C. 当振动频率超过共振点后,将电动机关断,振动频率衰减并通过共振点

  D. 记录衰减振动曲线。测量共振时的最小动态轮荷。计算并读取最小动态轮荷与静态轮荷的百分比以及同轴左、右轮百分比的差值

(3)针对该车的尾气排放出现异常,对车辆相关测试过程中,应采用(B)仪器。

  A. 四气体分析仪   B. 滤纸式烟度计   C. 不透光烟度计   D. 五气体分析仪

(4)针对该车的尾气排放测试中,对车辆相关测试前,标定烟度计用烟度卡,按量程均匀

分布不得少于(C)。

　　A.2 张　　　　　　B.4 张　　　　　　C.6 张　　　　　　D.8 张

(5)针对该车的尾气排放测试中,对车辆相关测试前,用压力为(B)的压缩空气清洗取样管路,把抽气泵置于待抽气位置,将洁白的滤纸置于待取样位置,将滤纸夹紧。

　　A.100~200kPa　　B.300~400kPa　　C.500~800kPa　　D.1000~1200kPa

10.一辆家庭用小型汽车(2008 年生产汽油发动机),在行驶中经常出现振动,两侧减振器的效果有所不同;同时,尾气排放也需要进行检测,请对以下问题进行论述。

(1)针对该车的实际情况,测量车辆的悬架性能,要使用(C)设备进行。

　　A.底盘测功机　　B.综合性能分析仪　　C.悬架测试台　　D.平板制动台

(2)针对该车的实际情况,测量车辆的悬架性能,正确的为(ABC)(多项选择题)。

　　A.轮胎气压符合规定　　　　　　B.检验悬架特性时,驾驶员应离车
　　C.悬架检测台电气系统应预热　　D.所有营运客车必须进行悬架测试

(3)针对该车的实际情况,测量车辆的悬架性能,(D)项正确。

　　A.需要测试前、后轮　　　　　　B.只需要测试单轴即可
　　C.在测试中需要驾驶员操作转向　　D.需要对同轴左右车轮进行测试

(4)针对该车的实际情况,进行尾气排放测量之前,需要安装(ABCD)设备(多项选择题)。

　　A.转速计　　　　B.点火正时仪　　C.冷却液测温计　　D.润滑油测温计

(5)针对该车的实际情况,进行尾气排放测试发动机从高怠速降至怠速状态 15s 后,由具有平均值功能的仪器读取 30s 内的平均值,或者人工读取 30s 内的最高值和最低值,其平均值即为怠速污染物测量结果。需要测试设备为(ABCD)。

　　A.转速计　　　　B.点火正时仪　　C.冷却液测温计　　D.润滑油测温计

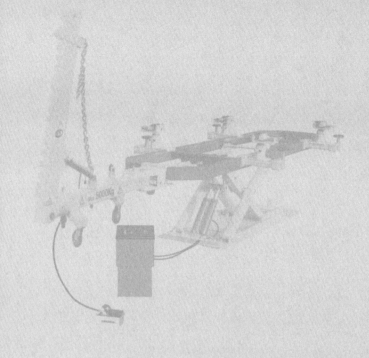

# 附 录

# 附录一

## 全国机动车检测维修专业技术人员职业水平考试《机动车检测维修法规与技术》模拟试卷(级别:机动车检测维修工程师,专业:机动车检测评估与运用技术)

**级别:机动车检测维修工程师**　　**专业:机动车检测评估与运用技术**
**总分:100 分**　　　　　　　　　**考试时间:180min**
**姓名:_____**　　　　　　　**准考证号:_____**

**注意事项:**

1. 答题前,考生在试卷和答题卡上用钢笔或签字笔将自己的姓名、准考证号书写清楚,并在答题卡指定位置用2B铅笔填涂准考证号、专业、级别选项。

2. 选出每题的答案后,用2B铅笔在答题卡上把对应题目答案的选项标号涂黑。如需改动,请用橡皮擦干净后,再重新选涂。

3. 在试卷上作答视为无效,也不得做任何其他标记。

4. 考试结束后,请将试卷及答题卡一并交回。

---

## 一、是非判断题(共30题,每题1分,共30分)

**答题要求:** 每道题给出一个陈述,要求判断这个陈述"正确"还是"错误",然后依照题号在答题卡相应位置填涂,"正确"涂A,"错误"涂B。

1. 诊断参数的稳定性越差,其测量值的离散度越大。

2. 采用液压制动的机动车,制动管路不应存在渗漏(包括外泄和内泄)现象,在保持制动踏板力为700N(摩托车为350N)达到5min时,制动踏板不应有缓慢向前移动的现象。

3. 防抱死制动装置中的任何电器故障不应使行车制动器的制动促动时间和制动释放时间延长。

4. 新能源汽车只包括纯电动汽车和燃料电池汽车。

5. 车辆更新时可参考计提的车辆折旧金额。

6. 采用双怠速法检测汽油车排放污染物检测所用的仪器设有监控系统泄漏的程序。

7. 汽车底盘测功机的传感器能直接检测所测车辆的底盘输出功率。

8. 一辆汽车是否曾经进行过修补涂装,可以用漆膜厚仪测量车身涂层厚度和标准值进行对比后确认。

9. 汽车的制动性能越差,可通过测试汽车充分发出的平均制动减速度的数值越小得出。

10. 机动车行车制动性能和应急制动性能检验应在平坦、硬实、清洁、干燥且轮胎与地面间的附着系数大于或等于 0.7 的混凝土或沥青路面上进行。

11. 可以通过恢复性修理来延长车辆使用寿命。

12. 汽车侧滑检验发现滑板向外移动,表明前轮主销后倾或者前束太小。

13. ABS(防抱死制动系统)的作用是增加制动效能。

14. 滚筒直径是影响测功机性能的主要结构参数之一。

15. 沸点较高的制动液,在车辆下长坡、频繁制动时容易产生气阻。

16. 汽车无论是由于外燃还是自燃只要发动机舱或乘员舱发生严重火烧,燃烧面积较大、机件损坏较严重即判定为过火车辆,应列为事故车。

17. 用汽车侧滑检验台检测非独立悬架的汽车(双转向轴的车辆除外)转向轴横向侧滑量时,用侧滑台检验时侧滑量值应小于或等于 15m/km。

18. 机动车检测站计算机控制系统各子系统包括登录注册系统、调度系统、监控系统、查询统计系统等。

19. 汽车维修设备管理是对设备从选型、采购计划开始直至设备报废为止的全过程管理。

20. 机动车是否漏油的检查方法是连续行驶距离不小于 5km、停车 1min 后观察,不应有滴漏现象。

21. 汽车发动机的 ECU 根据氧传感器的信号对点火提前角实施反馈控制。

22. 质量管理是质量控制的全过程管理。

23. 汽油发动机用节气门来控制发动机的转速,节气门位置传感器只能用来检测节气门开度。

24. 滚筒式汽车制动检验台所用压力传感器产生的信号,需要前置板卡进行预处理后,再输入工控机进行处理。

25. 汽车检测只是确定汽车的技术状况,查明故障部位、故障原因为汽车维修提供依据。

26. 《汽车大修竣工出厂技术条件》(GB/T 3798.1—2005),规定了汽车大修竣工出厂的技术要求及质量保证要求。

27. 机动车在运行过程中不应有自行制动现象,但属于设计和制造上为保证车辆安全运行的除外。

28. 汽车维修只能在一定程度上维持汽车的技术状况,提高使用可靠性,也能完全恢复其固有可靠性水平。

29. 在汽车故障诊断中,可通过对尾气中的 CO、HC、$CO_2$ 和 $O_2$ 等排放成分的参数测量,为发动机的故障诊断提供判断依据。

30. 汽车燃料消耗量碳平衡法是根据分别测得的汽车在测试时间或行程内的排气总容

积和同时测得的含碳化合物浓度,经计算得出汽车在测试时间或行程内的排气含碳化合物的总质量。

## 二、单项选择题(共40题,每题1分,共40分)

**答题要求**:每题有4个选项,只有一个选项正确,请选出正确选项后,在答题卡相应位置填涂,多选或不选均不得分。

31. 以下关于车辆制动系统技术要求描述,正确的是:
    A. 机动车应具有行车制动和驻车制动装置,并具有应急制动功能
    B. 真空助力器失效后制动系统应不能保持一定的制动性能
    C. 在各种附着条件空载状态下,驻车制动装置应能保证车辆在坡度为30%的坡道保持不动
    D. 制动器应有磨损补偿装置。制动器磨损后,制动间隙只应易于通过手动调节装置来补偿

32. 下列关于汽车维护的说法中正确的是:
    A. 汽车维护的基本原则是"预防为主、强制维护"
    B. 汽车维护是为维持汽车完好的技术状况和工作能力而进行的作业
    C. 汽车定期维护分为日常维护、小修、大修
    D. 汽车维护的主要作业内容有清洁、检查、紧固和调整等

33. 汽车在使用过程中,随着运行时间和行驶里程的增加,汽车的使用性能会发生变化。下列说法中正确的是:
    A. 动力性能下降　　　　　　　　B. 燃油和润滑油的消耗量明显减少
    C. 制动性能降低,制动距离缩短　　D. 有关零部件的可靠性提高

34. 营运车辆技术评定发动机项目中,不属于发动机的工作性能项目的是:
    A. 起动性能　　　　　　　　　　B. 柴油发动机停机装置
    C. 发动机冷却系统渗漏　　　　　D. 发动机运转

35. 按照《汽油车排气污染物排放限值及测量方法(双怠速法及简易工况法)》(GB 18285—2005)的规定,轻型车高怠速转速是:
    A. (1000±100)r/min　　　　　　B. (1500±100)r/min
    C. (2000±200)r/min　　　　　　D. (2500±200)r/min

36. 下列选项中,不是随机误差产生原因的是:
    A. 人员操作存在操作差异
    B. 室温和气压等环境条件的不稳定
    C. 仪器的技术状态不稳定
    D. 设计仪器采用的测量计算方法不完善

37. 绝对误差是被测量真值与示值之间的:
    A. 差　　　　　B. 和　　　　　C. 积　　　　　D. 比

38. 下列选项中属于道路运输经营者对道路运输车辆实施技术管理原则的是:
    A. 强制维护　　B. 定期检测　　C. 维护为辅　　D. 修理为主

39. 采用驱动轮边稳定车速划分车辆动力性技术等级时,主要区别项是:
   A. 发动机转速的高低　　　　　　　　B. 车速的高低
   C. 加载速度的快慢　　　　　　　　　D. 加载力的大小

40. 下列检测项目中,属于技术等级评定技术分级中关键项目的是:
   A. 车身对称部位高度差　　　　　　　B. 远光发光强度
   C. 保险杠　　　　　　　　　　　　　D. 制动不平衡率

41. 用滚筒式汽车制动检验台检测汽车制动力时,不影响检测参数误差的因素是:
   A. 滚筒表面的摩擦系数　　　　　　　B. 滚筒的滚动阻力
   C. 第三滚筒的测试精度　　　　　　　D. 轮辋的规格尺寸

42. 不会影响汽车燃油消耗的因素是:
   A. 轮胎滚动阻力　　　　　　　　　　B. 传动系统的传动效率
   C. 转向机间隙　　　　　　　　　　　D. 轮毂轴承的预紧度

43. 采用工况法检测汽车尾气排放时,对汽车要求的叙述正确的是:
   A. 车辆的变速器和冷却系统液体渗漏没有要求
   B. 轮胎压力应符合生产厂的规定,轮胎表面无特殊的规定
   C. 车辆的机械状况应良好,无影响安全或引起测试偏差的机械故障
   D. 车辆排气系统要求

44. "For safety reasons, the power supply to the fuel pump must be disconnected before opening the fuel system."的中文翻译是:
   A. 为保证动力输出,不要断开燃油系统
   B. 为安全起见,在打开燃油系统前必须中断燃油泵的供电
   C. 为保证车辆的运行,保证燃油系统的插头连接良好
   D. 为安全考虑,应保证燃油泵固定可靠

45. GB 3847—2018中规定的在用汽车加载减速不透光烟度法,检测规程未包含的步骤是:
   A. 检查测试系统和车辆的状况是否适合进行检测
   B. 车辆进行预先检查
   C. 车辆安全系统检测
   D. 排放污染物检测

46. 汽车变速器设置超速挡节油,提高发动机的特性是:
   A. 负荷率　　B. 经济性　　C. 灵敏性　　D. 动力性

47. 对于非独立悬架车辆,能够调整的定位参数中是:
   A. 前轮外倾角　　B. 前轮前束　　C. 后轮前束　　D. 后轮外倾角

48. 在车辆技术检测评估时,下列关于传动系检测要求的叙述中,正确的是:
   A. 万向节、中间轴承有轻微的松旷和裂损
   B. 变速器操纵轻便,挡位准确,允许有油、液滴漏现象
   C. 运转时,传动轴、主减速器和差速器不应有异响
   D. 离合器接合平稳、分离彻底、操作轻便,工作时可以有异响、打滑和轻微抖动等

现象

49. 下列选项不能用作氮氧化合物分析仪检测原理的是：
　　A. 化学电池原理　　　　　　　　B. 透光性原理
　　C. 物理反光原理　　　　　　　　D. 红外线原理

50. 底盘测功机滚筒直径越大，滚动阻力和功率损耗：
　　A. 不变　　　B. 变化不大　　　C. 越小　　　D. 越大

51. 柴油发动机大修后对原设计规定需加装限速装置的，其限速装置拆除时间为：
　　A. 走合期满后　　　　　　　　　B. 出厂时间 60 天后
　　C. 行驶 3000km 后　　　　　　　D. 质量保证期满后

52. "When he maintenance of batteries, Always wear suitable eye protection as well as protective clothing to prevent contact with skin and eyes" 的中文翻译是：
　　A. 拆电池的时候，技术人员必须佩戴适当的护目镜，身着工作服，以免电池液接触到皮肤和眼睛
　　B. 对电池维护的时候，技术人员必须佩戴适当的护目镜，身着防护服，以免电池液接触到皮肤和眼睛
　　C. 移动电池的时候，技术人员可以佩戴适当的护目镜，身着防护服，以免接触电池液对皮肤和眼睛造成伤害
　　D. 更换电池维护的时候，技术人员一般要佩戴眼镜，身着制服，以免电池液接触到皮肤和眼睛

53. 下列选项中能显著改善柴油车排放性能的是：
　　A. 废气涡轮增压器　　　　　　　B. 电动风扇
　　C. 颗粒物捕集器　　　　　　　　D. 子午线轮胎

54. 汽油发动机故障自诊断系统显示爆震传感器有故障，应该先检查的项目是：
　　A. ECU 输出的电压值　　　　　　B. 传感器的电阻值
　　C. 传感器的电压值　　　　　　　D. 传感器与 ECU 的连线状态

55. 汽车静态放置过程中，燃油蒸发排放控制系统（EVAP）的活性炭罐中过量的燃油蒸气被输送至：
　　A. 排气系统中　　B. 大气中　　C. PCV 系统中　　D. 汽缸中

56. 不能提高汽车经济性的途径是：
　　A. 提高发动机的热效率　　　　　B. 提高发动机的机械效率
　　C. 增大发动机的排量　　　　　　D. 增加传动系统变速器的挡位

57. 下列关于加载减速法检测柴油车尾气排放方法叙述中，不正确的是：
　　A. 排气光吸收系数检测应采用分流式不透光烟度计
　　B. 检测开始后，检测员应始终将节气门保持在最大开度状态，直到检测系统通知松开节气门为止
　　C. 对于 2018 年 1 月 1 日以后生产车辆，如果 OBD 检验不合格，也判定排放检验不合格
　　D. 冷却液温度过高时，检测员应松开加速踏板，将变速器置空挡使车辆停止运转，然

后使发动机熄火,直到冷却液温度重新恢复到正常范围为止

58. 下列关于维修业务统计的叙述中,正确的是:
    A. 返工率是返工工时占实际维修工时的比重
    B. 返修率高,说明维修质量低,反之,则说明维修工作质量高
    C. 在保证质量前提下,平均在厂车日(车时)越短越好
    D. 在计算修理费时,大修与小修收费计算方法相同

59. 在安装有以下装置的电控发动机上,发生爆燃的可能性增大,更需要采用爆震传感器的信号进行爆燃反馈控制,这个装置是:
    A. 二次空气供给装置            B. 进气增压装置
    C. 可变配气相位装置            D. 废气再循环装置

60. 汽车安全性能年审检测时,对于汽车注册登记日期10年以内的家庭小型轿车,需要检测的项目是:
    A. 四轮定位      B. 制动性能      C. 底盘动态      D. 音响检查

61. 汽车尾气双怠速法试验,排气分析仪量程检查中,HC/PEF、CO 和 $CO_2$ 相对误差限值均为:
    A. ±8.0 %       B. ±5.0 %       C. ±3.0 %       D. ±2.0 %

62. 下列各模块中,不属于纯电动汽车的核心模块是:
    A. 电力驱动主模块              B. 整车网络控制模块
    C. 车载电源模块                D. 空调控制模块

63. 下列关于机油在使用性能级别选择时考虑的影响因素,不正确的是:
    A. 主要根据发动机的性能、结构、工作条件和燃料品质选择
    B. 根据发动机的压缩比、排量、最大功率和最大转矩
    C. 应按照天气和驾驶员的需求选择机油的黏度级;根据发动机工作条件的苛刻程度选择机油的质量级
    D. 按照发动机润滑油负荷即发动机的功率(kW)与曲轴箱油容量(L)之比选择

64. 根据《机动车运行安全技术条件》(GB 7258—2017),下列对于发动机说法不正确的是:
    A. 发动机应有良好的起动性能
    B. 发动机功率应大于或等于标牌(或产品使用说明书)标明发动机功率的75%
    C. 柴油机停机装置应灵活有效
    D. 发动机燃料供给系统、润滑系统和冷却系统的机件应齐全,可允许有轻微的泄漏

65. 一辆总质量为2500kg 的载货汽车在行驶中随着车速的提高,前车轮振动增大,最合理的检测方案是:
    A. 转向力的检测                B. 车轮转角检测
    C. 车轮纵、横向跳动量检测      D. 车轮定位检测

66. 用于评价汽车使用性能中的可靠性的数据是:
    A. 平均故障间隔里程            B. 首次发生故障的里程
    C. 平均百公里燃油耗            D. 维护周期

67. 汽车侧滑试验台常用差动变压器式传感器的输出信号为：
   A. 电压信号　　　　B. 电流信号　　　　C. 波形信号　　　　D. 数字信号

68. 汽油发动机电脑检测到爆燃发生时,优先采取的控制措施是：
   A. 减少点火能量　　　　　　　　　B. 推迟点火提前角
   C. 减少喷油量　　　　　　　　　　D. 减少喷油脉宽

69. 下列关于黄色 ABS 警告灯点亮的故障原因分析中,正确的是：
   A. 轮速传感器损坏造成　　　　　　B. 制动灯泡损坏
   C. 制动液面开关故障　　　　　　　D. 轮胎气压高

70. 对于双排气管的汽油车,采用双怠速法测量时,排放污染物限值计算方法中正确的是：
   A. 只取任一排气管污染物最大排放值
   B. 取两排气管污染物排放值之和
   C. 取两排气管污染物排放值平均值
   D. 取两排气管污染物排放值中之小者

## 三、多项选择题(共30题,每题1分,共30分)

**答题要求**：每题有4个选项,有两个或两个以上选项是正确的,请选出正确选项后,在答题卡相应位置填涂,多选、少选或不选均不得分。

71. 营运车辆技术等级划分依据的车辆评定内容有：
   A. 整车装备与外观　　　　　　　　B. 燃料经济性
   C. 转向盘最大自由转动量　　　　　D. 排放污染物限值

72. 影响标准公差数值的主要因素有：
   A. 加工设备的精度
   B. 零件之间的配合方式(过盈配合或间隙配合)
   C. 零件的公称尺寸
   D. 公差等级

73. 下列关于汽车底盘测功机功能的叙述中,正确的有：
   A. 底盘测功机是一种不解体检验汽车性能的检测设备
   B. 功率吸收装置模拟汽车在运行中所受的空气阻力、驱动轮滚动阻力及爬坡阻力等
   C. 它是通过在室内台架上模拟道路行驶工况的方法来检测汽车的动力性,而且还可以测量多工况排放指标及油耗
   D. 惯性飞轮模拟汽车传动系统的阻力和测功机台架的机械阻力

74. 事故车鉴定中,属于严重碰撞事故车有：
   A. 车架左右纵梁弯曲变形、断裂后修复或更换过
   B. 车身后翼子板碰撞后被切割或更换过
   C. 行李舱底板和车身底板碰撞变形后修复或更换过
   D. 门框及其下边框 A、B、C 柱碰撞变形弯曲后修复或更换过

75. 机动车维修质量评估的叙述正确的有：

A. 汽车整车大修质量检查评定是对汽车整车大修竣工质量和汽车整车大修基本检验技术文件完善程度的综合评价

B. 汽车大修竣工质量评定包括一般技术要求、主要性能要求评定等

C. 机动车维修质量评估主要包括对整车大修和车身大修两部分的维修质量

D. 汽车大修检验基本技术文件评定,主要对汽车大修进厂检验单、汽车大修工艺过程检验单、汽车大修竣工检验单和汽车大修合格证进行评定

76. 下列关于汽车检测维修设备更新原则的要求,需更新的情况有:
   A. 经过大修已不能达到维修生产工艺要求的汽车维修设备
   B. 技术性能落后,经济效益很差的汽车维修设备
   C. 出现有形磨损后的设备
   D. 耗能大或严重污染环境、危害人身安全与健康,进行技术改造又不经济的汽车维修设备

77. 机动车注册登记安全检验时,关于"车辆唯一性检查"的项目有:
   A. 车辆品牌和型号         B. 车辆识别代号
   C. 发动机排量/驱动电机功率   D. 车身颜色和车辆外形

78. 《汽油车排气污染物排放限值及测量法》(GB 18285—2005)中规定测量排气污染物的稳态工况法,其中所包含的工况有:
   A. ASM5025    B. ASM4550    C. ASM2025    D. ASM2540

79. 下列选项中,影响检测环境下功率吸收装置在滚筒表面上加载力的是:
   A. 轮胎滚动阻力           B. 底盘测功机内阻
   C. 车辆传动系统允许阻力     D. 发动机内部机械损失功率

80. 用滚筒反力式制动检验台检验时,下列制动性能参数计算方法叙述正确的有:
   A. 被检车辆正直居中行驶,依次逐轴停放在轴(轮)重仪上,并按规定时间(不少于2s)停放,测出静态轴(轮)荷
   B. 轴制动率为测得的该轴左、右车轮最大制动力之和与该轴静态轴荷的百分比
   C. 整车制动率为测得的各轮最大制动力之和与该车各轴静态轴荷之和的百分比
   D. 驻车制动率为测得的各驻车轴驻车制动力之和与该车各轴静态轴荷之和的百分比

81. 汽车驱动防滑控制系统的控制方式有:
   A. 发动机输出功率/转矩控制   B. 驱动轮制动力矩控制
   C. 离合器/变速器控制         D. 差速锁与发动机输出功率综合控制

82. 下列有关发动机润滑油的使用性能的指标,主要有:
   A. 润滑油的黏度             B. 润滑油的凝点
   C. 润滑油的抗氧化安定性       D. 润滑油的颜色

83. 发动机汽缸密封性的评价指标有:
   A. 汽缸压力                 B. 进气歧管的真空度
   C. 汽缸漏气率               D. 曲轴箱漏气量

84. 蓄电池测试仪可以测试汽车蓄电池的技术参数有:
   A. 起动电流    B. 静态电压    C. 起动电压    D. 充电电压

85. 转向盘参数测试仪能够检测转向系统的参数有：
    A. 转向盘转角    B. 转向力    C. 转向速度    D. 自由转动量
86. 下列关于转向轮横向侧滑量检验的描述中,正确的有：
    A. 转向轮横向侧滑量的检验应在侧滑检验台(双转向轴的应在双板联动侧滑检验台)上进行,侧滑检验台应具有轮胎侧向力释放功能
    B. 侧滑检验台滑板应保持水平,且两滑板各点间的高度差不应超过5mm
    C. 被检车辆轮胎表面干燥、清洁无油污,胎冠花纹中及并装轮胎间无异物嵌入,气压符合规定
    D. 在驱动状态以不大于15km/h的车速平稳、直线通过侧滑检验台,读取最大示值
87. 下列可以用来探测缸体、曲轴、转向节等细微裂纹、隐伤的方法有：
    A. 浸油敲击法    B. 磁力探伤法    C. 荧光探伤    D. 红温探伤
88. 用柴油机示波器实测柴油机燃料系统技术状况时,在示波器屏幕上获取被测柴油机的参数有：
    A. 高压油管内瞬态压力           B. 各缸供油量
    C. 喷油阀的针阀升程             D. 各缸供油间隔
89. 下列选项中,属于汽车技术状况变化外观特征的有：
    A. 汽车润滑油消耗量增加         B. 汽车传动轴异响抖动
    C. 汽车制动距离显著延长         D. 汽车转向轮行驶摆振
90. 车轮定位主要影响的车辆技术性能有：
    A. 发动机动力性   B. 操纵稳定性   C. 换挡顺畅性   D. 轮胎异常磨损
91. 使用碳平衡油耗仪检测汽车燃油消耗量必须满足的基本条件有：
    A. 燃料燃烧的生成物全部从排气管排出
    B. 汽车排气系统没有泄漏
    C. 排气中的 $CO_2$、$CO$ 和 $HC$ 全部来自燃料燃烧,没有其他来源(如窜入燃烧室的润滑油)
    D. 燃料燃烧生成物中的碳只包含在 $CO_2$、$CO$ 和 $HC$ 中,忽略其他生成物中的碳(如含氧碳氢化合物)和固体炭粒
92. 机动车技术评估委托合同的内容有：
    A. 车辆鉴定评估人员的资格类型和证件编号
    B. 鉴定评估工作的起止时间
    C. 车辆铭牌和数量
    D. 车辆鉴定评估人员职称
93. 下列能用作汽车底盘测功机测速装置车速信号传感器的有：
    A. 差动变压器式传感器           B. 磁电式车速信号传感器
    C. 光电式车速信号传感器         D. 霍尔式传感器
94. 发动机电控燃油喷射系统具有断油控制功能,下列属于断油控制工况的有：
    A. 高速行驶中突然松开加速踏板减速   B. 发动机转速达到设计的极限转速
    C. 手动变速器换挡过程              D. 在起动过程中,加速踏板踩到底

95. 测取柴油机速度特性时,应处于最佳状态的参数有:
    A. 供油提前角    B. 进气温度    C. 排气温度    D. 润滑油温度

96. 下列关于自由加速法检测尾气排放污染物的车辆,有关 OBD 的描述,正确的有:
    A. 排气污染物检验过程中,不可断开 OBD 诊断仪
    B. OBD 诊断仪应能实现对 OBD 检查数据的实时自动传输
    C. 检验机构应使用计算机数据管理系统存储所有被检车辆 OBD 数据,不得认为篡改数据
    D. 如车辆污染控制装置被移除,而 OBD 故障指示灯未点亮报警的,视为该车辆 OBD 不合格

97. 引起自动变速器油(ATF)变质的主要原因包括:
    A. 执行元件打滑         B. 系统压力过低
    C. 长期超负荷使用       D. 油冷却系统故障

98. 底盘测功机安全保障系统包括:
    A. 系留装置             B. 车傤
    C. 左右轮挡             D. 发动机与风扇

99. 底盘测功机测试的汽车底盘输出最大功率,包含功率有:
    A. 测功装置所消耗的功率
    B. 台架机械阻力所消耗的功率
    C. 滚动阻力所消耗的功率
    D. 风冷式测功装置冷却风扇所消耗的功率

100. 下列在注册登记安全检验和在用机动车安全检验时,对轮胎的要求叙述中,正确的有:
    A. 同轴两侧应装用同一型号、规格和花纹的轮胎,轮胎螺栓、半轴螺栓应齐全、紧固
    B. 轮胎规格应 与机动车产品公告和机动车出厂合格证(在用机动车安全检验时为机动车登记信息)相符
    C. 轮胎的胎面、胎壁不应有长度超过 50mm 或深度足以暴露出轮胎帘布层的破裂和割伤及其他影响使用的缺损、异常磨损和变形,轮胎不应有不规则磨损
    D. 不应出现"螺栓、螺母和螺柱缺失或未扣紧""螺柱孔出现严重磨损""车轮法兰断裂、轮胎锁环断裂或末端互相接触""轮载损毁或破裂"等情形

# 附录二

## 全国机动车检测维修专业技术人员职业水平考试《机动车检测维修法规与技术》模拟试卷(级别:机动车检测维修士,专业:机动车检测评估与运用技术)

级别:机动车检测维修士　　　专业:机动车检测评估与运用技术
总分:100 分　　　　　　　　考试时间:180min
姓名:＿＿＿＿＿＿＿＿　　　准考证号:＿＿＿＿＿＿＿＿

**注意事项:**

1.答题前,考生在试卷和答题卡上用钢笔或签字笔将自己的姓名、准考证号书写清楚,并在答题卡指定位置用2B铅笔填涂准考证号、专业、级别选项。

2.选出每题的答案后,用2B铅笔在答题卡上把对应题目答案的选项标号涂黑。如需改动,请用橡皮擦干净后,再重新选涂。

3.在试卷上作答视为无效,也不得做任何其他标记。

4.考试结束后,请将试卷及答题卡一并交回。

---

### 一、是非判断题(共30题,每题1分,共30分)

**答题要求**:每道题给出一个陈述,要求判断这个陈述"正确"还是"错误",然后依照题号在答题卡相应位置填涂,"正确"涂A,"错误"涂B。

1.我国机动车检测维修的标准体系分为国家标准和行业标准两类。

2.汽车检测站内的检测工位是指检测通道上的一段可以容纳一辆受检车进行一个检测项目测试的区域。

3.汽车维修产生的废弃物应集中回收、分类存放。

4.汽车三元催化转化器可以对发动机燃烧产生的有害气体成分进行净化处理。

5.汽车检测站是指使用现代检测技术和设备对汽车进行解体诊断的机构,其目的是确定汽车的技术状况和工作能力。

6.发动机的有效功率可以利用测功器和转速计进行测量计算而定。

7. 制动距离可以反映车辆各个车轮制动器的制动状况和制动力分配情况。
8. 当采用制动试验台检测车辆驻车制动力时,车辆应空载。
9. 汽车的通过性可分为轮廓通过性和牵引支撑通过性。
10. 电控汽油喷射发动机的点火提前角由ECU根据发动机工况自动控制。
11. 电控燃油喷射系统主要根据发动机的转速和冷却液温度来确定基本喷油量。
12. 汽车检测线的计算机控制系统应能对全线实行监控和调度。
13. 钢制光滚筒的滚动阻力系数与滚筒的直径无关。
14. 使用反力式制动检验台检测制动力时,应首先检测轴重。
15. 汽车检测线设计时,可按单线布置形式或双线并排布置形式设计。
16. 机动车转向系统应转动灵活,无卡滞现象,并应设置转向限位装置。
17. 与滚筒式制动试验台相比,平板式制动试验台的检测数据重复性较好。
18. 用双怠速法检验尾气排放时,通常先检测发动机高怠速状态下的排放数据。
19. 标准型车速表试验台主要由测量装置、指示装置和报警装置组成。
20. 如果车辆前轮的侧滑量超标,则会造成前轮轮胎的异常磨损。
21. 在使用汽车尾气分析仪检测时,取样探头插入排气管的深度应大于300mm。
22. 汽车在进行一级、二级维护后必须上线检测,并签发竣工出厂合格证。
23. 如果测得的发动机汽缸压缩压力过低,有可能是由于气门漏气、汽缸衬垫漏气或汽缸磨损等原因造成的。
24. 属于强制检定的计量器具,使用单位或个人应按照规定定期申请检定。
25. 汽车维修企业外购配件的质量检验,不属于汽车维修质量检验的范畴。
26. 我国车用汽油的牌号越小,其辛烷值越低,抗爆性越差。
27. 发动机润滑油除润滑作用外,不具有清洁和密封作用。
28. 目前,汽车空调制冷系统中使用的制冷剂是R12和R134a。
29. 排放中CO含量过多是因为汽缸里的可燃混合气不完全燃烧而产生的。
30. 保持车辆底盘良好的技术状态是降低汽车燃料消耗的重要措施。

## 二、单项选择题(共40题,每题1分,共40分)

**答题要求:** 每题有4个选项,只有一个选项正确,请选出正确选项后,在答题卡相应位置填涂,多选或不选均不得分。

31. 根据《中华人民共和国标准化法》的规定,以下属于行业推荐性标准的是:
    A. GB 7258—2017　　　　　　　　B. GB/T 7834—2016
    C. JT 198—2016　　　　　　　　　D. JT/T 198—2016
32. 根据《柴油车排气烟度排放限值及测量方法》(GB 3847—2018)的规定,评判烟度值的参数是:
    A. 透光度　　　　　　　　　　　　B. 黑度
    C. 光吸收系数　　　　　　　　　　D. 颗粒物
33. 下列关于汽车维护的叙述,正确的是:
    A. 汽车二级维护完成后,需由维修人员试车检验合格后方可出厂

B.我国现行的车辆维护制度分为一级、二级、三级维护
C.汽车维护作业的中心内容是清洁、补给、润滑
D.汽车的日常维护作业可由车辆驾驶员执行

34.在电控汽油喷射系统中,用于冷车起动时修正基本喷油量的传感器是:
   A.空气流量计　　　　　　　　　　B.冷却液温度传感器
   C.节气门位置传感器　　　　　　　D.转速传感器

35.关于千分尺的使用,下面说法正确的是:
   A.千分尺的测量精度是0.01mm
   B.千分尺可以测量运动中的工件
   C.读取测量数值时,应先读取副尺上的数据
   D.千分尺在使用前不需要每次都校对零位

36.当发动机转速一定,测得相关参数随转速变化关系的曲线,称为发动机的:
   A.速度特性　　　B.外特性　　　C.负荷特性　　　D.万有特性

37.汽车制动性的评价指标主要有:
   A.制动距离、制动减速度、制动力平衡
   B.制动力、阻滞力、制动时间、驻车制动率
   C.制动距离、制动减速度、制动力、制动时间
   D.制动力、制动时间、制动距离、驻车制动率

38.下列选项中,属于汽车支撑通过性评价指标的是:
   A.最小离地间隙　　　　　　　　　B.牵引系数
   C.附着质量利用系数　　　　　　　D.离去角

39.汽车行驶过程中车轮产生侧滑量的原因是:
   A.主销后倾和车轮外倾的匹配不适当　　B.主销内倾和主销后倾的匹配不适当
   C.主销内倾和车轮外倾的匹配不适当　　D.车轮前束和车轮外倾的匹配不适当

40.下列选项中,不属于车辆唯一性检查项目的是:
   A.车辆号牌　　　　　　　　　　　B.整车装备及标识
   C.车辆识别代号(VIN)　　　　　　D.发动机号码

41.以下不属于发动机汽缸密封性检测参数的是:
   A.进气管真空度　　B.汽缸漏气率　　C.汽缸排气压力　　D.汽缸压缩压力

42.目前国内双滚筒底盘测功机普遍采用电涡流式测功器,该装置属于:
   A.反拖装置　　　B.加载装置　　　C.测速装置　　　D.平衡装置

43.GB 3847—2018规定,柴油车排放污染物的测量方法是:
   A.加载减速法　　B.双怠速法　　C.简易工况法　　D.瞬态工况法

44.以下不属于五工位全自动安全检测线工位的是:
   A.汽车资料输入及安全装置检查工位　　B.前照灯检测工位
   C.车底检查工位　　　　　　　　　　　D.底盘测功工位

45.对于两灯制在用汽车,每只前照灯远光光束的发光强度应不低于:
   A.10000cd　　　B.12000cd　　　C.15000cd　　　D.14000cd

46. 根据 GB 3847—2018,用加载减速法测试在用车排放时,限值 $a$ 的规定是:
   A.0.7m$^{-1}$     B.1.0m$^{-1}$     C.1.5m$^{-1}$     D.1.2m$^{-1}$

47. 平板式制动检验台规定车辆驶入检验台的车速是:
   A.10~20km/h                    B.15~25km/h
   C.5~10km/h                     D.20~25km/h

48. 根据 GB 7258—2017,乘用车空载时制动力总和与整车质量的百分比应大于:
   A.60%     B.50%     C.45%     D.55%

49. 当发动机达到一定温度时,ECU 根据发动机负荷和转速控制 EGR 阀作用,以降低( )排放量。
   A.NO$_x$     B.CO     C.HC     D.CO$_2$

50. 在事故车估损过程中,对于折损的翼子板确定是更换还是修复的依据是:
   A.维修后是否能满足外观质量要求     B.维修后是否能满足结构刚度要求
   C.损伤程度和工费                   D.配件价格

51. 划分柴油牌号的依据是:
   A.十六烷值     B.凝点     C.馏程     D.闪点

52. 零件在交变载荷的作用下逐渐损坏的故障形式称为:
   A.老化     B.疲劳     C.变形     D.磨损

53. 以下关于车用汽油的叙述,不正确的是:
   A.汽油的蒸发性对发动机的起动性能有重要影响
   B.辛烷值表示汽油的抗爆能力
   C.压缩比低的发动机应选用高牌号汽油
   D.甲醇汽油是一种低碳能源,可以替代普通汽油

54. 某地区冬季最低气温是 -15℃,车辆应选用的柴油牌号是:
   A. -20 号                      B. -15 号
   C. -10 号                      D. -25 号

55. 为降低燃烧温度,减少发动机 NO$_x$ 的产生,发动机通常采用:
   A.可变进气系统                  B.废气再循环系统
   C.涡轮增压系统                  D.三元催化转化器

56. 燃料电池汽车的能量转换方式是:
   A.机械能转换为电能              B.热能直接转换为电能
   C.热能间接转换为电能            D.化学能直接转换为电能

57. 下面关于润滑油的说法,正确的是:
   A.柴油机润滑油也可以用于汽油机
   B.多级润滑油可适用于冬季与夏季
   C.黏度越高,润滑油质量等级越高
   D.型号为 15W-30 的润滑油属于单级润滑油

58. 空调运行后储液干燥器外壳有一层白霜,说明:
   A.储液干燥器脏堵                B.储液干燥器老化

C. 制冷剂过量  D. 制冷剂泄漏

59. 某轮胎规格为 195/70R18,其中的 195 含义是:
   A. 断面宽度为 195mm  B. 轮辋直径为 195mm
   C. 扁平率为 195  D. 负荷指数为 195

60. 车轮动不平衡会造成车辆:
   A. 行驶跑偏  B. 轮胎单边磨损
   C. 转向沉重  D. 高速时转向盘抖振

61. 当混合气浓度过稀时,下列关于尾气排放的说法,正确的是:
   A. CO、HC 降低,$NO_x$ 升高  B. CO、$NO_x$ 降低,HC 升高
   C. $NO_x$ 降低,CO、HC 升高  D. $NO_x$、CO、HC 都升高

62. 决定柴油在燃烧室内形成混合气质量和速度的是:
   A. 柴油的燃烧性  B. 柴油的低温流动性
   C. 柴油的安定性  D. 柴油的雾化和蒸发性

63. 为减少汽车噪声的危害,国家标准对汽车噪声作出了限制性规定,主要是:
   A. 喇叭噪声  B. 行驶噪声
   C. 轮胎噪声  D. 燃烧噪声

64. GB 7258—2017 中规定,使用汽车制动试验台进行制动力检验时,汽车、汽车列车各车轮的阻滞力均应小于或等于轮荷的:
   A. 5%  B. 10%
   C. 15%  D. 20%

65. 现代汽车为减少油气蒸发(HC)的危害,常采取的措施是:
   A. 废气再循环装置  B. 三元催化转化器
   C. 二次空气喷射  D. 活性炭罐技术

66. 以下关于汽车运行节能的说法,不正确的是:
   A. 合理滑行可以节油  B. 汽车定期维护可以提高燃油经济性
   C. 长期低速行驶会降低燃油消耗  D. 低挡高速行驶会增加燃油消耗

67. 根据 GB 38900,以下不属于底盘动态检验项目的是:
   A. 传动系统异响  B. 悬架减振
   C. 转向盘自由转动量  D. 车速表指示

68. 以下关于汽车 ABS 系统作用的叙述不正确的是:
   A. 缩短制动距离  B. 提高车辆制动时的方向稳定性
   C. 提高车辆制动时的转向操纵能力  D. ABS 系统失效,车辆会失去制动能力

69. 用于电控燃油喷射发动机空燃比反馈控制的传感器是:
   A. 空气流量传感器  B. 氧传感器
   C. 节气门位置传感器  D. 冷却液温度传感器

70. 双排气管的汽油车测量排气污染物时,测试值应取:
   A. 两排气管测试值之和  B. 两排气管测试值的算术平均值
   C. 两排气管测试值中之大者  D. 两排气管测试值中之小者

## 三、多项选择题(共30题,每题1分,共30分)

**答题要求:** 每题有4个选项,有两个或两个以上选项是正确的,请选出正确选项后,在答题卡相应位置填涂,多选、少选或不选均不得分。

71. 根据《机动车运行安全技术条件》(GB 7258—2017),下列关于前照灯的说法正确的是:
    A. 装备的前照灯应有远光、近光变换功能
    B. 当远光变为近光时,所有远光应能同时熄灭
    C. 前照灯光束照射位置在正常使用条件下应保持稳定
    D. 所有前照灯的远光、近光均不应炫目

72. 根据 GB 38900,对于车辆特征参数检查,下列说法正确的是:
    A. 检查外廓尺寸    B. 检查轴距
    C. 检查发动机号码(或电动机号码)    D. 检查核定载人数

73. 汽车底盘测功机的结构包括:
    A. 滚筒装置    B. 测力装置    C. 测功器    D. 惯性模拟装置

74. 汽车制动效能的评价指标有:
    A. 制动时间    B. 制动距离    C. 制动力    D. 制动减速度

75. 下列属于汽车使用性能指标的是:
    A. 安全性    B. 外形尺寸    C. 可靠性    D. 燃料经济性

76. 下列关于汽油车尾气排放检测工况的叙述中,你认为正确的有:
    A. 双怠速工况包括怠速和高怠速工况
    B. 简易工况包括稳态工况、瞬态工况和简易瞬态工况
    C. 稳态工况包括 ASM5025 和 ASM2540 两个工况
    D. 双怠速工况测试时应首先检测低怠速工况

77. 平板式制动检验台所检验的制动参数有:
    A. 制动力    B. 轴重    C. 制动减速度    D. 制动协调时间

78. 下列关于制动液的选用和使用的叙述中,正确的有:
    A. 不同型号的制动液不能混用
    B. 制动液应按照厂家规定定期更换
    C. 醇型制动液易产生气阻,导致制动失效
    D. 合成型制动液沸点较高,不宜选用

79. 根据 GB 18285—2018,在用汽车在进行外观检验时,应检查的项目有:
    A. 是否装有 OBD 系统    B. 是否有烧机油、冒黑烟现象
    C. 燃油蒸发控制系统是否正常    D. 排气装置是否漏气、松动

80. 造成发动机故障报警灯报警的原因有:
    A. 传感器损坏    B. 燃油压力调节器故障
    C. ECU 故障    D. 喷油器脏堵

81. 下列选项中,属于车辆安全装置检查项目的有:

A. 安全带　　　　B. 应急锤　　　　C. 仪表和指示器　　D. 灭火器
82. 以下属于现代汽车代用燃料的是：
A. 氢气　　　　　B. 生物柴油　　　C. 醇类燃料　　　　D. 二甲醚
83. 缸内直喷发动机的优点有：
A. 汽缸磨损降低　　　　　　　　　B. 热效率高
C. 抗爆性好　　　　　　　　　　　D. 燃油经济性好
84. 下列关于发动机冷却液温度传感器的说法，正确的有：
A. 属于正温度系数特性传感器
B. 冷却液温度越高，输出电压越高
C. 其信号用于对喷油脉宽和点火时间进行修正
D. 冷却液温度传感器损坏，不影响发动机正常起动
85. 汽车底盘电子控制技术包括：
A. ABS 系统　　　B. ESP 系统　　　C. ASR 系统　　　　D. TCS 系统
86. 空气流量传感器的类型有：
A. 电感式　　　　B. 热膜式　　　　C. 热线式　　　　　D. 电磁式
87. 电控自动变速器液压控制系统的基本组成包括：
A. 动力源　　　　B. 执行机构　　　C. 控制机构　　　　D. 液力变矩器
88. 以下属于车辆安全性能检测的有：
A. 最高车速　　　　　　　　　　　B. 转向轮侧滑量
C. 前照灯发光强度　　　　　　　　D. 车辆唯一性
89. 机动车技术状况变化的影响因素有：
A. 装载质量　　　B. 道路条件　　　C. 维修质量　　　　D. 驾驶技术
90. 四轮定位仪可以检测的定位参数有：
A. 前、后轮前束　B. 主销后倾角　　C. 前轮外倾角　　　D. 推力角
91. 车辆底盘动态检验的检测项目有：
A. 转向　　　　　B. 传动　　　　　C. 制动　　　　　　D. 仪表和指示器
92. 汽油机润滑油黏度等级的选择，主要考虑的因素有：
A. 发动机的压缩比　　　　　　　　B. 发动机的工况
C. 环境温度　　　　　　　　　　　D. 发动机的排量
93. 车辆二级维护竣工检测，行驶系统的检测项目有：
A. 轮胎　　　　　B. 钢板弹簧　　　C. 减振器　　　　　D. 车架
94. 以下关于前照灯的配光特性说法正确的是：
A. 前照灯的配光特性有对称配光和非对称配光
B. ECE 近光配光特性有明显的明暗截止线
C. 我国前照灯近光采用 Z 字形配光方式
D. 国际上通用的配光标准有美国标准和欧洲标准两种
95. 以下关于车辆底盘部件检查对转向系统的要求，说法正确的是：
A. 各部件不应松动、变形、开裂　　B. 横直拉杆和球销不应松旷、变形

  C. 转向过程中不应有干涉现象      D. 转向器和助力油管不应漏油

96. 针对柴油发动机排放治理,采取的机内净化措施有:
  A. 采用电控共轨柴油喷射系统      B. 采用可变进气涡流控制技术
  C. 采用颗粒物捕集器(DPF)       D. 加装废气再循环系统(EGR)

97. 根据 GB 18285—2018,在采用双怠速法对点燃式发动机的机动车尾气排放测试时,以下说法正确的是:
  A. 发动机从怠速状态加速至70%额定转速,运转30s 后降至高怠速状态
  B. 将取样探头插入排气管中,深度不少于300mm,并固定在排气管上
  C. 维持15s 后,由具有平均值功能的仪器读取60s 内的平均值,或者人工读取30s 内的最高值和最低值,其平均值即为高怠速污染物测量结果
  D. 对于使用闭环控制电子燃油喷射系统和三元催化转化器技术的汽车,还应同时读取过量空气系数(λ)的数值

98. 按作业范围和修理性质的不同,汽车修理可分为:
  A. 汽车大修    B. 总成大修    C. 汽车小修    D. 零件修理

99. 使用加载减速法进行在用柴油车排气烟度的检测时,需要的设备有:
  A. 底盘测功机         B. 油温传感器
  C. 不透光烟度计        D. 发动机转速传感器

100. 已知某车左、右轮制动力不平衡,且前、后轴最大制动力产生的次序和时刻间隔不一致,据此分析该车在紧急制动过程中可能会出现:
  A. 制动跑偏    B. 制动侧滑    C. 制动力不足    D. 失去转向能力

# 附录三

## 全国机动车检测维修专业技术人员职业水平考试《机动车检测维修案例分析》模拟试卷（级别：机动车检测维修工程师，专业：机动车检测评估与运用技术）

**级别**：机动车检测维修工程师　　　　**专业**：机动车检测评估与运用技术
**总分**：100 分　　　　　　　　　　　**考试时间**：180min
**姓名**：_____　　　　　**准考证号**：_____

**注意事项**：

1. 答题前，考生在试卷和答题卡上用钢笔或签字笔将自己的姓名、准考证号书写清楚，并在答题卡指定位置用2B铅笔填涂准考证号、专业、级别选项。
2. 选出每题的答案后，用2B铅笔在答题卡上把对应题目答案的选项标号涂黑。如需改动，请用橡皮擦干净后，再重新选涂。
3. 在试卷上作答视为无效，也不得做任何其他标记。
4. 考试结束后，请将试卷及答题卡一并交回。

---

### 一、单项选择题（共10题，每题2分，共20分）

**答题要求**：每题有4个选项，只有一个选项正确，请选出正确选项后，在答题卡相应位置填涂，多选或不选均不得分。

1. 某机动车检测机构从事注册登记车辆的检测，下列环检设备的配备选项中，正确的是：
   A. 废气分析仪、流量计、环境参数测试仪
   B. 废气分析仪、滤纸式烟度计、底盘测功机、环境参数测试仪
   C. 废气分析仪、不透光烟度计、滤纸式烟度计、底盘测功机
   D. 废气分析仪、流量计、不透光烟度计、底盘测功机、环境参数测试仪

2. 下列选项中，关于道路运输车辆技术管理的叙述，不正确的是：
   A. 车辆过户时，技术档案应完整移交，车辆报废后应上缴
   B. 车辆合理配置，就是道路运输单位适应运输市场需求，以配置各种不同车型的最佳

比例关系

C. 运输单位和个人应及时、完整和准确地逐车建立车辆技术档案

D. 汽车维修"三单一证"是指进厂检验单、材料清单、结算清单、出厂合格证

3. 柴油车采用尿素 SCR 系统催化转化装置的主要目的是为了减少：

　　A. CO　　　　　　　　　　　　B. $NO_x$

　　C. $CO_2$　　　　　　　　　　　D. HC

4. 下列关于轮胎异常磨损现象及其原因分析的叙述中，不正确的是：

　　A. 左右两侧轮胎外侧严重磨损，是由于该轴前束过小造成的

　　B. 两侧（胎肩）严重磨损，是由于轮胎充气压力过低造成的

　　C. 胎冠中间部位严重磨损，是由于轮胎充气压力过高造成的

　　D. 胎冠出现波浪状或碟片状磨损，是由于车轮动不平衡、轮毂轴承松旷造成的

5. 某汽车出租公司购置了一批电喷汽油机新车，已知当地全年气温在 -20~35℃。在选用冷却液时，正确的冰点选择是：

　　A. -5℃　　　　　　　　　　　　B. -20℃

　　C. -10℃　　　　　　　　　　　 D. -25℃

6. 使用双板联动侧滑检验台检测某非独立悬架汽车的转向轴横向侧滑量，检测结果为 +10.0m/km，其故障原因可能是：

　　A. 主销后倾角过大　　　　　　　B. 主销内倾角过小

　　C. 车轮外倾角与前束不匹配　　　D. 车轮外倾角与主销内倾角不匹配

7. 下列选项中，不会造成转向盘自由转动量过大的是：

　　A. 转向轮前束过大　　　　　　　B. 转向器固定松旷

　　C. 转向器齿轮磨损严重　　　　　D. 转向拉杆球头松旷

8. 下列关于机动车检测机构设备选购和工位布置原则的叙述中，不合理的是：

　　A. 检测设备数量和型式、规格、检测原理满足标准要求

　　B. 设备间距要保证相邻工位之间不得干扰

　　C. 为提高检测效率，每工位设置一个检测项目

　　D. 各工位检测时间要控制基本一致

9. 汽油机以 2000r/min 的转速运转时，$NO_x$ 排放不合格，最可能的原因是：

　　A. 空气流量传感器故障　　　　　B. 废气再循环控制的通道堵塞

　　C. 节气门位置传感器故障　　　　D. 冷却液温度传感器故障

10. 在用简易瞬态工况法检测汽车尾气排放时，下列选项中与测功机总吸收功率无关的是：

　　A. 底盘测功机内阻　　　　　　　B. 轮胎滚动阻力

　　C. 功率吸收装置的温度　　　　　D. 转向助力装置阻力

## 二、案例分析题（共10题，共80分）

**答题要求**：每个案例后有若干小题，每道小题有多个选项。除了在题干中标注"多项选择"的小题之外，其余均为单项选择题。单项选择题只有一个正确选项，多项选择题有两个

或两个以上正确选项。请选出正确选项后,在答题卡相应位置填涂,多选、少选或不选均不得分。

11. 某一地区汽车保有量为32万辆,每年约13万辆车需要安全技术年审检测,大小车比例为1:10,考虑到车辆报废和新增车辆的因素,拟建设一家机动车检验检测机构,以满足该地区机动车年度审验检测工作,请回答以下问题。(8分)

(1) 检验检测机构需要考虑规划设计的检测设施有:(多选题)(2分)
　　A. 检测厂房及辅助设施　　　　B. 业务大厅
　　C. 安检机构周边道路情况　　　D. 试验车道

(2) 根据国家车辆年审检测制度和该地区的车辆保有量,要完成检测任务,较为合理的检测线设计数量是:(1分)
　　A. 一条大型车辆检测线、两条小型车辆检测线
　　B. 两条大型车辆检测线、一条小型车辆检测线
　　C. 两条大型车辆检测线、两条小型车辆检测线
　　D. 一条大型车辆检测线、三条小型车辆检测线

(3) 机动车安全技术检测站的工艺设计顺序应为:(2分)
　　A. 技术设计、总体设计、施工设计　　B. 总体设计、技术设计、施工设计
　　C. 施工设计、技术设计、总体设计　　D. 总体设计、施工设计、技术设计

(4) 为保证大型车辆顺利进出检测车间,其进出口合适的设计尺寸应是:(1分)
　　A. 宽度5.0m左右;高度5.0m左右　　B. 宽度2.5m左右;高度4.0m左右
　　C. 宽度3.0m左右;高度4.0m左右　　D. 宽度6.0m左右;高度4.5m左右

(5) 机动车安检机构检测仪器设备的配置,应执行的标准是:(多选题)(2分)
　　A.《机动车运行安全技术条件》(GB 7258)
　　B.《机动车安全检测项目和方法》(GB 38900)
　　C.《汽车综合性能检测站能力的通用要求》(GB/T 17993)
　　D.《汽油车污染物排放限值及测量方法(双怠速法及简易工况法)》(GB 18285)

12. 一辆发动机采用电控汽油喷射系统的轿车,使用年限8年,行驶里程约10.2万km,采用简易瞬态工况法检测尾气排放污染物,检测数据见下表,试分析检测数据,制定尾气治理方案。(8分)

| 检测方法 | 简易瞬态工况法 | | |
|---|---|---|---|
| 尾气排放污染物 | CO(g/km) | HC(g/km) | NO(g/km) |
| 实测值 | 0.48 | 0.22 | 2.39 |

(1) 依据国家现行有效的标准,下列判断正确的有:(多选题)(1分)
　　A. CO 不合格　　　　　B. NO 不合格
　　C. HC 不合格　　　　　D. 该车尾气排放污染物检测不合格

(2) 根据检测数据分析,可能的影响因素有:(多选题)(2分)
　　A. 点火提前角偏大　　　B. 三元催化转化器失效
　　C. 供油压力过高　　　　D. 混合气过稀

(3) 根据该车的尾气排放检测数据,为找出故障原因,需要进行的检测项目有:(多选

题)(2分)

  A. 点火状况    B. 数据流    C. 发动机功率    D. 燃油压力

(4)下列有关检测数据,不正常的数据是:(1分)

  A. 怠速时进气歧管真空度为 65~72kPa

  B. 怠速时点火提前角为 18°

  C. 怠速时供油压力为 260kPa

  D. 燃油泵停转 10min 后,检测供油系统压力为 240kPa

(5)根据该车故障现象和以上检测数据分析,您认为解决该车故障的正确方法有:(多选题)(2分)

  A. 检修点火系统      B. 清洗喷油器

  C. 检修燃油泵      D. 更换三元催化转化器

13.一辆采用直接点火系统的桑塔纳 3000 轿车,行驶里程为 85000km,发动机加速时有异响,怠速时不明显,需要进行维修,请回答下列问题。(8分)

(1)对于此车故障,您认为首先进行的检查项目是:(2分)

  A. 使用解码器读取数据流    B. 检查发动机润滑油油位

  C. 检查汽缸压缩压力      D. 检查发动机点火正时

(2)初步判断异响来自发动机中下部,且异响与发动机温度无关,则最可能的原因是:(2分)

  A. 活塞敲缸响    B. 气门脚响    C. 连杆轴承响    D. 爆燃异响

(3)为进一步确认故障部位,应采取的检查措施是:(1分)

  A. 加注机油法    B. 检查点火正时    C. 采用单缸断火法    D. 检查气门间隙

(4)如果切断 2 缸点火时异响声音减弱,则可能是:(1分)

  A. 爆燃异响      B. 气门脚响

  C. 配气机构异响      D. 曲柄连杆机构异响

(5)根据以上分析,最终判断产生异响的部位是:(2分)

  A. 第 2 缸气门      B. 第 2 缸连杆轴承

  C. 第 2 缸活塞      D. 第 3 道主轴承

14.在平板式制动试验台上对一辆轿车进行制动性能试验,检测数据见下表,请回答以下问题。(8分)

| 台式检测项目 | 轴荷 | | 最大行车制动力(10N) | | 过程差最大差值点(10N) | | 空载制动 | | |
|---|---|---|---|---|---|---|---|---|---|
| | 左 | 右 | 左 | 右 | 左 | 右 | 行车制动率(%) | 不平衡率(%) | 驻车制动率(%) |
| 一轴 | 475 | 428 | 464 | 477 | 205 | 358 | 80.4 | 32.1 | |
| 二轴 | 340 | 351 | 122 | 120 | 37 | 47 | 57.2 | 1.4 | |
| 整车 | 1594 | | 983 | | | | 61.7 | | |
| 驻车 | 1594 | | 187 | | 175 | | | | 22.7 |
| 动态轮荷(左/右) | | | 前轴 596/575 | | | | 后轴 211/212 | | |

(1)下列关于平板式制动试验台主要结构和原理的描述中,正确的有:(多选题)(1分)

A. 平板式制动试验台是一种反力式制动试验台
B. 由四块平板、轴重传感器、拉力传感器和指示装置组成
C. 平板式制动试验台无法检测车轮阻滞力
D. 平板式制动试验台是一种间接制动力测试设备

(2) 下列平板式制动试验台操作规程叙述中,不正确的是:(1分)
A. 汽车以 5~10km/h(或按出厂说明允许更高)速度驶向试验台
B. 车辆沿直线运动,不能偏移
C. 变速器置于最低挡位,并紧急制动
D. 紧急制动时,汽车惯性通过车轮将作用力传给平板,使平板沿纵向拉动传感器,从而测出制动力,并由指示装置显示测试结果

(3) 影响平板制动台测试重复性的因素有:(多选题)(2分)
A. 制动初速度　　　　　　　　B. 制动时停车位置
C. 制动踏板力　　　　　　　　D. 车辆未按直线行驶

(4) 根据检测数据,判断为不合格的检测参数是:(2分)
A. 前轴不平衡率　　　　　　　B. 后轴不平衡率
C. 行车制动率　　　　　　　　D. 驻车制动率

(5) 根据上述分析,为排除故障,采取的正确措施有:(多选题)(2分)
A. 更换真空制动助力器　　　　B. 更换制动液
C. 检查并调整轮胎气压和轮胎磨损情况　　D. 检修前轴车轮制动器

15. 某机动车检验检测机构,拥有 2 条安全技术检测线和 5 条环保检测线,年检测能力为 5 万辆次左右,检测站管理较规范,请回答下列问题。(8分)

(1) 下列不符合检测站设备购置原则的选项是:(1分)
A. 满足需要,适应国家标准和地方标准
B. 选择最先进的设备
C. 具有高效性、高稳定性和可靠性、防护能力、有型式批准证书和计量生产许可证(CMC 标志)以及良好稳定的售后服务
D. 具有良好的经济性

(2) 关于设备管理,下列叙述正确有:(多选题)(2分)
A. 建立完整的设备档案
B. 定期对设备进行拆卸检查,消除故障隐患,确保加工精度良好
C. 定期检查设备与台账相符、设备卡片与操作人员相符、设备与安装地点相符
D. 新购置的检测设备在安装调试好后,即可投入检测使用

(3) 对于检测设备更新、报废,下列说法不正确的是:(1分)
A. 已经超过使用年限,其主要结构和主要部件磨损,已无法修复的老旧设备应该报废
B. 因灾害和意外事故,设备受到严重损害,已无法使用、修复和改造的设备应该报废
C. 经计量检定部门检定不合格,无修复价值的设备应该及时更新报废

D. 由于检测标准变更,某检测项目取消不再使用的设备应报废

(4)为保证汽车检测设备的良好技术状况,下列说法不正确的是:(2分)

  A. 根据检测规模、工艺流程和作业方法,配备先进的检测仪器和设备

  B. 合理配备操作人员,对于贵重检测设备,应配备具有专业技术知识和技能的高级技工和专业技术人员

  C. 对于一般检测设备,操作人员不需要经过专业培训,会操作即可

  D. 为设备创造良好的工作环境和工作条件

(5)对于检测设备的使用、检定工作,下列说法不正确的是:(2分)

  A. 计量检定工作应由专(兼)职计量人员负责

  B. 检定和校准的效果是一样的,都表示该仪器设备满足检测要求

  C. 使用检测设备前,必须先了解其性能和使用规定,按使用说明书的规定正确使用,严禁违章操作

  D. 检测设备在使用过程中发生故障应停止使用,送相关部门进行修理并检定校准后再使用,严禁计量器具带故障工作

16. 汽车技术状况随着行驶里程或使用时间的延长而逐渐变差,其技术状况的变化与许多因素有关,请回答以下问题。(8分)

(1)在下列选项中,不属于影响汽车技术状况变化的使用因素是:(1分)

  A. 运行条件              B. 燃料和润滑油品质

  C. 运用的合理性          D. 制造工艺

(2)下列汽车外观症状选项中,反映汽车技术状况变坏的有:(多选题)(2分)

  A. 汽车加速时间延长      B. 燃料消耗量增加

  C. 转向盘转向沉重        D. 行驶中出现抖动和异响

(3)汽车技术状况随行驶里程或行驶时间延长而变化的规律表现为渐发性和突发性变化规律两种,下列选项遵循渐发性规律变化的有:(多选题)(2分)

  A. 制动蹄与制动鼓的间隙

  B. 离合器踏板自由行程

  C. 曲轴箱窜气量随行驶里程的变化过程

  D. 汽车超载造成的半轴折断

(4)下列选项中,属于零件损坏的主要影响因素有:(多选题)(2分)

  A. 磨损        B. 疲劳        C. 变形        D. 老化

(5)下列选项中,不属于受汽车技术状况变化因素影响的选项有:(1分)

  A. 技术寿命              B. 经济寿命

  C. 使用寿命              D. 强制报废年限

17. 某轻型国四柴油车进行环检时,采用加载减速法检测排气污染物,检测结果中光吸收系数($k$)、轮边功率合格,但$NO_x$不合格。请分析原因,制定维修方案并回答以下问题。(8分)

(1)根据该车检测结果分析,下列选项中哪一项不是柴油车排气污染物$NO_x$的影响因素?(多选题)(2分)

    A. 发动机汽缸磨损严重,汽缸密封性不良
    B. 空气滤清器脏赌
    C. 高压共轨喷射系统存在故障
    D. 配气相位不准确
(2)下列关于加载减速法检测 $NO_x$ 目的和检测工况的选项中,哪一项是正确的?(1分)
    A. 通过 80% VelMaxHP 点的 $NO_x$ 排放量,判断发动机怠速时的环保性能
    B. 通过 100% VelMaxHP 点的 $NO_x$ 排放量,判断发动机在怠速时的环保性能
    C. 通过 80% VelMaxHP 点的 $NO_x$ 排放量,判断发动机大负荷时环保性能
    D. 通过 100% VelMaxHP 点的 $NO_x$ 排放量,判断发动机大负荷时环保性能
(3)下列选项中,哪些是柴油车控制 $NO_x$ 的方法?(多选题)(2分)
    A. 废气再循环(EGR)          B. PDF 装置
    C. 选择还原技术(SCR)        D. 三元催化转化器
(4)采用 SCR 技术的发动机,OBD 系统需要检测下列哪些项目?(多选题)(2分)
    A. 发动机排气温度          B. 尿素水溶液液面
    C. 尿素溶液的浓度          D. 尿素喷射计量系统是否有故障
(5)该车 OBD 系统无故障码,你认为下列哪一项是该车的排气污染物超标的原因?(1分)
    A. 燃油牌号太低            B. 氮氧化物传感器失效
    C. PDF 脏赌                D. 尿素喷嘴脏赌

18. 某辆大型客车前轴为非独立空气悬架,近期出现轮胎内侧偏磨损现象,利用汽车侧滑检验台检测侧滑量为 -10.0m/km,侧滑量不合格,请分析该车轮胎偏磨损的原因并提出维修解决方案。(8分)

(1)下列关于非独立悬架的叙述中,哪一项是正确的?(1分)
    A. 乘坐的舒适性及操控的安全性较好
    B. 非独立悬架操控的安定性较好
    C. 非独立悬架系统具有结构简单、成本低、强度高、维护容易、行车中前轮定位变化小
    D. 左右轮在弹跳时会相互牵连,轮胎角度的变化量小使轮胎的磨耗大
(2)下列哪一项是汽车侧滑量不合格的原因?(1分)
    A. 前轮主销内倾角与前轴前束匹配不当
    B. 前轴车轮外倾角和前轴前束匹配不当
    C. 前轮主销后倾角和前轴前束匹配不当
    D. 前轮主销后倾角和前轴车轮外倾角匹配不当
(3)哪些因素会造成汽车轮胎出现不正常磨损?(多选题)(2分)
    A. 侧滑量严重超标          B. 轮胎气压过低
    C. 轮胎气压过高            D. 轮毂轴承松旷
(4)为确定该车的维修方案,应先进行哪一项检测检验?(2分)
    A. 做前轮定位,测量前轮的车轮外倾角是否符合技术要求
    B. 做前轮定位,测量前轮的主销内倾角是否符合技术要求

C. 做四轮定位,测量后轮的主销内倾角是否符合技术要求
　　D. 做四轮定位,测量后轴前束是否符合技术要求
(5)根据以上分析,下列哪些选项是该车较合理的维修方案?(2分)
　　A. 先调整校准前轴前束,再调整车轮外倾角,直到侧滑量合格
　　B. 先调整校准主销后倾角,再调整前轴前束,直到侧滑量合格
　　C. 先调整校准主销内倾角,再调整前轴前束,直到侧滑量合格
　　D. 先调整校准车轮外倾角,再调整前轴前束,直到侧滑量合格

19. 某一辆桑塔纳出租车在进行安全性能检测时,左前照灯的发光强度为8000cd,近光光束左右偏斜量不合格,近光光束上下偏斜量不合格;右前照灯的发光强度为16000cd,近光光束左右偏斜量合格,近光光束上下偏斜量不合格。请分析该车前照灯不合格的原因并提出调整解决方案。(8分)
(1)汽车前照灯的评价参数有哪些?(1分)
　　A. 安装高度　　　B. 配光特性　　　C. 发光强度　　　D. 光束偏斜量
(2)左灯发光强度未达标准要求,哪项是不可能的原因?(2分)
　　A. 蓄电池亏电　　B. 变光器故障　　C. 搭铁不良　　D. 反光镜脏污
(3)下列因素中,哪些不会影响该车前照灯发光强度检测?(多选题)(2分)
　　A. 发动机转速　　　　　　　　　　B. 灯光左右偏值过大
　　C. 灯光照射位置过高或过低　　　　D. 前照灯的安装高度
(4)下列选项中,对发光强度检测结果的判定和原因分析正确的是:(1分)
　　A. 左灯发光强度合格,右灯发光强度不合格,灯泡搭铁不良
　　B. 左、右灯发光强度均不合格,灯泡、反光罩昏暗或灯泡搭铁不良
　　C. 左灯发光强度不合格,右灯发光强度合格,发动机电压低
　　D. 左、右灯发光强度符合要求,蓄电池电压正常
(5)该车前照灯问题,如何维修解决?(多选题)(2分)
　　A. 若灯泡老化发乌,更换灯泡
　　B. 若前照灯反光罩脏污,更换前照灯总成
　　C. 若前照灯透光面灰暗,更换前照灯总成
　　D. 更换变光开关或继电器

20. 某轿车制动系统具有防抱死制动(ABS)功能,制动器型式为前盘后鼓式,车主反映该车ABS黄色警示灯常亮,红色制动警示灯偶尔闪亮,在80km/h以上车速行驶轻踩制动踏板时,转向盘、制动踏板、车身有抖振现象。(8分)
(1)对此车进行故障诊断,首先应该进行检查的选项是:(1分)
　　A. 蓄电池电压　　　　　　　　　　B. 制动液液位
　　C. 制动开关　　　　　　　　　　　D. 转向盘自由转动量
(2)初步检查后,应进一步检查的项目是:(1分)
　　A. 读取并清除故障码　　　　　　　B. 检查车轮动平衡
　　C. 检查制动摩擦片厚度　　　　　　D. 检查轮速传感器
(3)针对ABS灯常亮故障,你认为最可能的故障原因是:(多选题)(2分)

A. 轮速传感器磁隙变化　　　　　　　B. 轮速传感器线路断路
　　　C. 轮速传感器插头接触不良　　　　　D. ABS-ECU 故障
(4) 针对制动时抖振故障,应进一步采取的措施是:(2分)
　　　A. 检修或更换减振器　　　　　　　　B. 检修或更换后制动鼓
　　　C. 检修或更换转向球头　　　　　　　D. 检修或更换前制动盘、片
(5) 完成上述检查并采取措施后抖振故障减轻,应该进一步检查的项目是:(2分)
　　　A. 半轴万向节　　　　　　　　　　　B. 轮胎偏摆量、动平衡
　　　C. 横向稳定杆胶套　　　　　　　　　D. 前轮定位

# 附录四

## 全国机动车检测维修专业技术人员职业水平考试《机动车检测维修法规与技术》模拟试卷(级别:机动车检测维修工程师,专业:机动车检测评估与运用技术) 答案表

一、是非判断题(共30题,每题1分,共30分)

| 题号 | 1 | 2 | 3 | 4 | 5 | 6 | 7 | 8 | 9 | 10 |
|---|---|---|---|---|---|---|---|---|---|---|
| 答案 | A | B | A | B | A | A | B | A | A | A |
| 题号 | 11 | 12 | 13 | 14 | 15 | 16 | 17 | 18 | 19 | 20 |
| 答案 | B | B | B | A | B | A | B | B | B | B |
| 题号 | 21 | 22 | 23 | 24 | 25 | 26 | 27 | 28 | 29 | 30 |
| 答案 | B | A | A | A | B | A | A | B | A | A |

二、单项选择题(共40题,每题1分,共40分)

| 题号 | 31 | 32 | 33 | 34 | 35 | 36 | 37 | 38 | 39 | 40 |
|---|---|---|---|---|---|---|---|---|---|---|
| 答案 | A | B | A | C | D | D | A | B | D | D |
| 题号 | 41 | 42 | 43 | 44 | 45 | 46 | 47 | 48 | 49 | 50 |
| 答案 | D | C | C | B | C | A | B | C | A | C |
| 题号 | 51 | 52 | 53 | 54 | 55 | 56 | 57 | 58 | 59 | 60 |
| 答案 | A | B | C | D | B | C | D | C | B | B |

续上表

| 题号 | 61 | 62 | 63 | 64 | 65 | 66 | 67 | 68 | 69 | 70 |
|---|---|---|---|---|---|---|---|---|---|---|
| 答案 | B | D | C | D | C | A | A | B | A | C |

### 三、多项选择题（共 30 题，每题 1 分，共 30 分）

| 题号 | 71 | 72 | 73 | 74 | 75 | 76 | 77 | 78 | 79 | 80 |
|---|---|---|---|---|---|---|---|---|---|---|
| 答案 | ABCD | CD | AC | ABCD | ABD | ABD | ABCD | AD | ABC | BCD |
| 题号 | 81 | 82 | 83 | 84 | 85 | 86 | 87 | 88 | 89 | 90 |
| 答案 | ABCD | ABC | ABCD | BCD | ABD | ABC | ABC | ABCD | BCD | BD |
| 题号 | 91 | 92 | 93 | 94 | 95 | 96 | 97 | 98 | 99 | 100 |
| 答案 | ABCD | AB | BCD | AB | AD | ABCD | ABCD | ABCD | ABCD | ABD |

# 附录五

## 全国机动车检测维修专业技术人员职业水平考试《机动车检测维修法规与技术》模拟试卷（级别：机动车检测维修士，专业：机动车检测评估与运用技术）答案表

一、是非判断题（共30题，每题1分，共30分）

| 题号 | 1 | 2 | 3 | 4 | 5 | 6 | 7 | 8 | 9 | 10 |
|---|---|---|---|---|---|---|---|---|---|---|
| 答案 | A | B | A | A | B | A | B | A | A | A |
| 题号 | 11 | 12 | 13 | 14 | 15 | 16 | 17 | 18 | 19 | 20 |
| 答案 | B | A | B | A | A | A | B | A | A | A |
| 题号 | 21 | 22 | 23 | 24 | 25 | 26 | 27 | 28 | 29 | 30 |
| 答案 | B | B | A | A | B | A | B | B | A | A |

二、单项选择题（共40题，每题1分，共40分）

| 题号 | 31 | 32 | 33 | 34 | 35 | 36 | 37 | 38 | 39 | 40 |
|---|---|---|---|---|---|---|---|---|---|---|
| 答案 | D | C | D | B | A | A | C | B | D | B |
| 题号 | 41 | 42 | 43 | 44 | 45 | 46 | 47 | 48 | 49 | 50 |
| 答案 | C | B | A | D | C | D | C | A | A | C |
| 题号 | 51 | 52 | 53 | 54 | 55 | 56 | 57 | 58 | 59 | 60 |
| 答案 | B | B | C | A | B | C | B | A | C | D |

续上表

| 题号 | 61 | 62 | 63 | 64 | 65 | 66 | 67 | 68 | 69 | 70 |
|---|---|---|---|---|---|---|---|---|---|---|
| 答案 | B | D | A | B | D | C | B | D | B | B |

### 三、多项选择题（共 30 题，每题 1 分，共 30 分）

| 题号 | 71 | 72 | 73 | 74 | 75 | 76 | 77 | 78 | 79 | 80 |
|---|---|---|---|---|---|---|---|---|---|---|
| 答案 | ABC | ABD | ABCD | ABCD | ABCD | ABC | AB | ABC | ABCD | AC |
| 题号 | 81 | 82 | 83 | 84 | 85 | 86 | 87 | 88 | 89 | 90 |
| 答案 | ABD | ABCD | BCD | CD | ABCD | BC | ABC | BCD | ABCD | ABCD |
| 题号 | 91 | 92 | 93 | 94 | 95 | 96 | 97 | 98 | 99 | 100 |
| 答案 | ABCD | BC | ABCD | ABCD | ABCD | ABD | AD | ABCD | ACD | ABD |

# 附录六

## 全国机动车检测维修专业技术人员职业水平考试《机动车检测维修案例分析》模拟试卷（级别：机动车检测维修工程师，专业：机动车检测评估与运用技术）答案表

### 一、单项选择题（共10题，每题2分，共20分）

| 题号 | 1 | 2 | 3 | 4 | 5 | 6 | 7 | 8 | 9 | 10 |
|---|---|---|---|---|---|---|---|---|---|---|
| 答案 | D | D | B | A | D | C | A | C | B | D |

### 二、案例分析题（共10题，共80分）

| 题号 | 11 | (1) | (2) | (3) | (4) | (5) |
|---|---|---|---|---|---|---|
| 分值 | 8 | 2 | 1 | 2 | 1 | 2 |
| 答案 |  | ABD | D | B | A | AB |
| 题号 | 12 | (1) | (2) | (3) | (4) | (5) |
| 分值 | 8 | 1 | 2 | 2 | 1 | 2 |
| 答案 |  | BD | ABD | ABD | B | AD |
| 题号 | 13 | (1) | (2) | (3) | (4) | (5) |
| 分值 | 8 | 2 | 2 | 1 | 1 | 2 |
| 答案 |  | B | C | C | D | B |

续上表

| 题号 | 14 | (1) | (2) | (3) | (4) | (5) |
|---|---|---|---|---|---|---|
| 分值 | 8 | 1 | 1 | 2 | 2 | 2 |
| 答案 |  | BC | C | ABCD | A | CD |
| 题号 | 15 | (1) | (2) | (3) | (4) | (5) |
| 分值 | 8 | 1 | 2 | 1 | 2 | 2 |
| 答案 |  | B | ABC | D | C | B |
| 题号 | 16 | (1) | (2) | (3) | (4) | (5) |
| 分值 | 8 | 1 | 2 | 2 | 2 | 1 |
| 答案 |  | D | ABCD | ABC | ABCD | D |
| 题号 | 17 | (1) | (2) | (3) | (4) | (5) |
| 分值 | 8 | 2 | 1 | 2 | 2 | 1 |
| 答案 |  | ABD | C | AC | ABCD | D |
| 题号 | 18 | (1) | (2) | (3) | (4) | (5) |
| 分值 | 8 | 1 | 1 | 2 | 2 | 2 |
| 答案 |  | C | B | ABCD | B | D |
| 题号 | 19 | (1) | (2) | (3) | (4) | (5) |
| 分值 | 8 | 1 | 2 | 2 | 1 | 2 |
| 答案 |  | ACD | B | AD | B | ABC |
| 题号 | 20 | (1) | (2) | (3) | (4) | (5) |
| 分值 | 8 | 1 | 1 | 2 | 2 | 2 |
| 答案 |  | B | A | BD | D | B |